PUBLIC HISTORY IN CHINA
中国公共史学集刊

第一集

主编◎姜　萌　杜宣莹

中国社会科学出版社

图书在版编目（CIP）数据

中国公共史学集刊. 第一集 / 姜萌，杜宣莹主编. —北京：中国社会科学出版社，2018.11
ISBN 978-7-5203-3407-5

Ⅰ.①中⋯　Ⅱ.①姜⋯②杜⋯　Ⅲ.①史学—中国—文集
Ⅳ.①K207-53

中国版本图书馆 CIP 数据核字（2018）第 249455 号

出 版 人	赵剑英
责任编辑	耿晓明
责任校对	李　军
责任印制	李寡寡

出　　版	中国社会科学出版社
社　　址	北京鼓楼西大街甲 158 号
邮　　编	100720
网　　址	http://www.csspw.cn
发 行 部	010-84083685
门 市 部	010-84029450
经　　销	新华书店及其他书店

印　　刷	北京明恒达印务有限公司
装　　订	廊坊市广阳区广增装订厂
版　　次	2018 年 11 月第 1 版
印　　次	2018 年 11 月第 1 次印刷

开　　本	710×1000　1/16
印　　张	20.5
插　　页	2
字　　数	303 千字
定　　价	89.00 元

凡购买中国社会科学出版社图书，如有质量问题请与本社营销中心联系调换
电话：010-84083683
版权所有　侵权必究

《中国公共史学》集刊
学术委员会

主　任
杨念群（中国人民大学史学理论研究所所长、中国人民大学历史学院教授）

委　员（以拼音排序）
安德鲁·林奇［Andrew Lynch］（西澳大利亚大学情感史中心教授）
黄兴涛（中国人民大学历史学院院长、教授）
黄克武（中研院近代史研究所研究员）
杰夫·丘比特［Geoffrey Cubitt］（英国约克大学公共史学中心主任，英国约克大学历史系教授）
李伯重（北京大学历史系教授）
李红岩（中国社会科学杂志社副总编辑、研究员）
梁元生（香港中文大学文学院院长、教授）
莎拉·里斯·琼斯［Sarah Rees Jones］（英国约克大学中世纪研究中心主任、英国约克大学历史系教授）
孙　江（南京大学学衡研究院院长、南京大学历史系教授）
王　笛（澳门大学历史系教授）
王明珂（中研院历史语言研究所所长、研究员）
王奇生（北京大学历史系教授）
王　希（北京大学历史系/印第安纳大学历史系教授）
王学典（山东大学儒学高等研究院执行院长、教授）

许纪霖（华东师范大学思勉人文高等研究院教授）

亚历山德拉·M. 劳德［Alexandra M. Lord］（美国历史博物馆医学部部长、研究员）

伊夫·克鲁姆纳盖尔［Yves Krumenacker］（国际基督教历史研究委员会［CIHEC］副会长、法国里昂大学近代史教授）

主　编
姜　萌　杜宣莹

编委会委员（以拼音排序）
杜宣莹（中国人民大学历史学院助理教授）
蒋竹山（台湾东华大学副教授）
姜　萌（中国人民大学历史学院副教授）
林　卉（中国传媒大学崔永元口述历史研究中心副主任）
王文婧（中国人民大学历史学院助理教授）
杨祥银（温州大学口述历史研究所所长、温州大学人文学院教授）
张宏杰（中国人民大学历史学院编辑）
周东华（杭州师范大学历史系主任、教授）

目　　录

开篇的话

历史就在每个人的生活中 …………………………… 姜萌(1)

工作坊传真

让历史运转起来 ………………………… 亚历山德拉·M. 劳德(4)
大众对历史的需求是什么？ ……………… 伊夫·克鲁姆纳盖尔(21)
英国的公共史学：以约克大教堂为例 ……… 莎拉·里斯·琼斯(33)
历史研究的新领域：公共史学在香港 ……………… 梁元生(46)

专题研究

"公共史学"与"公众史学"平议 ………………………… 姜萌(57)
"游戏史学"初探 ……………………………………… 赵天鹭(78)

实践者说

让档案成为医学人文遗产的代言人
　　——以绍兴第二医院院史馆为例 ……………… 周东华(106)
尊重大众的读史需求
　　——我对通俗史学的理解 ……………………… 张宏杰(116)
倾听博物馆的声音
　　——青少年博物馆教育十五年经历谈 ………… 张鹏(128)

评论者说

全球化语境下的本土化传播
——从跨文化传播视角看《万历十五年》………… 滕乐（135）

名家访谈

李伯重：为大众写作 …………………… 采访者：张瑞龙（148）

调查分析

中国学生对公共史学的认知
——基于调研数据的分析
………… 徐雷鹏、何仁亿、楼文婷、汤佳丽、孔荦（153）

资料整理

中国当代历史通俗读物书目汇编（2005—2018） ……… 徐雷鹏（194）

学术编年

2017年中国公共史学发展编年 ………………… 杨建秋（280）

会议综述

第一届公共史学国际工作坊综述 ………………………（312）
"公共阐释与公共史学的理论与实践"讨论会综述 …………（316）

编后记 ………………………………………………（320）

开篇的话

历史就在每个人的生活中

历史是人类生活的一部分,看似是历史学从业者一句自大的话,实则揭示了人类生存的一个基本面向。人是经验主义者。这个"经验",以个体或群体的历史记忆为基础。历史记忆并不是时时或同时出现在人的头脑之中,而是由变化莫测的外部因素刺激并唤起处于潜伏的记忆,使历史与当下结合,创造一个未来。正如克罗齐所说,"一切历史都是当代史"。

这样说或许有些空泛。但是略略观察一下近期中国的热点问题,就可以感知历史是如何以人类生活的组成部分存在的。从世界范围来说,中美贸易战的爆发,使人们对中美过去几十年的贸易、经济运行等进行了检讨,甚至对一些过去的研究报告,乃至一些研究报告的生产者的过往,都进行了重新评判。在中国,疫苗问题的暴露,让很多家长陷入集体愤怒。人们想起了多年前调查记者王克勤对山西疫苗案的揭露及其遭遇,并由此复活了很多早已埋没的旧事。从局部地区来说,江西的"抢棺材"事件,让中国的丧葬文化及其承载的伦理价值再度为人注意。此类事例,可以一直不断列举下去,深入每个人的日常生活中。一如卡尔·贝克尔所说的,"人人都是他自己的历史学家",因为"从真正的意义上讲,历史不可能与生活分离"。

中国先贤很早就认识到历史是人类生活的组成部分,故有"殷鉴不远""孔子成《春秋》而乱臣贼子惧""述往事,知来者"等深刻论述。虽然中国传统史学在王朝政治中被政治过度侵蚀,逐渐招来

"墓志铭""相斫书"等批评，但始终承载着扬善惩恶的社会功能，为历史成为人类生活的组成部分提供了必要的基础保障，为人类塑造具有伦理道德秩序的理想社会提供思想支持。这是它的优点，也是它的缺点。不过，在"敬畏感"不断被削弱的今天，传统史学对"历史审判"的坚持，让笔者觉得它的优点超过了缺点。中国现代史学受科学主义的影响，开启的"去价值化"运动，以"别真伪"取代了"明是非"，使得历史学的结论越来越经得起时间的检验，也让历史学越来越远离人民大众的日常生活。由是，历史学的社会认可越来越差，自身价值的显现越来越低，从业者的挫败感越来越强，学科的发展越来越困难。但是，必须明白，这并不是人民大众不需要历史学了，而是历史学没能很好地满足人民大众的需求。无论时代怎样变迁，人民大众既需要历史学提供茶余饭后的谈资，也需要提供是非得失的依据。这是从《三国演义》（罗贯中）到《说三国》（黎东方），再到《品三国》（易中天）总能成为"爆款"的基础。当前的中国，人民大众对历史类公共文化产品的旺盛需求，正由许许多多并不具有很好史学素养的从业者提供。这略有些令人讶异，却值得史学从业者警醒。

笔者以为，健康的中国历史学应该勇于承担三个职能。一是通过历史研究的形式，成为人类历史真相的发现者，为"历史审判"提供坚实的基础；一是通过历史书写的形式，成为当下历史创造的参与者、公共文化产品的提供者；一是通过历史记载，成为未来时代的塑造者。只有这样的历史学，才是可以"述往事、知来者"的历史学，才是能够成为人民大众生活组成部分的历史学。只有这样的历史学，才可能促进一个健康社会的建设与维系。一个健康的社会，一定是一个善恶分明的社会。"别嫌疑、明是非、定犹豫、善善、恶恶、贤贤、贱不肖"，这正是史学的基本功能。一个向上的社会，一定是一个可以鉴往知来的社会。"评判过去、教导现在、以利于将来"，这正是史学的基本任务。一个和谐的社会，一定是一个人人都能平等参与的社会。过去很长一段时间，中国现代史学重历史研究，轻历史书写、历史记载；重知识生产，轻知识传播；重专业学科构建，轻公共生活参与。历史学虽然取得了丰硕的成果，但也愈来愈窄狭，愈来愈无趣，愈来愈边缘。善于反思调整是中国史学的优良传统。现在，中国史学界已经有所反思并行动起来，公共史学的兴起就是一个很好的例证。

公共史学的快速发展，不仅在促进历史知识传播、完善历史观念等方面取得不错的成绩，而且显著地影响了历史研究的发展进程。近十余年的史学发展已经显示，公共史学是对史学本质属性的复归——史学的最大价值是塑造有利于人类发展的历史记忆与观念；是对史学过于专业化的反思——史学的中心任务是以符合人类利益为出发点来记录、书写和解释人类历史。近些年来，中国史学界已经从关注公共史学向发展公共史学转变，已有众多史学研究者和爱好者投身到倡导、实践公共史学的行列中。七十余年前，顾颉刚呼吁，中国史学既要重视专业研究，也要重视通识普及，只有"两条路都走，两种人才都培养，然后可以学尽其用"。这个理想，正由今天的中国史学界实现。希望多年之后，经过中国历史学从业者的努力，历史学能够切实满足人民大众创造美好生活的需求，历史就在每个人的生活中，成为一个更普遍的共识。

有鉴于此，我们创办了"公共史学工作坊"和《中国公共史学集刊》，致力于构建适宜国内外同道进行开放自由交流的平台，为推动中国公共史学的发展贡献绵薄之力。

姜萌
2018. 8. 12

工作坊传真

让历史运转起来[*]

亚历山德拉·M. 劳德[**]
（温灏雷译，杜宣莹审校）

摘要：近年来，美国的历史学家们就如何定义公共史学争论不休。对许多人来说，坚持学院派史学和公共史学之间的分野似乎是多余的，甚至有潜在的危害性。应当承认，公共史家们也像他们的学院派史学同事一样，在用同样的严苛和方法论来对待历史研究问题。虽然学院派史学家和公共史学家们的相似之处远多于迥异之处，但他们各自的学术取向在几个方面仍然有重要的区别。公共史学家们直接与社会大众互动，这一点与学院派史学同事们不同。在美国，这些互动已经产生了具有影响力的概念："共享的解释权"。这一概念意味着史学家与受众在对历史的理解上具有同等的重要性和可靠价值。在美国，人们对宽泛的多元文化的认同取向，植根于它具有强大吸引力的民主理念。这也同样丰富了我们对历史的理解。举例来说，在美国西

---

[*] 本文为劳德博士在2017年9月第一届"公共史学国际工作坊（中国）"的演讲稿。
[**] 亚历山德拉·M. 劳德，威斯康星大学麦迪逊分校博士，美国历史博物馆医学部部长，前美国公共史学会主席。研究方向为公共健康史、性教育、自杀的医疗干预，以及城市化与公共健康。2010年出版了《避孕套国家：从一战到互联网时代的美国政府性教育运动》(*Condom Nation: The U. S. Government's Sex Education Campaign from World War I to the Internet*, Johns Hopkins University Press, 2010)，并发表多篇医学史与历史教育的相关论文。

部，华裔美国游客们成功地争取到让那些反映19世纪中国移民在美国西部所扮演的重要角色的历史遗迹成为景点。类似的例子还有，非裔美国游客们也成功地推动了与以往截然不同而又非常细致入微的对于历史上的移民问题及其内涵广泛、深入的解释。尽管这些普通美国人的非凡故事改变着我们的国族叙事，但"共享的解释权"却在此处遭遇了困境。因为普通大众的成员们并不像受过专业训练的历史学家们一样对历史有同样专业细致的理解。因此，公共史家们需要寻找一条适合的道路，既鼓励公众的讨论和重新阐释，同时又能对历史进行深入的研究，并理解其复杂性。本文以"共享的解释权"概念作为出发点，探索公共史学实践中的复杂内涵：在美利坚合众国，让历史运转起来。

关键词：美国的公共史学 共享的解释权 公共史学实践

2016年9月24日，数千名美国人在华盛顿特区的国家广场（National Mall）集会，这里被人们亲切地称作"美国的后院"，也是全国唯一一处众多国家级博物馆的聚集地。过去几十年，这里也是民众举行抗议集会的场所。集会的主题多种多样，从争取人权到科学在美国人生活中应扮演的角色都曾出现过。但是，这天在国家广场集会的美国人却不是来参加抗议活动的，而是见证近百年民众集会的新高峰：一座新博物馆的落成典礼。这座全新的国立非裔美国人历史文化博物馆（The National Museum of African American History and Culture）致力于实现"我们都是美国人，非裔美国人的历史并非以某种方式被孤立在大美国的叙事之外……（而是）在美国故事的中心"[1]。正如奥巴马总统在讲话中所指出的，美国历史的复杂性，以及美国人的多重认同和多种叙事历史的矛盾始终不断变化。

美国的座右铭是"合众而一"（*e pluribus unum*），但是要达到那

---

[1] [美]贝拉克·奥巴马：《国立非裔美国人历史文化博物馆落成典礼上的讲话》，参见 http://time.com/4506800/barack-obama-african-american-history-museum-transcript/，访问日期2017年6月25日。

个"一"——单一历史和认同——则是对历史学家们的多重挑战。美国人为自己的多元文化感到骄傲和自豪，但是仍然有许多人认为他们自己家族的历史植根于美国之外。公共史学家的职责是保存并解释我们的历史，而找到一种能让我们美国人都能够接受的具有共通性、同心圆式的历史叙述，则是当下一项正在进行的任务。一些公共史学家认为，应当丢弃单中心叙事以维护多样性文化。但是参观历史景点和博物馆的游客们总是希望看到简单统一的叙事线索，或者简单地说，就是共通性，它能让游客们理解在内部环环相扣的复杂历史叙事。当公共史学家们在为如何改进表述，以期能反映我们复杂多样的过去而绞尽脑汁时，还有几个关键问题需要预先考虑：谁来做治史者，或者说面对历史，我们应当做些什么。

在 20 世纪 90 年代，公共史学家迈克尔·弗里希（Michael Frisch）认为美国的历史"必须走出混乱，或者以积极的态度重新审视"①。按照弗里希所说，公共史学的受众不应当是被动消极的，而应积极主动地参与到解释过去的进程中。弗里希认为最好的历史应当出自某个社会群体与专业历史学家协作。对他们来说，无论是单个社会群体，还是一名专业的历史学家，都不能超越其自身对过去认识的局限性。自弗里希里程碑式的著作《共享的解释权》（*A Shared Authority*）出版之后，美国的公共史学家们拓宽了这条路径，呼吁让公众更直接地参与到公共史学的项目中去。最好的情况是我们可以经常使用的"共享的解释权"，这个"一把抓"式的术语来容纳所有的取向。它能帮助我们理解过去，深入发掘出更多细致而又复杂的历史细节，从而为多元视角的生长提供土壤。美国人普遍认为这是利用历史的根本方法。不仅是因为它从根本上来说是符合民主特性的——人民来决定自己的历史——许多美国人的信仰，也能反映出我们的民族性，即对那些手握权力的人始终心存怀疑。但正如我们将看到的，"共享的解释权"也存在着若干困境。

---

① Michael Frisch, *A Shared Authority: Essays on the Craft and Meaning of Oral and Public History*, Albany: State University of New York Press, 1991, p. 214.

虽然"共享的解释权"被看作是新近的发明——这个术语首创于20世纪90年代——但是这个概念的流变在美国有着长期而又复杂的历史。大约自20世纪60年代之后,美国的公共史学家们逐渐开始深入群众——这是历史实践的核心。例如,博物馆通常能够衡量游客对历史的认识程度。博物馆展览的布置通常始于一份对游客的调查问卷,借以摸清他们的知识储备,以及他们期望看到什么。当展览正式拉开帷幕后,博物馆还会发放其他调查问卷,以评估展览的效果,而馆长则会根据有充分证据的结论对展览内容进行细微的调整,因而这种调查问卷的价值得到了关注。在保护方面,美国政府也采用这种"深层次"合作的办法。像大多数国家一样,我们也使用分层级的方式来确定具有历史价值的景点。地方政府、州政府和联邦政府监管着部分相互重叠的地区级保护项目,其中绝大部分都属于1966年颁布的《国家历史保护法案》(National Historic Preservation Act of 1966)保护范围。基于这些法理依据,个体的公民,无论他们是不是历史学家,都可以参观、研究,也都有资格为之命名。主要由专业历史学家们组成的评审委员会里也包括选举出来的官员,或者社会活动家。这个委员会负责审查由普通民众提出的命名建议。[①] 在理想状态下,这种方式将两种最佳资源整合了起来,让公众和专业人士共同出力,使最全面的历史浮出水面。

但这种做法亦是令人喜忧参半。只需快速地浏览一下那些历史景点的命名,就会发现公共史学家和非历史学者的知识体系相差甚远。历史学家们对于过去的理解,反映了他们经年累月的专业学习和训练,有一以贯之的学养。相较之下,非历史学者对历史的理解和他们身处的社会群体相关,对自己所属群体的历史有更细致和深入的认识。尤其是每当涉及为什么应当研究他们的历史,以及如何研究他们的历史的时候,这些非专业人士常抱着富有争议的特殊视角,而且寸

---

① 对这些项目更为全面的讨论,参见 John H. Sprinkle, *Crafting Preservation Criteria: The National Register of Historic Places and American Historic Preservation*, New York: Routledge Company, 2014.

步不让。有时候这些非历史学者们对于他们所属群体历史的理解，在内容上更丰富，更情境化。当地人或者非历史学者们所述讲的历史既迷人、层累丰富而又深度语境化，但有时人们对它的加工也是粗糙的，而且杜撰的成分也难以排除。与公众对话，更正民间历史传说中的错误，都需要克服极大的困难。有很多人都深深地沉溺在他们对自己所属社会群体历史的既有解释中，难以自拔。

任何关于"共享性解释权"和地方社会群体的讨论，都始于理解美国人如何学习和审视自己历史的方式。近50年，各类学校对"怎样理解我们的历史"的论辩已经濒于衰竭。美国的学校一般都由地方政府负责管理，但是在像得克萨斯这样的大州，历史教科书的市场则处于垄断状态。得克萨斯州的学校必须购买州政府建议书目中列出的那些课本。近几十年该州的做法表明，他们只认可一种极端保守的美国历史观，即对奴隶制、积极的劳工运动、移民和其他在美国历史上的重大事件采取避重就轻的态度。这个州一年要采购4800万册教科书，因此出版商们也乐于制造符合得克萨斯州"指导意见"的教材。其他没有施加类似"指导意见"或者没能力购买那么多教科书的社会群体，就会缺乏像得克萨斯州那种支配教材市场的能力。结果，大部分美国历史教科书都高度保守，而且各学区不尽相同。无论是否身处得克萨斯州，人们的选择都很匮乏，只能购买这些内容保守的教科书。

这种境遇并非令人绝望。因为美国人学习历史并不仅仅依赖教科书这一种方式。有不少书，像《鲜为人知的另一半》（*The Half Has Never Been Told*）、《花月屠夫》（*Killers of the Flower Moon*）、《穷苦白人》（*White Trash*），还有《泰坦》（*Titan*），都是约翰·洛克菲勒（John Rockefeller）的研究著作，它们意外成了畅销书，促使美国人重新审视自己的过去。类似的还有播客（Podcasts），像《波威里街男孩》（*Bowery Boys*）、《幕后故事》（*Back Story*）和《记忆之宫》（*The Memory Palace*），以及流行的音乐剧和戏剧，例如《汉密尔顿》（*Hamilton*）就对历史认识提出了比较尖锐的问题。在校的孩子们可能会在学校学习保守的历史教材，但是在校外，他们也会从我们内心深处的民族认同角度来挑战这些教材中的所谓权威史观。好莱坞也没有放过这个机会。在电视节目中,像《美国人》(*The Americans*)和电影《乐云》(*Loving*)(该片取材于著名的讼案"乐云诉弗吉尼亚州案",该案的判决推翻了历史悠久的、禁止跨种族婚姻的相关法律)也反映一个更加包容和复杂的历史。这种对历史更为深入浅出的审视,也影响了科幻小说和电影的创作,它们对历史提出许多令人着迷的问题。票房颇高的《高堡中的人》(*The Man in the High Castle*)就重构了神秘而又为人所熟知的20世纪中期的美国——它被纳粹德国和帝制的日本控制着;类似的还有万人空巷的《西部世界》(*West World*),剧中对老一辈人视角下的美国西部曾经位于历史中心的地位产生了新质疑。这些剧目并没有落入"脸谱化"的俗套——它们既有,也没有植根于我们的历史——它们和优秀的历史类小说有一样的功能:促使我们思考历史如何塑造了我们自己。

好莱坞、美国出版业、广播和播客们都采用更具包容性的历史叙述,不仅仅因为它更靠谱,而且也符合美国人的需求。随着美国变得更加多元化——人口统计学家们估计到2044年前将没有一个族群的人口超过总人口的半数[①]——数量激增的美国人会寻求、探究并推动更具包容性历史叙述的形成,年轻一代是这种史观的最坚定支持者。虽然这种转换也存在着沿地理分界线和城乡分野上的不一致性,但是这些分歧并非不可调和的矛盾。支持更具包容性的历史叙述的人分布在各地,而且他们也属于不同族群和时代。很明显,趋向更包容历史观的转换并不意味着历史的终结。因为我们的历史原本就在争论中成长,而且这种无休止的争论也会长期存在。

在某些地方,公共史学家已经开始与当地人合作,利用自己的技术优势为讲述完整的历史做出了卓越的贡献。这种工作有时候也很简单,比如发掘某个具体地点的历史:当地的两位富有的政客发表演说的地方竟然是过去贩卖奴隶的旧市场。这也让我们反思应当如何为历

---

① Sarah Carr, "Tomorrow's Test," Slate.com, June 5, 2016, 参见 http://www.slate.com/articles/life/tomorrows_test.html, 访问于2016年6月5日。越来越多的美国人对于混合族群的认同,使这个局面变得更为复杂,这个认同归属的类别与人口统计学家们平时使用的并不一致。

史景点命名。在19世纪中叶，一场北方的联邦军对南方的邦联军的内战将美国撕成两半。人们过去认为这并不是在美国历史上独一无二而又影响深远的大事。但它的确是美国历史上最惨烈的战争。长期以来我们以双重命名法为内战中的战场命名，联邦军和邦联军双方使用过的名字都予以采纳。但是在近几十年历史学家们发现土著美洲人和欧裔美洲人们发生冲突的战场只保留了欧裔美洲人使用的地名。重新命名这些战场能让我们意识到多元史观的存在，但我们必须站在更高的角度来理解这些战争故地。在格里西草地之战（Battle of the Greasy Grass）——或称利特比霍恩之战（Battle of the Little Big Horn）——之前，苏族（Sioux）战士西汀·布尔（Sitting Bull）跳起太阳之舞（Sun Dance）。在舞蹈中，他展示了一场大战即将来临的场景。美国国家历史地标（National Historic Landmark）是由联邦政府授予给历史景点的最高级别的荣誉。把西汀·布尔的太阳之舞的起源地设为地标，有利于从土著美国人视角更全面地理解这场大型战争。①

重新评价历史是个永不停歇的过程，它指引着我们质疑看似简单又广为接受的历史观念，例如坚信克里斯托弗·哥伦布在1492年"发现"美洲，因此美国的历史应当从那一年开始算起。在1492年很久之前，现在美国所处的这块土地上曾存在着极其繁荣的多元文化。如果我们想要讲述美国人的整部历史，那么包括那段可以上溯至数千年之前的土著美国人的历史也是极为重要的。

我们还必须驳斥诸多长期存在的历史神话，比如"内战让过去和现在的美国仍然处于分裂状态"这类存在很大争议的历史观。专业历史学家普遍认为，这场战争始于1861年，终于1865年，其核心内容与奴隶制度相关。但是在内战结束后的数十年间，许多人争辩说，这场战争并不是奴隶制度所引发，而是"各州的权利"之争，即它们是否有权制定自己的法律。这种解释的支持者大多生活在南方，也就是奴隶制扎根之地。他们通常把奴隶制度描绘成美好家园的模样，在那里的非裔

---

① Deer Medicine Rocks, National Historic Landmark Nomination, Designated 2012, https://www.nps.gov/nhl/news/LC/spring2011/DeerMedicineRedacted.pdf.

奴隶们都很满意,而奴隶主们,大多是欧裔,既内心良善又待人周到。这被称作"注定失败事业"的史观甚至出现在引发轰动的电影和书籍里,像《飘》(Gone with the Wind)以及种植园遗址游览项目,甚至还有政府资助的博物馆和纪念碑也位列其中。专业史学家们始终在抨击这种史观,但是暗流汹涌,摇摆不定的境况一直持续到20世纪60年代才有所好转。如今,虽然越来越多的美国人明白这种对内战历史的认知被严重扭曲,但是"注定失败事业"仍然有不少追随者。①

尽管看上去对我们来说有点难以接受,但是理解奴隶制度仍然是理解美国整体历史的核心。接受这种史观不仅需要我们与"注定失败事业"之流划清界限,还需要我们反思自己所谓种族主义和奴隶制度都不只是"南方的事"②这种观点。近几年,纽约和罗德岛的公共史学家们通过研究奴隶制在北方的历史——例如布朗大学(Brown University)和纽约市区的非裔美国人墓地(African American Burial Ground in New York City)③——刷新了公众对奴隶制度的理解。在这个过程中,他们增进公众对于奴隶制度在塑造国家历史过程中所扮演重要角色的认识,从而深化美国人民的理解,让大家知道在全国范围内四处流布的奴隶制思潮的孽根究竟是什么。

极为重要的是,我们反思并重新评价奴隶制度在美国历史中所扮演的角色,还只是需要在历史景点和博物馆建设事业中进行不断探索的主题之一。对于在欧洲人和非洲人到达北美大陆之前这里曾兴盛过的多种文化,公共史学家们也努力地融合更多的研究以求对这段历史

---

① 这样的例子参见 Gary W. Gallagher and Alan T. Noland, *The Myth of the Lost Cause and Civil War History*, Indiana: Indiana University Press, 2010; David Goldfield, *Still Fighting the Civil War: The American South and Southern History*, Baton Rouge: Louisiana State University Press, 2013.

② David Blight, "Southern Society: Slavery, King Cotton, and Antebellum America's 'Peculiar' Region", (January 17, 2008), http://oyc.yale.edu/transcript/543/hist-119.

③ 该例子源于 "Brown University's Debt to Slavery", *New York Times*, October 23, 2006; National African American Burial Ground National Historic Landmark Nomination, Designated 2006. 类似这样的新地点仍然有待发掘,例如 Michael Wilson, "19th Century Diary Suggests Slaves are Buried in Brooklyn Lot", *New York Times*, August 4, 2017.

有更全面的理解。历史学家们要想研究"接触之前"（pre-contact）的美洲，也就是1492年之前的北美大陆尤其困难。因为在过去从事这类研究的主体一直是人类学家而不是历史学家。实际上更多的"接触之前"的历史类展品是放在人类学或自然史类博物馆里。这里反映的是在19世纪和20世纪初流行的观念，即"接触之前"的美洲文明都是"初级的"。例如国立美国历史博物馆这样的历史类博物馆，常常忽略或者只是仓促地准备一个简单的概览来介绍"接触之前"的各个文明。像经常参观莫戈隆人（Mogollon）、阿纳萨齐人（Anasazi）和其他早期美洲文明景点的公众，也很难看出历史类的和考古类的景点有什么区别。但是公共史学家们没能把"接触之前"的历史整合进我们国家的历史叙述传递了一个令人不安的信号，即我们应当如何看待所谓"共同的历史"（shared history）。若我们未能完整讲述这个故事，那么曾创造过辉煌灿烂文明的土著美国人历史就会淡出整体的美国史叙事。这样美国史就沦为局限于欧洲人和非洲人相互交往的历史，而且还否定了多族群和多文明类型独立而又复杂的过去。即使我们用来描述15世纪之前土著美国人创造的文明的惯用语"接触之前的文明"（pre-contact cultures），也是很糟糕的；而相对来说更妥帖的是更古老的说法"哥伦布发现之前的美洲"（before Columbus' discovery of America）。这个短语仍然可以用来描述欧洲人、非洲人和土著美洲人之间的互动。与制造"土著美洲人"的人相反，这个短语把"土著美洲人"摆在创造历史的主体地位。

　　反思这种历史叙事等同于反思我们到底是谁。地理的、文化的、种族的甚至语言上的不一致是美国人认同问题的核心。我们最近的总统选举就直观地展现了这些不一致性。在选举的预备阶段，美国人都在热烈地讨论"我们是谁""我们曾是谁"以及"这对理解我们的过去意味着什么"这样的问题。这样的争论，我们称之为一场"文化战争"，它折射出一条——处在那些相信更传统的、关注精英的历史叙事会让我们更加团结统一的人，与那些相信正视不堪的过去写出一部大融合的历史可以让我们团结统一起来的人之间存在的——鸿沟。

　　思考这个论题的最佳范例，是肯尼索国家战地遗址（Kennesaw

Mountain National Battlefield)。肯尼索位于佐治亚州的南部，是美国内战期间一次重要战争的发生地。大约在内战结束三十多年后的1899年，一些原属联邦军伊利诺伊军团（Union Illinois Regiment）的老兵买下这里的一块土地，他们曾在这里击败南方邦联军。在他们买下这块地的第15年，由伊利诺伊州立法机关资助他们为自己的军团修建一座纪念碑。三年后，美国国会将肯尼索确立为国家战地遗址。而在1935年，这里又划归美国国家公园管理局（National Park Service），成为政府机构。额外增加的土地，包括战斗发生地原址的大部分地区，也在几十年内陆续划入保护范围。

同时，作为国家公园管理局下辖景区的肯尼索慢慢地走上了一条备受干扰的道路，而此时"注定失败事业"对内战的解释，正成为佐治亚州舆论的主流。首位肯尼索景区的负责人鲍领·考克斯·耶茨（Bowling Cox Yates），非常认可这种对内战史的解读。在他的领导下，1937—1963年间，对肯尼索景区的保护和阐释就体现出"注定失败事业"的意识形态影响。非裔美国人不仅在这场战斗中扮演了关键性的重要角色，而且他们的历史是整个内战史和美国历史不可或缺的重要组成部分，但却在景区对战争的解读中被彻底忽略。更令人担忧的事还在持续发酵：景区的阐释为内战前的南方抹上怀旧的迷雾，呈现奴隶和奴隶主们曾和谐地生活在一起。尽管肯尼索作为一处国家级景区，意味着联邦政府要为其提供资助，并监督其阐释与保护，但是那些笃信"注定失败事业"的当地政客和积极分子，却主导着这里的意识形态和保护计划。

地方积极分子们的势力，相较于专业历史学家，在20世纪60年代显得尤其突出。这十年中开始探索历史中"普通人民"生活的浪潮在不断上升，并试图囊括从前被忽略的视角。这十年中也爆发了一轮在全国范围内推翻吉姆·克劳法（Jim Crow Laws）[①]、以及依法对

[①] 吉姆·克劳法（Jim Crow Laws）泛指1876—1965年间美国南部各州以及边境各州对有色人种（主要针对非洲裔美国人，但同时也包含其他族群）实行种族隔离制度的法律——译者注。

非裔美国公民进行种族隔离的人民战争。这场针对吉姆·克劳——种族隔离——的战争在美国历史上具有至关重要的意义。在整个20世纪60年代，美国人摧毁了在国内把非裔美国人置于被驯服角色的法律和社会制度。在肯尼索国家公园所在之处，反对变革的种族隔离分子们在政治和经济上控制了地方社会。南方白人认为这场战争是以夺取州政府权利，强加给他们外来的法律观念为目的，因此他们拒绝联邦法律推翻种族隔离的要求，并以此作为一项在美国历史中崇高而又不断发展的伟大斗争。更令人担忧的是，借助否认奴役非裔美国人的残酷奴隶制度的真实历史，他们就能够继续宣扬非裔美国人在国内只是些无足轻重的成员这种思想。

公园在1964年内战爆发100周年纪念日举办的纪念活动，尤其明显地表现出对"注定失败事业"的支持。奴隶制的讨论被完全排除在纪念活动之外，而且在数百张官方展出的图片和画作中仅有的一幅非裔美国人的图片，还是一张老套的"黑人保姆"（mammy）图。它出现在一张餐馆的广告页上，而这家餐馆的老板正是这个州最臭名昭著的铁杆种族分离主义者，李斯特·玛多克斯（Lester Maddox）。在纪念活动结束两年之后，玛多克斯被选为佐治亚州的州长。而这个职位使他能够控制这个州所有历史景点的财政大权。①

以后见之明很容易看出来当地积极分子的要求带来了不寻常的问题，肯尼索国家战地公园正是他们对内战的解释的反映。我们可以告诉自己这种存在很大问题的史观都是过去的事，但是果真如此吗？1964年以来，白人群体的声音逐渐占了主流。这部分因为他们在数量上占据优势，而且无论对错，他们都视这场战役为自身历史的重要组成部分。但对今天的公共史学家们而言，围绕着阐释肯尼索公园引发的事件，可以提出不少重要问题。如果在塑造历史的过程中，多个社会群体都处于中心位置，那么我们该如何确定呼声最强者或多数意

---

① Angela D. Tooley, "Kennesaw Mountain National Battlefield Park, African Americans in the Atlanta Campaign, and the Lost Cause", *The Georgia Historical Quarterly*, Vol. 96, No. 3 (Fall 2017), pp. 308 – 333.

见不会行使不当影响力？我们知道肯尼索的地方激进主义并没有写出一部好历史，但是在那时，对公共史学家们来说，要把当地人的意见朝反方向扭转，推回到正常轨道上，是非常困难的。

这并不意味着我们要阻止公众的参与。很明显，正因为有了一些公共史学家与当地人的积极合作，才拓宽我们对格里西草原战役（the Battle of the Greasy Grass）的理解。当我们与当地人合作的时候，我们可以写出更好、更丰满的历史。但是如果认为当地人应当作为主角，并决定写出怎样的历史的时候，我们需要问自己几个棘手的问题。如何保证自己能听到那些已经离开这里的前任居民的声音？如何找到办法听到那些虽然居住在当地，却不同意当地主流观点的居民的声音？最后，如何确保能够听到那些业已消失的社区曾发出过的声音。

若干年前，我曾参加过一位墨西哥裔美国人组织的邻里参加的徒步旅行。不同种族的人群都曾在这种邻里关系中安居过。来自德国的移民们曾修建了一些简单的房屋，而墨西哥裔美国人后来改进这些建筑，使其焕发出常见于他们自己社区的建筑美学。但是这次随行的导游忽视了这段层累的历史。实际上，没有哪一段旅程可以回答，曾住在那个社区的那些德裔美国人究竟发生了什么，或者为什么这个社区发生了变动等类似问题。因此向当地住民了解相关信息是非常重要的——但是它引发了另一个问题，即为什么某个地方的故事被排到了优先讲述的位置，而别的故事则被完全遗忘。

虽然要承认这一点会让我们不太舒服，但是必须意识到，这种遗忘特定群体的故事的倾向，并不仅仅局限于这一类模式；那些遭受明显而又粗暴的差别对待的人并不会总是被遗忘。湮没的历史在我们的文化中大量存在着——它冲破了我们划定在族群、种族、阶级和性别等之间的清晰界限，并经常以多种方式让我们惊讶于它的存在。

究竟是谁的历史、是否已囊括在历史叙事之中的这类问题，不仅塑造了我们如何保护和解释历史景点的认识，而且也形成了我们对如何以及为什么要修建新的博物馆、举办展览的根本看法。这个问题也直接促成许多新博物馆的落成。最著名的就是国立非裔美国人历史文化博物馆,而且 2016 年奥巴马总统为它的开馆仪式发表演讲。除此之外,它还促成一些小博物馆的修建,例如移民公寓博物馆(Tenement Museum),讲述移民如何成为纽约人的故事。尽管这只是一家地方性的博物馆,但是它在布展准备和思考方面达到很高的标准,比如我们如何才能找回那些已被遗忘的历史,以及我们如何能够吸引公众参与其中。这个博物馆积极地鼓励美国人以共享对象的方式展示他们家庭的移民史。甚至就在震动全国的关于移民的论辩之前,移民公寓博物馆还鼓励人们坐下来进行"厨房对话"①。这些对话鼓励美国人通过讨论历史来探寻他们对移民的不安究竟是什么。国立美国历史博物馆(National Museum of American History)也举办一项类似的活动——成为美国人意味着什么?(What It Means to Be American)——计划用曾在全国九座城市里出现的有影响的大事件,以历史为切入点来启动新一轮关于美国人的观念和理想的全国性讨论。

我们并不总是需要这类成体系的博物馆来点燃对共同的历史记忆的讨论。2013 年,阿兹·邓基(Azie Dungey)在历史学家如何推动美国人思考并融入他们的历史讨论中占了上风。邓基是一名演员,他曾扮演卡罗琳·布莱汉姆(Caroline Branham)一角。这是一位历史上真实存在过的奴隶,她曾生活过的地方就是首任总统乔治·华盛顿的故乡弗农山庄(Mount Vernon)。在演过这个角色之后的那两年里,她收集了许多美国人在历史、奴隶制度和种族方面面临的问题。基于此,邓基创作一档网络综艺节目《问一个奴隶》(Ask a Slave)。她以讥讽的口吻讲述历史,并借此触动美国人质疑他们是如何理解奴隶制度和美国历史的。这档节目已经积累了数十万名忠实观众。邓基揭示出共享解释权在许多方面都存在着问题。她认为美国人对历史的理解处于非常低的水平。她还援引迈克尔·弗里奇的呼吁,鼓励美国人"质疑我们的历史"。

---

① Ruth J. Abrams, "Kitchen Conversations: Democracy in Action at the Lower East Side Tenement Museum", *The Public Historian*, Vol. 29, No. 1 (Winter 2007), pp. 59–76.

像邓基所做的这些，还有我们的保护项目以及博物馆，都是核心推动力。这些共同促成了一轮基础广泛而且又扎根于历史的讨论，即历史本身意味着什么，以及成为一名美国人又意味着什么。以史观之，我们将自己刻画成一个"熔炉"，它是由多种类融合的单一实体，而不是多个实体共存的混合物。虽然这个词经常在各历史景点和博物馆中出现，但是它所反映的，是美国人在如何看待他们自己和他们的家庭的历史方面不断出现偏差的现实。我们经常把自己视为"意大利裔美国人"或者"埃塞俄比亚裔美国人"，这反映出我们视美国为一个移民组成的国家，它的起源在美利坚合众国之外。尽管我们的家庭在美国已经生活数百年，但是我们仍将自己视为零散的不同族裔，而不是一个由多民族构成的整体。讽刺的是，当我们试图消灭这种"熔炉"观念的时候，DNA却越来越多地向我们证明，种族间的通婚，以及不同族群和种族群体的关系，始终是我们的历史中不可分离的重要组成部分。尤其是很多已经在这里生活了数百年的美国人家庭，实际上本身就是不断种族融合的熔炉。

当我们看到用来描述我们自身的多重身份类别时，这种情况会变得甚至更加复杂：拉丁裔美国人、非裔美国人、亚裔美国人、土著美国人或印度裔美国人，还有白人或者欧裔美国人。让我们从中挑选一例来加以分析：拉丁裔美国人是个影响广泛的术语——它影响太过于广泛，以至于许多莫名其妙被贴上这个标签的美国人都非常不喜欢这个术语，而它的凝聚力也饱受非议。究竟谁最符合这个类别？这里包含了巴西裔美国人、西班牙裔犹太人，还是仅仅限于那些祖先住在西班牙的美国人？墨西哥裔美国人、古巴裔美国人，和危地马拉裔美国人，他们都被贴上拉丁裔美国人的标签，但是并没有共同的文化传统。以及更重要的是，无论在美国内外，他们都缺乏共同的历史。实际上，他们仅有的共同特点是都会讲西班牙语，但是即使这一点也禁不起更进一步的推敲。许多墨西哥裔美国人在美国的历史可以追溯到18世纪或者更早，而那时他们的祖先并不讲西班牙语。一些危地马拉裔美国人的祖辈讲的是基切语（K'iche'），而非西班牙语。换句话说，他们的不同点在数量上远远压倒了相同点。于是，即便不是不可能,也很难为他们找到一部共同生活的历史。其他常用的分类,像亚裔美国人,则更是问题成堆。这个类别中包括华裔美国人,其在美国生活的历史可以追溯到19世纪;以及苗人(Hmong),在越南战争爆发之后,他们才大批来到美国生活。这些群体也没有共同的历史和共同的语言,也没有共同的文化。

那么,为什么历史学家要使用这些术语?因为这些术语可以让人们在更宽松的范畴之内以一种便捷的方式来思考美国历史。从历史的视角来看,美国政府默认这些来自同一块大陆的群体存在着关联,而且在他们经常制定政策的时候,例如《1924年移民法》(Immigration Act of 1924),其针对的目标也是这些"相关"的群体。甚至当联邦政府挑选出其中一个"相关"群体时,尽管他们显然不是一个单一族群,但都会被施加相同的政策措施。比如,在1941年珍珠港事件爆发,美国参战之后,华裔美国人就经常成为被攻击的对象,因为他们会被美国白人误以为是日裔美国人。其结果是,无论华裔还是日裔美国人,都在20世纪40年代遭遇种族歧视危机。理解对于无论华裔还是日裔美国人都经历过类似的歧视这件事,有助于我们思考在历史中更宏大的部分——如果想要在更宽广的范围里谈论中心叙事的话,这个路径或许会给我们带来一些启示。

最近有一位记者写道:"我们的社会因为移民和由此带来的同化而改变着一切,但我们尚未能发明新的词汇来捕捉这个进化过程中出现的细微的新事物。"[1] 公共史学家们看到了这个问题,也了解其中的复杂性。很明显,这个问题是更深层次的——因为我们甚至还没能发明新的词汇,去捕捉我们的"过去"里出现的那些细小事物。如果要写出一部美国历史,它的主体全部都是讲述我们的奋斗,而且是将自己定义为一个民族国家历史的话,那么就要找到一个让所有人都满意的主题,并且让历史的叙述统一起来。这一定是极为困难的,相当于创造了一个奇迹。更准确地讲,这种定义"我们究竟是谁"的努力正是历史价值的核心。公共史学家们的工作注定要与普通的美国

---

[1] Richard Alba, "The Myth of a White Minority", *New York Times*, June 11, 2015.

大众一道，进行长期而又艰苦卓绝的努力奋斗。尽管存在着种种难题，但这样的大方向不会动摇。它使我们看到自己多样化的历史叙述，就像奥巴马总统说的，"在朝着美国历史的方向前进"。

（温灏雷：中国人民大学历史学院世界史专业2017级博士生；杜宣莹：中国人民大学历史学院助理教授）

Putting History to Work

Dr. Alexandra M. Lord

Abstract：In recent years, American historians have debated how to define public history. For many, the idea of a division between academic and public history seems superfluous and even potentially damaging; public historians, after all, use the same methods and bring the same rigor to historical questions as their academic colleagues. But while the similarities between academic and public historians may outnumber the differences, the work of public and academic historians does differ in several important ways. Unlike their academic colleagues, public historians interact directly with the general public. In America, these interactions have led to a growing emphasis on the idea of "shared authority", the idea that both historians and their audience possess equally valid and equally important understandings of the past. In the United States, where people identify with a broad range of different cultures, this approach, rooted as it is in democratic ideals, has a strong appeal. It has also greatly enriched our understanding of the past. In the American west, for example, Chinese-American visitors successfully pushed for historic sites to explore the important role nineteenth-century Chinese immigrants played in the American West. Similarly, African American visitors successfully agitated for radically different and much more nuanced and inclusive interpretations of historic plantations.

Yet despite these extraordinary stories of ordinary Americans changing our national narrative, the idea of shared authority presents difficulties. Because members of the general public do not typically possess the same expertise and nuanced understanding of the past as academically-trained historians, public historians must walk a fine line, encouraging discussion and re-interpretations while also providing a deeply researched and complex understanding of the past. Using the idea of "shared authority" as a starting point, this paper will explore the complexities inherent in the practice of public history of putting history to work in the United States.

Keywords: Public History in USA; definition of public history; shared authority; practise of Public History

大众对历史的需求是什么？*

伊夫·克鲁姆纳盖尔**

（王文婧译）

摘要： 很多国家都在进行公共史学的实践，但直到20世纪70年代末它才在北美（美国和加拿大）得以概念化。从此，公共史学成为一门职业历史学家使用常用的方法进行实践的历史学科。它的主要关注点在于历史的社会应用，致力于使历史知识为更广泛的大众所用而非将之局限于学院研究当中。不过我们仍然应该明确大众对历史的需求是什么。是对于记忆的需要？对于认同性的探索？还是仅仅只是出于好奇？而为了维护某些利益，历史又是否被工具化了呢？法国的一些案例可以帮助我们思考这些问题。在这中间，我们尤其应该注意历史在公共领域的使用中被误用或不当使用的情况，因为只有廓清它们和"公共史学"的关系，我们才能更清醒正确地进行公共史学的实践，也才能更好地理解公共史学的价值。与此同时，不应忽视的是，无论公共史学如何发展，从根本上而言，它仍需要在真正意义上遵从历史作为一门学科的基本要求。

关键词： 法国的公共史学 记忆法令 历史公共用途监督委员会

---

* 本文为伊夫·克鲁姆纳盖尔教授在2017年9月第一届"公共史学国际工作坊（中国）"的演讲稿。

** 伊夫·克鲁姆纳盖尔（Yves Krumenacker），法国里昂三大（Université Lyon 3 Jean Moulin）近代史教授，罗讷-阿尔卑斯历史研究中心（LARHRA）宗教和信仰分支负责人，国际基督教历史研究委员会（CIHEC）副会长，法国宗教史学会理事会成员。代表作有：《18世纪普瓦图的新教徒（1681—1789）》（1998）、《启蒙时代的新教徒：以里昂为例》（2002）、《传奇之外的加尔文》（2009）等。

在法国，公共史学可以算是一个鲜为人知的领域，几乎没有研究者，更没有相关的课程，巴黎东部大学（Université Paris-Est Créteil，原巴黎第十二大学）是法国仅有的一所提供公共史学课程的学校。然而某些学者也会关注对历史的使用，关注人们究竟想要从历史中知道什么，关注历史和记忆的差异；他们想要解决的问题是如何让不是历史学家的大众理解和接受学术领域的历史研究成果。比如我的研究领域是新教历史，同样我也会对我们今天如何看待16—17世纪的新教非常感兴趣。我写过一些文章探讨在为青少年创作的漫画或小说中如何描绘新教，借此来思考今天的改革者如何看待新教留下的记忆。

不过，还是让我们首先对公共史学下个定义。之后再来思考少数群体、政治家和相关的利益群体是如何使用历史的。当然，在这里我们主要关注法国的情况。最后，我们将探讨历史学家应该如何推动公共史学的发展，让它既是真正的学术研究，又可以为大众接受。

一 什么是公共史学？

人们很难定义"公共史学"，因为此类术语与各个国家多样的书写方式和历史实践相关。即便如此，我们还是可以列举出一些公共史学的特征：

1. 公共史学需要使用历史学科的研究方法；

2. 公共史学应该乐于认真回应有兴趣的公众对过去知识的需求；换言之，公共史学应该乐于增进历史的社会性应用；

3. 在公共史学领域，有必要将"记忆"和"历史"区分开来。因为在公共领域中，可能存在着相互对立的不同记忆和对于过去的不同看法，因此需要专业的调解。

4. 公共史学应该向非历史研究者，即公众，提供和传播历史学术研究的成果。

由此来看，公共史学不仅仅是一门学科，还是能服务于全社会的学问。从这个角度而言，应该说，几乎所有国家都在进行公共史学的实践。但对它的思考却不是在所有地方都存在。第一个对公共历史进行思考并将之以大学专业的形式制度化的国家是美国，确切地说，是在40年前的加利福尼亚。1976年，加利福尼亚大学圣巴巴拉分校开始设立一系列研究生课程，训练历史专业的学生进入非学术领域工作。几年以后，一份（公共史学的）专业期刊——《公共历史学家》(*The Public Historian*)——开始发行，与此同时，美国公共史学全国委员会成立。在美国和加拿大，一些大学开始设置公共史学的研究生课程，随后公共史学课程逐渐普及到本科、硕士和博士研究生领域。在其他国家也开始出现类似的研究生课程，例如巴西、澳大利亚和欧洲（1996年英国最先开始，之后是德国、意大利和荷兰，而直到2015年，法国才出现类似课程）。中国和印度等国家也对公共史学表现出了很大的兴趣。网络上甚至出现了关于公共史学的讨论区块——"H-public"。

然而，我们有必要对"公共史学"和"历史在公共领域的使用"有所区分。我所说的"历史在公共领域的使用"，指历史进入当代讨论中或非历史学家出于各种目的对历史学术成果的使用，也指历史学家以他们的技能和知识直接介入公共领域。但这不是公共史学。公共史学应该是历史学家关于如何让公众理解历史、如何在公共领域传播历史，以及如何让历史视角进入公共领域并发挥作用的思考。为了实现这一目标，一些协会纷纷成立，比如公共史学国际联盟（The International Federation for Public History），它是国际历史科学委员会（The International Committee for the Historical Sciences）的内设机构。它的成立旨在建立一个国际网络以促进公共历史学家在国际范围内展开讨论，分享最优秀的学术成果，鼓励各国设置公共史学课程和建立社团协会。国际历史科学委员会于2015年在济南召开了第22届大会，在此期间，公共史学国际联盟进行了三次会议，会议主题分别是"公共史学教育"，"博物馆与公共史学"，以及"数字公共史学"。

二　历史在公共领域的使用

近些年来，历史学被要求回答一些来自公众的问题，如大屠杀、奴隶贸易、独裁统治、内战以及宗教冲突等等。这些主题在诸如虚拟或实体博物馆、杂志、报纸、小说、电视、电影和网络游戏等社交媒体上不断出现。但历史学家极少涉入其中，也未曾对相关知识进行确认和考证。

世界上有三十多个国家在内战、大屠杀或独裁统治之后，建立起了真相和调解委员会，以期重建和平。为此，就需要收集和解释关于过去的记忆，寻找事实真相，而这些都需要历史学的专业技能。

除了严肃的话题以外，在许多国家，人们对历史博物馆、历史展览、战地遗迹公园的兴趣与日俱增，一些爱好者甚至重新使用中世纪的技术和材料来重建城堡。这些遗迹的确用最显明的方式向人们描绘着过去。但问题是，究竟是谁，为了什么样的目的，在展现这些记忆之场（lieux de mémoire）的内容。是为了让大众了解这些地方或某个群体真正的历史，还是利用这些历史来宣扬民族主义、政治和种族理念？无论答案如何，这些需求都有可能会将我们引向历史的政治化和工具化。

如果我们想要摆脱意识形态的干扰，那么历史学专业技能就是必需的。这是更深入地理解过去情境的最好方式。当然，历史不会是真正的"如实直书"，历史学家往往要对过去的历史进行解释。但是，他们心中十分清楚这一点，所以他们的解释是建立在对原始文献批判分析的基础上的。他们的目标是尽可能地理解历史，而不是给出政治或意识形态性的解说。

然而困难依旧存在。"公众"不是唯一的，而是有许许多多需求各异的公众群体。例如，20世纪60—70年代，人们开始关注弱势群体，如工薪阶层、女性、少数族裔与原住民等，所有这些社群都想要拥有自己的历史。那我们是否必须去书写"女性公共历史""社会公共历史"或是"LGBT（非异性恋社群）公共历史"呢？历史的学术研究如今已经细分为了许多领域：性别史研究、性研究、殖民研究、后殖民研究、文化研究等等。那么学术研究需要与公共历史保持一致吗？这还不是全部，并非只有少数和弱势群体会对历史提出诉求，政府和政治运动也往往希望借由历史来使他们的政策纲领合法化。

三　法国：关于记忆法令的问题

在法国，人们对于公共历史产生兴趣相对较晚。当然，一些电影和电视节目还是很受欢迎的，例如1957年至1966年间的"镜头中的时光探索"（La Caméra explore le temps），或1969年至1987年间的"阿兰·德寇讲历史"（Alain Decaux raconte）。一些作家也深受大众喜爱，诸如阿兰·德寇和安德烈·卡斯特罗（André Castelot），他们从20世纪40年代到21世纪以来已经有数十本历史书籍面世。如今，有一些记者也开始主持和掌控着历史影视节目和通俗历史杂志的资源，如斯特凡纳·伯恩（Stéphane Bern）和弗兰克·费朗（Franck Ferrand）。

而历史学家对这个领域感兴趣则是更近期的事情。我认为它是在20世纪末，与法国历史记忆法令的颁布同步开始的。第一项记忆法令出现在1990年7月，该法令谴责了否认或修正纽伦堡审判宣布的反人类罪行的行为，针对的是当时大行其道的反犹思潮。第二项记忆法令颁布于2001年，它承认了在亚美尼亚发生的大屠杀。第三项法令于2001年5月21日颁布，确认了奴隶贸易和奴隶制是反人类的罪行，那些否认这一事实的人将因触犯法令而受到惩罚。最近的一项法令则颁布于2005年，它肯定了生活在法国殖民地的人民对法国的贡献，但要求学校在教学中尽量展示殖民行为的正面意义。

在这些法令中，前两项关于反对否认反犹屠杀和铭记发生在亚美尼亚的种族灭绝行为的法令遭遇的反对声音较小。不过，一些历史学家还是不免担忧法令会对公众自由构成潜在的威胁，如专注于古希腊研究但也对阿尔及利亚战争感兴趣且反对移民政策的皮埃尔·维达尔-纳盖（Pierre Vidal-Naquet），还有研究法国第三共和国史并担任法国人权联盟主席的玛德琳娜·罗贝鲁（Madeleine Reberioux）。在他们看来，这些法令是在给学术研究和表述中的民主自由设限。同时，它们也会使得政府可以在国家、民族、种族或信仰的问题上有权设限，对公共态度有所要求。

2005年发生了一件事：法国历史学家奥利维耶·贝特雷-格努约（Olivier Pétré-Grenouilleau）出版了一本关于黑奴贸易的著作。他在这本全球史著作中比较了17世纪到20世纪的东方贸易、非洲内部贸易和西方贸易，指出东方贸易要比西方贸易时间更为悠久，而且也更为重要。他还认为这不是种族灭绝，因为黑奴贸易旨在贩卖奴隶而非消灭他们。这些观点使他备受指责，人们甚至指控他试图通过使人们联想到法国殖民地的居民来否认黑奴贸易这种反人类的罪行。当时，许多历史学家为了学术自由为贝特雷-格努约辩护。他们中的一些人还组建了自由历史协会（Liberté pour l'Histoire）来呼吁废除记忆法令。对他们而言，历史真相并不能由某个议会予以定义，否则就会构建出一种所谓的"官方历史"。记忆法令是危险的，因为一旦历史学家的看法与官方历史不符，他们就可能因此被起诉。

同年，历史公共用途监督委员会（Comité de Vigilance face aux usage publics de l'histoire）成立。协会成员并不反对记忆法令，只要它们没有被用于将某种观念强加于人。协会宣言指出，历史学家的职责是完善和传播关于过去的严谨的知识，他们应该去理解历史现象而非做出评判。协会认为，公共领域的参与者会从历史中寻找将其动机或利益正当化的论据，这很正常，不过人们不应该将历史完全工具化。协会的历史学家对否认大屠杀或美化殖民等操纵历史的行为表示谴责。历史公共用途监督委员会的成立实际上正是对鼓励将殖民行为正面化法令颁布的回应。他们指责这项法令是殖民历史的保守派观点的体现，反映了政治力量越来越多地干预历史，并不惜越过对现象的批判式分析，将价值判断强加于公众的倾向。委员会不断谴责那些为了使政策合理化而提出的不切实际的观点。比如最近正在讨论的移民问题中，支持者引用被赋予了所有美德的过去来掩盖令人担忧和极具风险的现在；反对移民者则指出，过去，移民尊重传统是因为他们想融入社会，但如今，移民已经对于那些欢迎他们，并在社区中共同生活的人们造成了威胁，而这与历史真相相去甚远。

自由历史协会和历史公共用途监督委员会并不全然相似，后者比前者更激进。但二者都对历史的滥用表示担忧，并试图让尽可能多的人了解历史的方法和研究成果。

四　法国的例子

自由历史协会和历史公共用途监督委员会之所以创立是因为历史在公共领域的使用有时是成问题的。我可以给出一些法国的例子。首先是一些具竞争性质的记忆（历史）：一些人会毫不犹豫地建立"死亡档案"，他们试图给历史上暴行的受害者划分等级，有时甚至让这些受害者们互相对质。犹太人是否比穆斯林受到了更多的迫害，还是相反？女人和同性恋者在父系社会中谁受到了更残忍的对待？围绕贝特雷-格努约的《黑奴贸易》一书的争议是基于这样一个事实：在他的反对者们看来，谈论东方奴隶贸易可以将西方国家在奴隶贸易中的责任降到最低。历史通常是错综复杂的，而这种做法却会将与之冲突的那部分记忆排除在公共领域之外。

另一个例子则是政治人物对历史的使用。历史公共用途监督委员会经常指责法国前总统萨科齐（Nicolas Sarkozy）利用历史进行政治宣传。2007年1月，作为总统候选人的萨科齐在演讲中提及了三位著名的共产主义活动家——饶勒斯（Jean Jaurès）、布卢姆（Léon Blum）和居伊·莫盖（Guy Môquet），而他本人却是右翼人士。5月，他还要求教师们在班级上朗读共产主义者和抵抗运动战士莫盖的最后一封信，这是他即将被纳粹枪杀时所写。2007年7月，成为总统的萨科齐宣称非洲没有历史，它能够登上历史舞台应归功于殖民活动。此后，他频繁利用历史为法国勾勒出一个虚幻的轮廓，以重建某种国家认同。法国左右翼之间的分歧和社会阶层之间的矛盾在这种认同中消失了，仿佛所有法国人都团结在一起。萨科齐总统还提及"我们的祖先高卢人"，似乎所有的法国人都是同种同源的。他想成为所有法国人民的总统，因此他向人们展示了一部没有分歧的历史。与之相似，另一位右翼政治家菲利普·德·维里耶（Philippe de Villiers）于1977在旺代（Vendée）地区创建了皮伊杜福（Le Puy du Fou）主题公园①。最初 20 年中，公园展现的主要是法国大革命的历史，而这一地区是当时法国天主教抵抗大革命的一个热点地区，于是公园通过展现革命者的残暴和反革命者的信仰来吸引公众。然而菲利普·德·维里耶本人则与天主教极右翼关系密切。

如今，许多政治家都希望所有学校教授一种官方叙事，这样所有的法国学生都能学到同样的历史。他们认为让法国人拥有一种集体记忆是十分重要的。但这种记忆是高度简单化的，它强调的是胜利，强调法国还是一个重要国家的那个时代；或者说，这种记忆将法国塑造得比实际中更为重要。这是一种没有瑕疵、没有缺陷、没有分歧的历史，一种将法国当前的状况、在世界上的地位以及国家领导者的政策合理化的历史。这种寻求现有社会秩序合理化的认同与少数群体寻求将其苦难境遇公之于众的认同截然不同。但对历史学家而言，它们都是无法令人满意的，因为二者都忽视了历史现实的复杂性，它们既没有考虑到参与者在历史上真正扮演的角色，也没有考虑到当局在当时面临的危险；它们掩盖了冲突、专制、叛乱和抵抗的历史，或者只保留了其中一种形式的冲突。历史学家想做的是理解过去，弄清楚过去发生了什么，而不是要描绘历史的全部细节，也不是要对历史做出评判。

五　在法国，公共历史如何实践

人们很容易批评对历史的使用不当，同样也很容易指责在如今的讨论中缺乏历史的视角。历史公共用途监督委员会就在宣言中指出："像作秀一样的新闻和对收视率的日益痴迷促使那些新闻背后的煽动者和艺人们不断阻碍着历史学家对某一主题进行深入研究以及对历史真实复杂性的考量。"而如何使公众了解历史，将其引入公众领域则

---

① 译者按：网上多翻译为"狂人国公园"，因 fou 的意思是疯子、狂人，而 puy 意为山；但古语中 fou 也有山毛榉的意思，所以也有翻译为"榉木山主题公园"的，不过这样的翻译相对较少采用。因其为地名俗称，而狂人国与此公园创立初衷不符，故使用音译。

是一件更为困难的事。

历史公共用途监督委员会非常了解这一困难。它在宣言中提到，对以下两个方面的思考和实践是我们需要优先注意的：

第一，历史教学。目前关于殖民历史的争论反映出，在历史学科的教学中有一种普遍的不安，而在研究的进展和教学大纲的内容之间存在着极大的差异。所以我们首先应该对问题进行梳理，以缩小学术研究和教学之间的差距，考虑发展一种更为民主和明晰的课程大纲，以便人们可以更公正地看待历史研究的不同倾向。

第二，历史在公共领域的使用。毫无疑问，历史学家的任务并不只是汇编记忆。我们并不认为自己就是掌握过去历史真相的专家。我们的目的仅仅是要确保我们研究所得的知识和提出的问题能够为每个人所用。为此，我们需要对历史在公共领域的使用进行反思并提出解决办法，以便能有效抵制那些将过去当作工具利用的人。

这样的思考很有意思，但在实践层面，它究竟意味着什么呢？历史公共用途监督委员会拥有自己的出版机构——阿高纳出版社，目前已经出版了六本书（内容涉及史前史、大革命、历史教学、殖民史、民族认同、萨科齐总统和历史思考）。但它们并不是公共史学。很少有人会去阅读这些对主流历史的反思或者尝试写出另一种历史的书籍。于是，委员会的成员开始活跃于社交网络。劳伦斯·德·考克（Laurence de Cock）是脸书达人，她还经常应邀参加电视和广播节目，对历史教学和政治人物将历史工具化等问题发表评论。玛蒂尔德·拉莱勒（Mathilde Larrère）则惯于在推特上传播历史，批评对历史的错误使用。她在推特上的文字相当简洁（但数量可观，比如她曾发布了114条推特来讨论流产合法化在法国的历史问题），但往往能为历史爱好者提供丰富的历史知识。

用社交网络来推动公共历史的发展是一个很好的尝试，但同时也要注意将历史和意识形态区分开来。人们如何看出研究19世纪社会史的专家玛蒂尔德·拉莱勒的推特和那些并不了解历史而只想陈述自己想法的人的推特之间的区别？教育史家对加拿大、法国、瑞士、德国和西班牙的加泰罗尼亚（Catalonia）这五个国家或地区的许多中小学生做过调查，结果显示这些学生对本国历史都有着广泛的了解，而这些知识分别来源于家庭、网络、纪念活动、影视作品，当然还有学校。换句话说，我们关于过去的知识并不仅仅来源于历史学家或直接来源于历史学家。许多人都在进行着公共史学的实践，在叙述过去。但问题在于，这些叙述并不总是历史。

那么，谁能实践公共史学？这仅仅是专业历史学家的工作吗？为了充分发挥这些信息的作用，我们应该记住，学习既是一项社会活动，同时也是一项经济活动。历史可以作为一种文化遗产加以利用。随着许多工业地区的去工业化，政府也会支持一些复兴或振兴项目，这些项目越来越多地将当地历史和文化作为魅力所在，以"重塑"萧条地区的基础。我已经说到过皮伊杜福主题公园，这是对历史进行政治性利用的一个很好的例子，同样也是对历史的经济性利用的范例。旺代地区处在缺乏工业基础的乡村地区，而这个公园却是法国仅次于迪士尼乐园的主题公园。如今在法国各地，文化旅游已成为很重要的旅行方式，这就需要人们意识到博物馆、城堡、古老的教堂和战场遗址等地方的存在。在这其中，历史学家的职责是确保这些使用历史的行为都是建立在对现有史料进行批判性分析的基础之上的。他们可以成为电影导演、游戏设计师、新闻记者或艺人的历史顾问，也可以直接实践公共史学。这就是为什么巴黎东部大学在2015年设立公共史学研究生项目的原因，它的目标在于培养具备非学术性写作能力、档案检索能力，以及信息整理、识别和评判能力的历史专业的学生。

由此可见，学科的边界是非常灵活的，许多历史学家在实践公共史学时并不知道，也不希望他们的历史被称为公共史学。但当你在为公众写一本书，比如一本传记，你实际上就是在进行着公共历史的实践。我的同事马蒂厄·阿诺德（Matthieu Arnold）今年完成了一本关于马丁·路德的生活漫画，这是一本关于路德的学术传记，但同时它也是一本公共史学作品。

那么公共史学真的是历史吗？公共史学中似乎不存在学术争论和理论争辩。对于公众来说，关于路德论文的发表，或路德与其他改革者之间的争论的意义等问题往往过于复杂而难以理解。但历史故事却因通俗易懂，很容易被公众接受。它们并不总是高水平的作品，但也不一定是糟糕的历史，因为它们所讲述的并非虚假之事。我们必须假定，根据公众的需求和水平，可以有不同层次的历史。讲故事是很重要的。公共史学必须是有趣且有用的。而讲述历史的方式和途径也是必不可少的，无论是一本书、一个网页、一个电视节目、一次采访、一款电子游戏等。这也就是为什么，我们有必要去教授公共史学。

（王文婧，中国人民大学历史学院助理教授）

What's the Public Needs for History？

Yves Krumenacker

Abstract：Public history had been put into practice by all countries, but it was not conceptualized and institutionalized until late 1970s in North America (especially in the U. S. and Canada). Since then, public history has become an academic discipline sharing the methods of professional historians. It primarily focuses on the social utilization/utility of history, working on making the results of historical research useful for a broader public instead of restraining them just to academics. However, it is still necessary to specify the public need for history. Is it the need for memory? The quest for identity? Or does it merely arise out of some kind of curiosity? Is history "instrumentalised" in serving certain interests? Some cases in France can help us to think about these questions. Above all, we should pay special attention to the misuse and inappropriate use of history in the public sphere: only by distinguishing such phenomena from public history can we carry out the practice of public history sensibly and correctly, and gain a better understanding of its value. Meanwhile, it should not be neglected that regardless of how public history develop, it is still obligated fundamentally to meet the requirements of history as an academic discipline.

Keywords: Public history in France; the use of history; the memory laws; le Comité de Vigilance face aux usages publics de l'histoire

英国的公共史学：以约克大教堂为例[*]

莎拉·里斯·琼斯[**]

（温灏雷译，杜宣莹校）

摘要：英王乔治五世曾经说过这样一句话"约克的历史，就是英国的历史"。这座城市每年吸引超过700万来自世界各地的游客，他们都心怀相似的目的：在这座虽小却保存非常完好的古城中探索古罗马的源流，中世纪的遗迹，还有现代世界的欢愉。其实，约克这座城市也是在公众视野中感受英国历史发展轨迹的最佳样本。本文将扼要介绍不同类型的公共史学，正是它塑造了约克在人们心中的历史名城印象。我们还将在现代与中世纪的对照中，理解历史的公共价值。

关键词：英国的公共史学 约克大教堂 中世纪 宗教利益

一 引言

首先，请允许我向组织这次会议，并邀请我前来参会的姜萌副教授和杜宣莹博士致以诚挚的谢意。去年，姜萌副教授来约克访问的时候，为我们带来了一场题为《数百年来中国公共史学发展》的精彩演讲。今天，我将借用这个题目来介绍英国公共史学的发展，但只聚焦一个特殊的案例——约克大教堂——它是英国历史的象征。我将说明这座著名

---

[*] 本文为琼斯教授在2017年9月第一届"公共史学国际工作坊（中国）"的演讲稿。
[**] 莎拉·里斯·琼斯（Sarah Rees Jones），英国约克大学历史系教授，兼约克大学中世纪研究中心主任，前约克大学公共史学研究中心主任。研究方向为中世纪英格兰城市史以及市民权与城市规划历史。

的历史遗迹在几个世纪中是如何被利用,并在舆论的漩涡中成为我们理解过去的媒介,以及这样的历史遗迹会在未来扮演什么样的角色。

英国的"公共史学"概念是北美的舶来品。它常用来泛指那些非学院派学者尝试建构、实践和理解历史的活动——但是这里存在一些重要区别。学院派史学家和公共历史学家之间的区分并不像在美国那样泾渭分明。受政府影响,目前英国的大学要求史学家们在学术圈之外也具备显著的话语权。但是在英国,要考虑到一直以来,无论是在大学内部还是外部,历史的写作和实践对部分重大事件始终具有相当广泛的影响,并且与当下和未来都关系密切。正因为这种历史解释的公共属性,也就意味着对它的解读难免带有各色偏见——尤其是和政治挂钩的时候,争执就会出现。

二 约克大教堂

如果要以约克大教堂为例来追溯实践的历史,我们就得从它的建筑本身说起。在约克市区的天际线处,大教堂的石灰岩质哥特式塔楼非常抢眼。实际上,这座城市的建立很大程度上要归功于这座位于市中心的中世纪大主教座堂。市区的街道设计,环绕城市的城墙,都有明显的中世纪遗风,而它们的存在就是因为地处核心的那座大教堂。"约克大教堂"只是俗称,它的官方称呼是"约克圣彼得主教座堂"(Cathedral Church of St. Peter of York)。虽然早在7世纪即已建成,但是至今它仍然是基督徒们举行礼拜活动的重要场所,而且还是约克大主教的驻跸地。约克大主教是英国教会最高级的主教之一,其地位仅次于坎特伯雷大主教。

除了作为基督徒举行礼拜仪式的中心,长期以来约克大教堂还被视为标志性的历史建筑。它不仅是约克的象征,更是整个英格兰的象征。1927年,H. V. 莫顿(H. V. Morton)出版了一本畅销的英格兰旅行指南,它的目标读者是那些骑着摩托车环游英国的游客们。[①] 在这书中莫

---

① H. V. Morton, *In Search of England*, Methuen Publishing Ltd. , 2000.

顿写道："约克美得令人难以置信。如果你对古老的建筑、美丽的事物以及这个国家的历史感兴趣，那么有一座城市会超出想象地满足你所有的期许——那就是约克。"① 2016 年，约克大教堂成为全英国接待游客数量最多的景点之一，吸引了超百万人次参观。而整个约克城则吸引了超过 700 万名游客。② 鉴于约克是一座仅有 20 万居民的小城，所以旅游产业对城市经济的贡献能占到大约 40% 就不那么令人惊奇了。至于这座城市的吸引力，对游客和当地居民而言都一样——约克大教堂被视为首要因素。现在，如果你在网上搜索关键字"约克的图片"，会发现搜索结果中有六成图片都以约克大教堂为背景。③

三 历史景点

在近几个世纪里，大教堂的历史记忆一直在不断变化。理解大教堂反映的历史非常重要，因为今天公众对大教堂的理解是在吸收"层累的历史"基础上的产物，但这并不意味着这些相互叠加的历史记忆都可以并行不悖。

大教堂于 627 年在约克落成，它的选址由罗马教皇格里高利（Pope Gregory I）确定。在罗马帝国时期（71—400），约克一直是军事重镇，而且是地区行政机关的驻地。尤其据说约克是君士坦丁大帝（Constantine the Great）的出生地。君士坦丁大帝于 305 年登上皇位。在欧洲历史上，君士坦丁大帝是一位杰出人物，不仅因为人们相信是他终结了迫害基督徒的运动，而且他自己也是首位皈依基督教的皇帝。也正是君士坦丁大帝把西欧世俗政府体系变成尊罗马教皇为首的教会体系。在中世纪人们的想象中，君士坦丁将欧洲变成基督徒的天下。教皇于 601 年选择约克作为他在英格兰统治的两个中心之一，代

---

① 十年后的 1937 年，国王乔治六世探访约克时的评价与此不谋而合："约克的历史，就是英格兰的历史。"
② 参见约克大教堂官网 http://yorkminster.org.
③ 使用谷歌搜索引擎搜索"约克的图片"（Images of York）之结果，访问日期为 2017 年 8 月 22 日。

表罗马教廷对不列颠的统治。这强化了约克曾诞生过基督徒皇帝的历史观念，也成为后来理解这座城市历史重要性的核心。

正是为了纪念约克曾诞生过罗马基督徒皇帝，约克大教堂才得以修建。它修建的位置并不是在约克的随便什么地方，而是在最重要、令人印象最深刻的罗马时代建筑——前城市驻防军司令部的遗址。大教堂修建的位置就此确定，人们对外宣称这里是欧洲首位基督徒皇帝诞生之地。在新建的大教堂周围，城镇逐渐发展起来。它的建设仿照罗马城镇的样式。约克并非唯一利用古典时代的建筑和地点来"重新发明"基督教徒传统的例子。这种将古代素材重新发掘利用、宣传基督教会崛起故事的例子在整个欧洲、北美和中东地区都屡见不鲜。新环境是制造公共记忆的场所。通过它们，新的基督教秩序才得以生根发芽。虽然直到今天人们依然怀念君士坦丁的遗产，但是正如我们将要看到的，位于大教堂外的雕像和它所代表的多重历史记忆，近来也引发不少争议。而大教堂的工作人员也决定不再负责维护这座雕像。

四 中世纪：公共史学与神的眷顾

利用空间和建筑来确立历史记忆的办法，无论在过去和现在都是公共史学最容易为公众知晓的。而借助约克大教堂来怀念的历史内容本身却是不断变化，即便在中世纪也是如此。

今天看到的大教堂，其主体部分营建于1320—1420年。在这一百年里，大教堂全面扩建。供公众祷告的正厅空间增大了，还换上更大的窗户，安装了彩绘玻璃，上面是设计精美的寓言故事画作（更像是长幅的卡通画）（如图1）。这个重建计划的领导者是历届大主教们——他们筹措了大部分资金。修建工作和新建筑装饰的核心，是借此构建一种特殊的历史观。它不再以传统的历史记录为主，而是将基督教会在英国北部的历史发展作为主线，历数在约克历任大主教的引领下，从7世纪一直到14世纪的历史。这些大主教中有些甚至被视为圣徒，有关他们的神话传说一直支撑着教友们的终生信仰。在教堂东端最神圣的地方是空间宽敞的墓地，埋葬着历任大主教的遗骸。教堂西侧正厅主祭坛的前方是教友们的祈祷堂,也是大教堂最主要的公共空间。除此之外,大教堂的东西两端显著的位置还布置四扇特别巨大的釉色彩绘玻璃窗。上面画的是作为英国北方精神领袖的历任大主教,并借以强调他们的尘世权威来自神的庇护,来自造物主圣父和创造人类的圣子"耶稣基督"。书写的历史能让建筑和彩绘窗反映的内容更为充实。人们把它写在固定于木板的羊皮卷上,供前来参观的游人阅读,其内容是对教会在北方功绩的褒扬。与建筑项目并行的还有一项文字工作,即编纂新的约克大主教编年史,其主要目的是凸显大主教们个人的虔诚与美德。同时,大教堂的行政档案被重新整理以垂训后人:其中记载的内容表现出各位大主教不仅仅重建大教堂,还集资新修房屋和其他设施,以及为提高市民的文化素质而在市区兴建学校。

图 1 约克大教堂的彩绘玻璃

这种在历史中形成的北方民众对北方教会信仰的认同，主要靠该时期几位大主教在许多方面突出的个人魅力。在15、16世纪，大教堂曾多次成为地方教友发动大规模反抗英格兰君主叛乱活动的核心（例如在1405年和1536—1537年）。北方民众拥护北方教会，不愿接受国王强加给他们的变革，而国王领导的中央政府正是位于在南方的伦敦。

通过整个中世纪建设大教堂的历史，可以看出它的设计及本意并非如此，但历史的重心会随着时间而动。其中包含的政治隐喻，也为激烈争辩提供了滋养，即便是那个时期的民众暴动也不例外。

五 近代时期

16世纪爆发的宗教改革运动让中世纪宗教里的许多成分都成为冗余。英格兰从罗马天主教会独立，天主教的仪式也遭废除，取而代之的是基督教新教。约克大教堂里供奉北方圣徒的祭坛也遭破坏，礼拜仪式也变了。虽然建筑大部分的墙体，包括中世纪彩绘玻璃窗逃过一劫，但是嵌入它们的宗教语境一旦剥离，其本身包含的历史信息也会很快被人遗忘，直到最近才由最新的学术研究重构。现在又出现了一种新式旅行团，他们更热衷于欣赏教堂的建筑本身"恒久远，永流传"的美学价值，却对其中蕴含的历史知识漠不关心。

18世纪前，大教堂已成一处旅游胜地，吸引着那些钟爱贵族生活方式的富裕游客。因为它地处城镇的中心，而且内部空间开阔，足以彰显住客的身份和地位。在中世纪，大教堂巨大的正厅（位于大教堂的西端）曾是历任大主教下葬处。但是随着1536年这处祭坛被毁，这里成为一处空地。1731—1736年，人们以时兴的新古典风格对大教堂进行翻新重建。这样处在世俗世界包围中的大教堂就不会显得不伦不类。但很快，英国的知识精英又开始重新钟情于中世纪。机械化工业生产和大宗运输创造了大批像曼彻斯特和伯明翰这样的新兴城市。但随之出现的工业污染和人口爆炸，则使得中世纪美学愈发地被人们视为与工业化相对的浪漫解毒药。而中世纪的历史也愈发地被人们看作是英格兰逝去已久的黄金时代。像新英国议会大厦这样的公共建筑都喜欢模仿中世纪的样式（哥特式）修建——而其他古代遗留下来的中世纪公共建筑，尤其是大主教座堂，则愈加被视为那个逝去的黄金时代的纪念物。遗存的哥特式建筑和现代新古典式的建筑风格不同，它们是保存完好、可以媲美现代建筑的古代珍宝。

以约克大教堂为例，它国家级历史纪念地的新地位，又因受到整体倾覆的威胁反而更增进了一步。在1829年和1840年大教堂经历过两次毁灭性的火灾。大火吞噬了几乎整个木质房顶和所有古代木质装饰，还烧毁部分石造结构。第一次大火灾是人为纵火，有人想要毁掉大教堂，因为它是基督教信仰的象征。虽然宗教的纷争被当权者镇压（纵火者被视为精神病患者，关入疯人院），但是，在全国范围对中世纪教堂建筑艺术命运的关注，则一直在英国的文化精英群体中滋养着襁褓中的文物保护运动。关于如何修复大教堂，有两种不同的意见：一方主张要保留原始的建筑结构，另一方则主张完全推倒重建。[1]最终主张保留原始结构的一方赢了。虽然损毁非常严重，但是大教堂的残墙断瓦大部分得以修复，没有拆除重建。

这场发生在19世纪中叶，在全国范围内关于约克大教堂建筑遗迹是否应予以保留的争论是非常重要的。在大辩论中树立的英国公众对历史的理解影响深远，直至今天。约克大教堂已经失去宗教上的重要性，但是它的建筑本身象征着真实，即历史遗产需要保护以抵御现代化的腐蚀。无论损毁有多么严重，保留（而不是重建）历史建筑的做法都极具影响力。在英国，它仍然对公众理解历史的真实性大有裨益。在这些原则的指导下，约克大教堂一直处于不断的修复中。其中最近的一次是利用公众资助的2000万英镑修复大教堂的"大东窗"（Great East Window）（欧洲现存的最大的中世纪彩绘玻璃窗之一）。我们生活在一个"古国"（Old Country），努力保护这些古代遗迹既可

---

[1] 在文物保护者中，艺术家塞缪尔·普劳特（Samuel Prout）和他的学生约翰·拉斯金（John Ruskin）后来成了文物保护运动中的领军人物。他们收集的藏品中有"真正的"约克大教堂的手绘图，是由普劳特在1818年造访约克之时（火灾发生之前）创作的。

以是一种民族骄傲的资本，也可以带来一笔旅游业的收入。

在建构神话的影响下出现了更夸张的后遗症，有人认为中世纪田园牧歌黄金时代的幸存物——约克大教堂——受到了现代性之邪恶的威胁。这种思古视角下的大教堂被剥离了城市属性，环绕在它四周的城市街道都被"净化"，只留下了大教堂。这样的声音一直存在。像V. H. 莫顿这样的怀旧作家对约克大教堂的描述，就不是从火车站开始沿着各条充斥货车、布满小酒馆的街道层层推进，而是只看见了"一道白梨花似的藩篱"；约克的中世纪城墙则消失在"树梢"下的"绿荫"里，而不是烟囱堆中。

在这些与大教堂相关联的历史中可以看到，现在它已经完全脱离祈祷地的功能。代替它的是促成了在寻找"遗失的纯净"美学中逐渐形成的"英格兰性"（Englishness）。有一个与此相关的以"反进步"著称的极端例子，它已经濒于法西斯主义的范畴。1941年，莫顿在他的日记曾写道他"惊恐地发现希特勒的许多理论成功地吸引了我"。到今天，约克大教堂仍然被视为民族纯净的象征，吸引着极右翼势力的目光——2016年，新纳粹分子们选择在约克大教堂外举行抵制移民的抗议活动。

在英国公众理解历史的过程中，公众遗产的历史和古迹保护运动的影响仅仅占很小的比例。英国的公共史学从20世纪五六十年代"民众史"的兴起，到八九十年代出现的"遗产大辩论"，再到2000年前后的"情感转向"，和21世纪的"文物保护观"，现在它的影响力已经大不如前。英国的公共史学如今很少由学术界人士驱动，而且人们对于"主导性叙事"（master narrative）已经不抱信任。公众更加强调协作的、综合性的阐释。他们对官方的历史解释充满质疑，对大众记忆的研究充满兴趣，要求得到更多空间（指使用社交媒体的网络空间）。在他们建立的空间里，任何人都可以创制、传播自己对历史的理解，并为之辩护。2012年，脸书上新建的"约克古今"（York Past and Present）主页在不到一年时间里吸引了全球超过一万名粉丝的关注。它明确地拒绝与官方的文化机构和教育机构打交道，并积极参与地方政治议题的讨论，而且它在地方政府对历史城市周边地带未来发展评议方面的影响力与日俱增。

在这个公共史学已经大众化的时代，约克大教堂应当以何种身份融入其中？对于大教堂这处历史景观利用方式既存争议的源头，可以追溯到19世纪中期。当时大教堂的神职人员意识到，数量激增的游客正在挤占当地居民的空间。在19世纪60年代，大教堂为此进行改革，增加了方便当地居民——尤其是"工人们"（working men）做礼拜的空间。他们首次在正厅举行礼拜仪式，并安置座椅、供暖设备和其他内饰方便群众。① 对当地居民来说，这些革新，比起当时国内炒得火热的，对大教堂建筑框架存废问题的辩论要重要得多。而大教堂内饰革新的影响，则要比火灾后的那些恢复重建工作还重要。

即使在19世纪，约克大教堂历史地位的重要性比我们之前所了解的更为复杂，争论处在多维视角之下：建筑专家、游客、当地神职人员以及居民的偏好都涉足其中。虽然他们借助与官方和国内外的交流，对公共史学面临的特殊挑战和礼拜场所的遗产问题的认识也越来越深刻，但是在今天，公众对约克大教堂的历史解释大体上还是属于这四种视角不断磨合的产物。

六　当下：宗教利益之地

实际上，公众理解约克大教堂的当下趋势，是要将它置于国际化的语境中。② 联合国教科文组织的世界遗产大会正着手应对这些复杂

---

①　这些改革是成功的，参加礼拜的人数在次年增长了65%。
②　在全球范围内，名列《世界文化遗产名录》的遗产中有20%具有某种宗教的或信仰内涵。尽管如此，国际层面对于关注如何保护宗教遗产的主动倡议，却是近期才有的事情。在名录中宗教遗产属于规模最大的单列种类，其中也包括大量首批列入名录中的遗迹。首次关注宗教遗产问题的世界遗产大会（WHC）举行于2010年。从那时起，联合国教科文组织为了推广一项被称为"宗教性财产——可持续的管理"（Properties of Religious Interest-Sustainable Management）的政策，进行了一轮区域性协商。截至目前，已举行了四次区域性协商，分别在韩国和尼泊尔（佛教遗迹）、法国巴黎（地中海和东南欧）以及泰国（亚太地区）。参见联合国教科文组织，《世界遗产中心宗教遗产倡议书》，http://whc.unesco.org/en/religious-sacred-heritage/，访问于2017年8月22日。

议题。其中涉及与全球宗教遗产利益相关的原址保护,并制定进行统一管理的政策框架。

尽管极端暴力分子经常与宗教遗产相关联——例如1829年烧毁约克大教堂的纵火犯,还有在2001年炸毁巴米扬大佛(如图2)的塔利班——但是精力有限的世界遗产大会并没有准确地认识到这种冲突的严重性,但是它起码意识到:"对它们的保护有助于维持'生物的和文化的多样性',并倡议在所有的利害关系人之间保持对话,包括宗教团体,专业机构和资助机构,这是非常重要的。"

图2 巴米扬大佛及残余的佛龛

而这些利益关系之间的张力也在所谓"各群体间相互尊重和对话的三个支柱"中间接提及。这三个支柱是:理解宗教及其崇拜遗产始终不变的本质特性;足质足量地维护它的真实和完整;分享我们共有的历史知识。

在19世纪,还没有形成这些语言表述的时候,就已经出现与这三个支柱相似的部分议题，它们影响着 19 世纪中期约克大教堂管理的多个方面：尤其是坚持以宗教仪式为中心，注重历史景观的真实性和完整性。新出现的——或许是属于更宽泛的"文化多样性"架构，也更强调对共有知识的分享。20 世纪末这一架构更凸显出民众化、更具广泛包容的内涵，它远离片面的解释，更强调多元视角和运动过程。

在英国，这种举国一致的动向反映在题为《精神的首都：古今英国主教座堂》的报告中。[①] 这是一份供"约克大教堂公众参与团队"参考的重要文件。作者们提出应当更广泛地调研人们利用和参观主教座堂的途径，他们的结论是：

> "主教座堂"能够让人体验宗教氛围，范围不仅限于信教人士。有三分之一的人认为"主教座堂是一个能轻松触摸到精神世界的地方"。然而，还有四分之一的人从未在教堂中有过类似的感受……主教座堂不仅仅是游客眼中的景点，它们还能够承载精神和神圣之感，无论对那些游离在基督教信仰边缘的人，还是超越了这种宗教体验的人来说都是如此。在这个纷繁复杂的时代，"自发的"灵性（emergent spiritualities），赋予了主教座堂多样化的潜能。

和世界遗产大会一样，这份报告虽然强调主教座堂的精神功能，但是它只用了像"神圣的"这样的普通形容词，而不是特殊的基督教术语来指称。受这份报告的影响，这个团队最近重新制定向公众展示的、对约克大教堂历史的公共解释，尤其是大教堂地下厅的"博物馆单元"。过去的展览让游客按编年顺序了解约克大教堂从古罗马时代直到今天的历史叙事。在某种程度上他们现在仍然这样安排展览（例如发掘出来的古罗马和中世纪早期建筑遗址）。这种布展的方式

---

① http：//www.theosthinktank.co.uk/files/files/Reports/Spiritual% 20Capital% 2064pp% 20 - % 20FINAL.pdf，访问于 2017 年 8 月 25 日。

让建筑成了孤立的个体，无力反映其内在的变迁，核心也成了在基督教信仰方面的体验。但是无论这些游客的文化背景是什么，我们都应当尽力引发他们的共鸣和反响。例如，有一位重要的中世纪大主教的灵柩和他保存完好的精美陪葬品仍在展出。但是，它们现在不再用于讲述中世纪教堂的历史，而成为展区的一个主题分支，它更关注人类对临终和死亡的体验，以及与那种体验相关的仪式和情感。虽然历史仍然在约克大教堂的地下厅呈现，但是历史经验的体验已经处于次要地位，排在首位的是对游客情感和信仰方面的关怀。

七　结论

对约克大教堂个案的研究可以明显看出，公众对历史的理解在不断变化；自古至今，人们对大教堂历史的解释也一直在变化。于是，像大教堂的历史究竟为谁而作的问题，经常在多方对话中引发冲突，有时候甚至是暴力性的冲突。专家学者虽然在其中占据一席之地，但也只能是一家之言。作为中世纪史研究者，我坚信长时段视域下的公共史学丰富了这种能提供多种模式解释与实践的对话，它避免了任何一种片面解释的（例如影响深远的保护运动）专断。它理应被视为理解历史正确的思考进路。最后，在我看来这种关于历史的、热烈而又持久的争论始终在为所谓"大写历史"——历史的整体——背书，它让我们清晰地认识自己的当下与未来。

（温灏雷：中国人民大学历史学院世界史专业 2017 级博士生；杜宣莹：中国人民大学历史学院助理教授）

Public History in Britain: The example of York Minster

Sarah Rees Jones

Abstract: King George VI (1895 – 1952) once remarked that "the history of York is the history of England". The city attracts more than 7 million tourists from around the world every year and many come with that idea in mind: curious to explore the roman origins, medieval monuments and modern delights of this small, but unusually well-preserved, historic county town. In fact the City of York is an even better example of the development of history for and by the public in Britain. This lecture will provide an overview of some of the many different forms of Public History that have shaped the city's image as an historic place, and compare and contrast modern and medieval understandings of the public value of the past.

Keywords: Public History in UK; York Minster; Medieval England History; Religion culture

历史研究的新领域：公共史学在香港[*]

梁元生[**]

摘要： 在全球化的时代，"连接"（Connection）会带来许多机会，包括更多认识和贸易的机会，但也会带来"比较"（Comparison），"对照"（Contrast）"竞争"（Competition）。与此同时，全球化也带来了"在地化"及"本土化"的反弹。为了应对时代给历史学造成的冲击和影响，香港中文大学历史系在20世纪90年代开展了历史课程改革，比较史学与公共史学是两个最主要的发展方向，创办了"比较及公众史学"文学硕士课程，开启了香港公共史学发展的历程。在香港中文大学历史系推出比较及公众史时，当时对公共史学有不同的理解：公共史学是应用的历史、是人民的历史，鼓励史家关注公共事务和集体利益。近二十余年，公共史学在大中华地区已经取得了瞩目成就，应该还会不断取得发展。

关键词： 公共史学 比较史学 全球化 本土化

一 叙说：世纪之交香港中文大学历史课程的改组

公共史学在亚洲，特别是在大中华地区，进入学术研究领域和高

---

[*] 本文为梁元生教授在2017年9月第一届"公共史学国际工作坊（中国）"的演讲稿。

[**] 梁元生，香港中文大学历史学讲座教授，文学院院长，香港中文大学"比较与公众历史研究中心"主要创始人之一。研究专长及兴趣包括中国近代史、中国的儒学与基督教、海外华人社会（美国及东南亚），以及上海、香港与深圳的城市文化。近年的代表论著有《晚清上海：一个城市的历史记忆》《基督教与中国》《新加坡华人社会史论》等。

校历史课程，大概只有二十余年的时间。在香港，中文大学的历史系是最早从西方引进公共史学这个概念的，并且最先用这个概念进行课程改组，发展出一系列的历史科目，让有兴趣修读公共史学的学生有所选择。与此同时，中文大学历史系也是香港第一个以公共史学为名推出研究院硕士课程的教研单位。虽然这个硕士课程有两个重点：比较史学及公众史学，但很有可能是亚洲首个以公共史学为标识的硕士课程。[①] 经过十多年的发展，现在亚洲不少大学也都开设了公共史学的科目，有的把它叫作"大众史学"或"民众史学"，也有把它称为"公共史学"或"公众史学"的，内容虽然稍有差异，但基本的范围相同。而这个公共史学造成的风潮，在学术圈方兴未艾，成为许多高校发展的方向。

由于香港中文大学在发展公共史学这方面，起着先导性的作用，而其"比较及公众史学"硕士课程，至今仍然具有相当大的吸引力，每年招收学生近百名，对香港社会及历史学界颇有影响力。我们要谈到"公共史学在香港"这样一个话题时，不能不从20世纪90年代中文大学的历史课程改革谈起。

二 全球化趋势下的史学反思

历史研究或历史学，跟其他学科一样，在21世纪的今天面临严峻的挑战和重大的变化。令史学界进行反思的一个主要的原因就是"全球化趋势"（globalization）。在"全球化趋势"带动之下，世界紧密地接连起来，互通信息，阻隔缩小，令本来广袤阔大、不相往来的世界，变得像一个众人挤在一起生活的小村落，这个村落就叫"地球村"。20世纪初英国诗人吉普宁（R. Kipling）曾经写过下面的诗句："East is East/ West is West/ And Never the Twains Shall Meet！"（东即是东，西就是西，两道相左，永不碰头）的情景已经成为历史，永不

---

① "公共史学"与"公众史学"两个名词互用，是香港中文大学的一个习惯，但历史系"比较及公众史学文学硕士课程"是特定用语，不能使用"公共史学"。

复见了！在古代，一个个社群或民族可以独立地生存和发展，不与别的社群或文化往来。到了近代，虽然许多人仍然以民族国家为疆界，但交通和商贸已然把许多国家及地区连接贯通起来，打破旧时的孤立自存。到了现代，因为科技的发展和进步，特别是交通及信息科技的进步，更进一步打破了距离和空间，甚至国家疆界的限制，使得人类社会之间的交流、贸易关系日益发展，不同文化间之互动也变得越来越容易和频繁，而结果是各地区和各文化都建立了更多的共识和共性，这个现象被社会学家称作"全球一体化"。

在这个信息连接、彼此熟悉的地球村内，互相比较和互相竞争，就变成一种习以为常的事情了。我们看到西方的快餐文化迅速传播全球，麦当劳、肯德基都在五大洲开设连锁店，有些社会学家甚至称此为"麦当劳现象"（MacDonaldization），进行了深入的分析和研究。固然，"西化"和"美国化"是"全球化趋势"下的普遍现象，但全球化是一条双向道，交通及信息科技也可以帮助一些以往较少为人所知的文化走向全球，例如《卧虎藏龙》和《英雄》这两部电影，就把中国功夫，带到欧洲和美国，而李小龙的功夫电影也对西方，甚至非洲和拉丁美洲社会带来一种新的文化想象，使一向只熟悉西部牛仔和凯撒大帝的西方人对东方有另一番的憧憬和体会。所以，"连接"（Connection）会带来许多机会，包括更多认识和贸易的机会，但也会带来"比较"（Comparison），"对照"（Contrast）"竞争"（Competition）。而根据哈佛学者亨廷顿的说法，恶性的竞争和文化的冲突也会引起灾难性的后果。

在这样的背景下看学术界的发展，我们就知道许多变化皆因应"全球化趋势"而产生的。近二十年来史学界的新思潮也不例外，在很大程度上与全球连接和文化碰撞有密切的关系。因为连接（Connection, connectedness）而对空间和地域关系做出新的反思和构想，因为对照和对比（Contrast）而引起更多与更深刻的比较（Comparison），已然成为史学界的一股研究新潮流并引起深切关注。以往对遥远的不同地区难作比较，因为读者不容易熟悉两地，更不容易拿到不同地方的数据进行深入的比较研究，如今皆因为交通方便及信息革命而改变了，比较史的读和写，因此也有了很大的变化。而全球化的巨大影响也带来了"在地化"及"本土化"的反弹，有"全球"即有"本土"，二者需要兼顾，因此有"全球本土"论（global-local, glocalization）的看法。在史学上来说，这个趋势除了使"全球史"（Global History）进入历史课程中，也把对"地方史"和"本地史"的关注提升到史学研究的议程中。

"全球化趋势"带给历史学界许多新的冲击，也给历史学者提供了许多思考及研究的新视野和新角度。我们可以从题材、数据、进路及方法各方面来说明史学界的新变化：

首先，在全球联结下，由于地区和事件的相关性（connection, interconnectedness）越来越强，我们就不能避免做较多与比较和互动有关的题目。在我们给学生开列的书目之中，就有一篇比较美国和台湾环境保护的文章，一方面环境保护这个概念和政策可以说是全球化趋势下出现的共同关注，另一方面台湾和美国的环保思想也有互动的成分（虽然由美向台的影响会更多）。其次，就数据而言，在信息社会中我们不用费钱费时和费力亲自到一些资料或档案中心，即可以获得地方历史的知识；在今天，许多档案皆已数字化，而且放到互联网上方便阅览和查证，这样我们做起世界史研究和比较史研究，就容易得多。至于香港中文大学的课程改革，无论是通识课或是历史课，"全球化"与"本土化"及其相关课题都是其中重点。有了更为方便的交通与信息，有了充足的数据，能够做的比较研究就更为多元和多样，使比较史成为热门。

三 香港中文大学历史系的传统特色及其变动

在世界潮流和全球化趋势的冲击下，过去数十年来，香港的史学界过着有点风雨飘摇的日子。引起学界的变化和忧虑的原因甚多，例如多种学科及各式各样新的研究领域的出现，学生爱好新生事物，紧跟潮流，又或历史教师过于保守，导致学生对历史知识和研究兴趣的减少。在许多因素中，有外在的，也有内在的，不一而足。香港中文大学历史系面临这样的环境，忧心忡忡，力求改变，最后在1999年经过全系检讨，大事改革，寻找新路；比较历史和公众历史这两个范畴，经过多番讨论之后被订定为两个发展和研究的范围和方向；十多年来，已经有了一定的成绩，也见到学生和社会对此产生甚为积极的反应。比较历史与公众历史硕士课程的设立，实际上是强化和制度化这两个领域的结果。时至今日，公共历史或公众历史（Public History）一词已逐渐为人熟悉，例如岭南大学和浸会大学历史系招聘教员时，都曾刊登过征聘公众史教席的广告。

课程改革重点之一：比较历史。首先，让我简单的说明香港中文大学的史学同寅为什么做出这样的选择：以比较史学和公共史学这两个范畴作为课程发展的方向。以往中文大学的历史课程是比较传统的。大概可以分为"中国史"与"世界史"两方面。中国历史在初期差不多是按着每一个朝代开课的。自上古史开始，是到秦汉史、魏晋南北朝史、隋唐史、宋史或宋辽金元史、明史、清史、近代史和现代史，都有专人授课。至于其他的中国史课，以专题方式讲授，如中西交通史、中国古代社会经济史、中国近代社会经济史、近三百年中国学术史、中国史学史、中国科技史等等，都曾经是历史系课程的一部分。至于世界史，则以古代欧洲史和近代欧洲史、美国史、英国史、东南亚史、日本史等为最普遍。然而，这样的史学传统在专家越来越少的情况下，势必不能按朝代开课，故此有把中国史分为古代、中古、近代和现代四段分教的尝试。其他课程仍然多以专题形式出现。一直以来，历史系的课程很少用比较史的方法去教，不但少拿世界史与中国史作比较，连中国史的范围内也很少有比较的题目。1999年的课程改革，引进比较史学，可以说是一次重要的突破和勇敢的尝试。

香港中文大学历史系的同寅之所以选择了比较史学作为课程改革的重点和方向，一方面是看到全球化趋势下比较史学的可能性，另一方面则是由于香港学者自身的求学和研究经验。大部分的香港学者都是在本地接受本科训练，但研究院训练和博士学位都是在北美、欧洲或日本取得的，故此都有跨文化的经验，而且不少人在学习期间，还会扩展其知识领域，学习不同文化和国家的历史。我自己的研究方向是中国近代史，但第二领域是美国外交史和东亚儒学史（最初是日本史，但因日本史的教授拿不到长聘而转到东亚儒学）。同时，由于要担任美国史的助教，因而对美国历史的一些重要课题也花了一点时间去学习。因此之故，要在中美关系和比较方面进行课程的设计，也就不会觉得举步维艰。另外，郭少棠教授在加州大学受的是德国史的训练，但他对中国近代思想文化也投入大量的心力和时间，故此在这个方面开设新课程。在哈佛大学受日本史训练的陆国燊博士，他负责中日比较史的课程。

在比较史学的硕士课程中，我们首先在课程中介绍比较史学的背景及其在西方的发展，当然也对欧洲的比较史学作简单的介绍，并把一些有代表性的比较史学名著拿出来讨论。在近代西方史学界，以比较研究为人称道的大师有法国的马克·布洛赫（Marc Bloch）和美国史家布尔顿（C. Brinton）。前者是法国的历史学者，以研究中世纪地中海地区之社会经济发展著名。他在1928年发表了《向欧洲社会的比较历史学迈进》一文，为近代比较史学提供了基本的理论基础。他提出两种不同的比较，一是远距离的比较，无论是时间或空间，都相距很远，没有连接与互动，故此比较中容易显出其相异性；另外一种是相邻地区及社会，甚至在同一时代的比较。在这种模拟比较中，以其相似性最受注意。布尔顿比较了欧洲不同时期的革命，包括英国革命、法国革命、美国革命和俄国革命，力图找出革命的规律，像经济史家罗斯托（W. W. Rostow）要找出经济发展和增长的几个阶段一样。换言之，他们希望透过比较的方法，找出历史发展的规律和阶段。在我自己开的课中，我也把梁漱溟的《东西文化及其哲学》，作为一本比较东西文化的著作，介绍其对印度佛学、西方基督教及中国儒学，及其比较的视角。至于一些重要的西方比较史学名著，例如有彭慕兰的比较经济史[1]，乔治·佛烈德克逊（George Frederickson）的

---

[1] Kenneth Pomeranz, *The Great Divergence: Europe, China, and the Making of the Modern World Economy*, Princeton: Princeton University Press, 2000.

从非洲及美洲的黑奴制度看种族主义的比较,以及史帼宝(Theda Skocpol)的影响世界的几次大革命之比较。

综合这些比较研究看来,比较的一个共同的重点是要找出类同(resemblances, commonalities)和差异(differences)。其次,这些著作都有一个大前提:先有高度的综合分析(syntheses, generalizations),把比较(异同)建立在各种分析的基础上。

1982年彼得·孔庆(Peter Kolchin)提出研究比较史的三个理据,其中之一即是要在历史综合的基础上找出共同类型(common patterns),他相信只有通过比较才能综合,才能找到共性。其他两个做比较史的理由是:(1)比较使人加强寻找别的解析途径,使人不至于认为事物的发展只有一个看法。换言之,没有比较,就难有另外的角度和解析。(2)历史学者希望解析历史中的特性,用之来加强国家或民族意识,但必须通过多方比较,这种特性或与人不同的地方才会彰显出来。

威廉·西威尔(William Sewell)也提出比较研究有三个意义:(1)比较是一个证明猜想或假设的方法。这也是马克·布洛赫所强调的比较史的功用。(2)比较角度可以使史家眼界较为平衡,不至于囿于狭隘的地方主义或民族主义。(3)比较史的方法也可以应用于两个甚至多个社会文化的比较上。

以上所述,是香港中文大学"比较及公众史学"硕士课程中的比较史部分。由此概念带出的比较史新课程颇多,我在2000年初也引进了"城市比较史",主要是察验近代中国沿海城市在西方冲击下的变迁,包括一门很受学生欢迎的科目:"双城记:上海与香港",后来改成"三城记:上海,香港,新加坡"。

课程改革重点之二——公众历史。何谓公共史学(Public History)?这个名词的流行,实际上是过去30年间的事。主要是由于一群美国历史学者的推动所致。这群历史学者以加州大学圣巴巴拉的罗伯特·凯利(Robert Kelly)为首,在20世纪70年代初期积极推行公共史学,创办《公共史家》(*The Public Historian*)学术期刊(1978年),成立美国公共史学理事会的全国性机构,又在不同的大学及研究院里设立公共历史课程，引起了公众对这门史学的兴趣。说起凯利这位推动美国公共史学的先行者，我和他倒有一段渊源。他是美国加州大学圣巴巴拉分校的历史学教授，主要教授美国思想史和文化史。他也教授一门美国通史的大课，全班修读的同学超过1000人。那时，我是历史系的研究生，主修中国近代史，导师是徐中约教授，辅修美国外交史。由于凯利的美国通史课学生人数多，故此也需要许多名助教。我就被分派去帮忙，负责带领四组同学，大概每组十多人，讨论凯利教授在大班演讲时的课题，有时也会旁及一些别的题目，例如：中美关系等等。凯利教授那时十分忙碌，主要是两件事情。一是准备为美国历史学会主讲美国两百周年庆典，他是三位主讲人之一，另外两位是耶鲁大学的 C. V. 伍德沃德（C. Vann Woodword）教授和哈佛大学的小亚瑟·施莱辛格（Arthur Schlesinger, Jr.）教授。皆是美国史的名家。另一方面就是推动公共史学。在这方面，凯利教授是非常积极的，每周都会和研究生开会讨论，同时在不同的场合向人介绍，认为公共史学是美国史学发展的一条必然路径。他每周都召集美国史的助教，先讨论每周的课程，学生的功课等，然后话题总会集中在公共史学这方面，也引起许多研究生的兴趣，自此公共史学就逐渐成为研究的一个重点。老实说，我在当时只注意准备每周的美国通史的助教内容，无暇旁骛，对凯利教授的兴趣也只能敷衍了事，没有深究。但耳濡目染，总会对公共史学有点印象。所以，到了20世纪90年代回到香港中文大学，适逢历史系课程重组之时，突然想起20年前在圣巴巴拉求学时的旧事，就把凯利教授所推动的公共史学提出来供大家参考，获得大多数同事的认同，于是就在香港推出了第一个以公共史学为主题的硕士课程。在社会上得到正面的回响，逐渐成为正规历史课程的一个部分。

当我们在香港中文大学推出"比较及公众史学"硕士课程时，系主任苏基朗教授强调"入世的历史"，亦即是历史的应用性。[①] 这当

---

① 苏基朗：《入世的史学：香港公众史学的理论与实践》，《历史邂逅：香港中文大学历史系比较及公众史学文学硕士课程十周年纪念特刊》，http://www.history.cuhk.edu.hk/uploads/ma/booklet/10th_ Ann_ Comm_ Booklet.pdf。

然是公共史学的一个重点,但也包括一些其他的考虑和特色。依我看来,在香港中文大学历史系推出比较及公众史时,当时对公共史学有三种不同的理解:

(1) 公共史学是应用的历史,是为社会提供资源和解决问题的史学。如果根据凯利的意见,公共史学是一门应用史学(applied history),它包括的范围很广,主要的领域涵盖:历史文物及古迹保护;档案整理、保存和管理;旅游文化及名胜宣传;地方史、社团史、家族史及公司史;身份建立和认同;法律史、商业史、医疗史等。

这是凯利教授推动公共史学的一个重要目的,为了使受过专业训练及获得高等学历的历史系毕业生,离开大学及研究院之后仍然学有其用,有其一展所长的职业或职场。当时凯利教授想发展的方向是地方政府的档案部门,法律诉讼时需要的历史专才,以及博物馆及历史学会的需求。没想到后来连各种社团、公司,以及学校团体和地方机构都对此发生很大的兴趣。

(2) 公共史学是注目民众、为大众而写的历史,也可以说是人民的历史(People's history)。这个传统在中国内地并不陌生,因为马克思史学一直都强调人民或群众在历史中的角色。尤其是历史上的群众运动和农民起义,被视为推动历史前进的主要动力。在"文革"初期,有强调村史、社史等民间组织历史的做法。故此,对人民的历史这个概念不会觉得过于新颖或激进。但在现在的公共史学范畴内,民众史更多注目于生活史,例如日常的衣、食、住、行的历史,爱情和婚姻的历史,以及小区内的节庆仪式和人际关系、教育与医疗、娱乐和消闲等,都是公众历史的一部分。

(3) 公共史学是鼓励史家对公共事务和集体利益的关注,同时以历史眼光探讨时局世情,发挥公共史家对社会的影响力。这个目标是培养历史学者对公众事务,包括社区历史的兴趣。并且鼓励他们发挥作为历史学者的长处和特性,用历史眼光(长距离和长时段)去观察当代社会发生的一些问题,使大众明了事情的渊源和背景,对"从哪里来,往何处去"有着较为充足的认识。一般来说,许多学者都可以充当为社会建言、为公共事务发声的"公共知识分子"的角色，但历史学家可以从历史发展的角度和眼界提供卓见。

四　结束语

以上是我对二十年来香港中文大学公共史学发展的一个总结。这二十多年中，欧美史学界对公共史学的重视，与20世纪的七八十年代相比，显然有了相当大的变化。但公共史学的发展，最令人瞩目的地方是在亚洲，尤其是在大中华地区。以公众史或公共史的理念而设计的课程正在逐渐改变以断代史为主流的传统史学，成为研究机构及大学历史系的模式。在香港、台湾及内地，未来的史学发展，公共史学应该还有续领风骚的时代。

Public History in Hong Kong: A New Field in Historical Research

Leung Yuen Sang

Abstract: In the era of globalization, "Connection" will bring many opportunities, including more opportunities for understanding and trade, but it will also bring "Comparison", "Contrast" and "Competition". At the same time, globalization has also brought about a "localization" and rebounds for "localization". In response to this impact, the History Department of Chinese University of Hong Kong (CUHK) carried out history curriculum reform in 1990. Comparative history and public history are two of the most important development directions in this reform. Then we established the M. A. Programme in Comparative and Public History, which has opened the course of the development of public history in Hong Kong. When the History Department of CUHK introduced this program to the public, there were three different understandings of public history at that time: public history was the history of practice and the history of common people, and historians were encouraged to pay attention to public affairs and common interests. In the past two decades, public history has achieved remarkable achievements in Greater China area and should continue its development.

Keywords: public history; comparative history; M. A. Programme in Comparative and Public History; Globalization; localization

> 专题研究

"公共史学"与"公众史学"平议[*]

姜 萌[**]

摘要： 从英语构词法和翻译习惯看，"Public ××"翻译为"公共××"最为常见，特别是在学术领域，"公共××学"在清末就已出现，亦是目前最普遍的使用法。从汉语言学角度看，"公"字的"无私"和"事出于众人者"含义，与"共"的"同也，皆也，合也，公也"含义结合起来，组成意为"公众共同"的"公共"，比含义为"大众"或"大家"的"公众"，更能符合中国史学的传统与精神，也能更好地传播史学走出书斋，成为人民大众生活、生产组成部分的理念。公共关系学等领域的专业概念"公众"，含义是"主体交流信息的对象"，具有"排己性"等特征。主张让史学成为人民大众生活、生产的组成部分，并不是要人民大众客体化。史学工作者首先需要让自己自觉成为人民大众中的一员，从人民大众的视角出发，努力将史学变成史学工作者和全体人民大众都能接受和喜爱的公共文化

---

[*] 本文是中国人民大学科学研究基金"青年明德学者"项目成果，项目批准号：13XNJ021。

[**] 姜萌，中国人民大学历史学院副教授，主要研究中国近现代学术史、史学理论、公共史学；已出版《族群意识与历史书写——中国现代历史叙述模式的形成及其在清末的实践》等著作，曾获第七届吴玉章人文社会科学奖青年奖、中国人民大学教学标兵等荣誉称号。曾于2017年9月联合英国约克大学、中国传媒大学在中国人民大学成功组织召开了第一届"公共史学国际工作坊（中国）"。

产品，而不是将自己与人民大众对立。从受众的角度看，公共史学是一种公共文化产品，涵盖"公共事务""公共领域"和"公民文化"等领域，最高目标是塑造有利于人类、国家健康发展的公共意识。当前学术界在公共史学/公众史学问题上共识大于分歧，可秉持求同存异、携手共进的态度，搁置概念等方面的分歧，凝聚共识，各美其美，从各方面推动这一史学形态健康发展。

关键词： 公共史学 公众史学 公共文化产品

"公共史学"作为一种学术形态及学术概念在中国学术界出现，已经约有四十年的时间，但是发展得并不好，相关基本问题一直未能展开深入讨论。最近几年，中国学术界对公共史学的关注、讨论才日趋增多，理论研究和实践尝试皆有良好进展。梳理近几年的讨论与实践，可以发现学术界对公共史学发展基本持肯定态度，希望这一新的史学形态能快速健康发展。在此前提下，学术界也存在一些分歧，比如指称这一史学形态的一级概念，是"公共史学"合适，还是"公众史学"更佳？

笔者曾在对相关概念辨析的基础上，提出可用"公共史学"作为一级概念指称这一新兴的史学形态，并对其学科架构进行了初步勾勒。[1] 陈新教授也分析了"公众史学"概念的合理性，并探讨了学科发展的框架。[2] 2013年，王希教授指出他和陈新教授在概念认识上有分歧，他主张将"Public History"翻译成"公共史学"，而陈新教授主张翻译为"公众史学"[3]。钱茂伟教授在2014年对这两个概念进行了认真辨析，并指出"名称不统一，学科的推广会受到很大的制约"[4]。他在2015年出版的专著中进一步指出：

---

[1] 姜萌：《通俗史学、大众史学和公共史学》，《史学理论研究》2010年第4期。
[2] 陈新：《"公众史学"的理论基础与学科框架》，《学术月刊》2012年第3期。
[3] 王希：《西方学术与政治语境下的公共史学——兼论公共史学在中国发展的可行性》，《天津社会科学》2013年第3期。
[4] 钱茂伟：《公众史学或公共史学辨》，《史学理论研究》2014年第4期。

只有指出了"公共史学"术语的低合理性，说明了"公众史学"高合理性，才能引导大家使用"公众史学"概念。

在通读了钱茂伟教授的相关论著，以及其他学者对"公众史学"的阐述之后，笔者认为尚有许多可商榷推敲之处，因此希望在吸收此前讨论成果的基础上，对这一问题进行更细密的分析论证。

需要申明的是，再析"公共史学"与"公众史学"，并非要挑动不同主张者的争论，而是努力消弭分歧，进一步推动对这一史学形态的认知走向深入。正如王希教授指出的，"公共"与"公众"的含义如何，"公众"是不是"公共"等问题，是提倡发展这一史学形态需要回答的问题。① 本文是对王希教授所提问题的回应，也希望能唤起更多史学工作者的理论探讨热情，对这些基本问题继续探索。笔者始终认为，无论是支持使用"公共史学"概念，还是支持"公众史学"概念，在积极推动这一史学形态发展的根本问题上，各方态度是一致的。学术发展过程中，在概念等方面存在一些分歧，是正常现象。正如美国公共史学发展过程中，"Public History"和"Applied History"，曾混用很多年，直到近十余年，"Public History"才逐渐成为最常用概念。② 就中国史学工作者来说，在概念等方面存在不同意见的学者，需要秉持求同存异、各美其美的态度，携手共进，尽快让中国公共史学发展从提倡阶段进入到高质量实践阶段。

一 从构词法及翻译习惯看 public history 的翻译

在主张使用"公众史学"的研究者中，钱茂伟教授颇有代表性。他从英文"Public"和中文"公共"的词源分析入手，认为"公共史学"无论是从语言学的角度，还是从意涵的角度都讲不通，而"公

---

① 王希：《西方学术与政治语境下的公共史学——兼论公共史学在中国发展的可行性》，《天津社会科学》2013 年第 3 期。
② *How Did We Define Public History*? http：//ncph.org/what-is-public-history/about-the-field/.

众史学"则具有很多优点。为避免误解钱茂伟教授的观点,此处誊录原文如下:

> 中文的"公共"与英文的"Public"基本可以对应起来,均可作形容词或名词使用。如果将"公共史学"中的"公共"理解为形容词,则表示"公用的史学",如果将"公共史学"中的"公共"理解为名词,则意为"公众史学"。从直观的字面意义来理解,将"公共史学"理解为"公用的史学"或"公众史学",两种用法均是相通的。
>
> 不过,从其他用法来看,则以形容词为主。譬如公共空间、公共权力、公共管理、公共英语、公共服务、公共事务、公共记忆、公共关系等。在这些场合,显然用"公用的"与"公众"是无法替换的。如此,将"公共史学"理解为"公用的史学",似乎更合汉语的表达习惯。如果"公共史学"就是"公用的史学",那么,"公用的史学"又到底是什么样的史学呢?这是颇让人难以回答的。从性质上来说,凡是史学都是公用的,难道还有私用的史学吗?希望通过使用"公共史学"概念来强化史学的公共特性,完全是多余的。而且,"公共史学"的内涵过于宽泛,让外行不知所指。美国的公共史学有特定的含义,是指在公共领域应用的实用史学。这必须做专门的解释,别人才能理解。[1]

钱文对两个概念的辨析首先是从构词法入手。这是一个确定学术概念的好思路,但是仔细推敲英语的构词法后,发现结论可能是相反的。在英文中,public具有形容词和名词两个词性,形容词的词意有"公众的、大众的""公共的、公用的""公开的"等,名词的词意有"公众、民众、大众"等。[2] 从《朗文高阶英汉双解词典》列举的例子来看,"Public××"词组中的"Public",可以翻译成"公共×

---

[1] 钱茂伟:《公众史学或公共史学辨》,《史学理论研究》2014年第4期。
[2] 《朗文高阶英汉双解词典》,外语教学与研究出版社2006年版,第1644—1645页。

××",也可以翻译成"公众××",词性并不好判断。因此只能从两个角度分别分析。

从常规语法上讲,"Public History"应该是一个"形容词+名词"的复合词,"Public"词性是形容词。这是因为英文词组的构词法中,"形容词+名词"的占比比较高。英文词组中也存在"名词+名词"的结构,这种复合词内部语义组合关系包括:因果、所有、组成、使用、性质、处所、用途、来源、相关、同位、并立、比较、时间、手段等关系。① 在这种复合词里,一般一个名词为主要语义,一个名词是次要语义,次要语义修饰主要语义。因此,即使是把"Public History"理解为"名词+名词"构成的复合词,那么"Public History"的重心仍然在"History","Public"是一个次要语义,用来修饰作为主要语义的"History",和一个形容词的功能差不多。综合从西方学术界对"Public History"含义的阐述来看,这一概念中的"Public",恰恰正是以"公众的、公共的、公用的、公开的"意义界定"History"。

从汉语角度来看,古汉语中多音节组合词比较少见,因此"公共史学"这类型的词语主要是现代汉语中的翻译词。虽然从形式上看"形容词+名词"和"名词+名词"皆有,但是在理解上和英文的差异并不大。这其中的缘由或许是因为中国现代汉语中的不少语法,来自深受西方语言学影响的理论著作之影响,如《马氏文通》等。② 因此,"公共史学"中的"公共",从词性上来说,是形容词。也只有"公共"是一个形容词,界定"史学"的性质或取向,"公共史学"作为一个工具性概念才可能成立。

除了构词学这一角度,我们还可以看看翻译工作者的翻译习惯。"Public"一词最早如何翻译,目前还找不到史源证据,不过可以发现从清末开始,"Public ××"词组翻译成"公共××"的就比较多。《近现代辞源》认为"公共"一词的词源就是翻译自"Public",

---

① 周先武:《英语名名复合词语义意合的认知考察》,《西安外国语大学学报》2014年第3期。
② 姚小平:《〈汉文经纬〉与〈马氏文通〉——〈马氏文通〉历史功绩重议》,《当代语言学》1999年第2期。

并指出 1908 年林汝耀在《苏格兰游学指南》一书中就将 Public Health 翻译成"公共卫生学"①。其原文如下：

> 致用理科又含三门：工学（engineering）、农学（Agriculture）、公共卫生学（Public Health）是也。②

经过百年的时间，现在很多"Public××"词组仍然翻译为"公共××"，如 Public television（公共电视）、Public Works Administration（公共工程署）、Public relations（公共关系）、Public health（公共卫生）、Public Works of Art Project（公共艺术作品规划）等。③ 在当前中国的学术领域，"公共经济学""公共管理学""公共关系学""公共财政学""公共社会学""公共哲学"等，基本上是从英文"Public××"概念翻译而成的。目前中文学术界中，除"公众史学"外，尚未见到"公众××学"的普遍用法。

简而言之，从构词法来看，"公共史学"的"公共"是一个形容词，主要作用是来界定"史学"的性质，不是书斋的、小众的，而是公共的，人们公同拥有的；从翻译习惯来看，在"Public××"被翻译为中文时，基本被翻译成"公共××"，尤其是与学术形态有关的词组，皆是如此，如"公共经济学""公共关系学""公共哲学"等。

当然，仅从上述两个分析就认为"公共史学"是比较恰当的概念，并不完全有很强的说服力。我们还需要从语言使用层面对"公共"与"公众"进行梳理。

---

① 黄河清编著，姚德怀审定：《近现代辞源》，上海辞书出版社 2010 年版，第 286 页。
② 林汝耀等：《苏格兰游学指南》，钟叔河编：《走向世界丛书之西学东渐记》，岳麓书社 2008 年版，第 607—608 页。
③ 中国大百科全书出版社编译：《不列颠简明百科全书》，中国大百科全书出版社 2011 年版，第 568—569 页。

二 "公共"与"公众"汉语含义的异同

钱茂伟教授不仅从英语构词法角度辨析了"公共史学"与"公众史学",还从汉语含义的角度分辨了"公共"与"公众"的含义,认为"公众史学"的好处是:"主体明确,建设目标明确,那就是'公众自己的史学',是'我们的历史'"①。

如同钱教授从英语构词法分析"公众史学"的优点一样,分析思路是非常有建设性的,按照这个思路进行细密梳理,发现得出的结论却与钱教授的结论仍然有异。

"平分也",是《说文解字》为"公"所下之界定,并引用《韩非》中"背私为公"助人理解。②此后"公"字的解释,基本上是对这一界定的细化。1915年的《辞源》中"公"字,有12个语义,其中第1项为"无私也",第5项为"事出于众人者曰公,如公推公举",第6项为"与众共之亦曰公,如言公诸同好"③。1939年正续编合订本《辞源》对"公"的解释完全没有过改动。1950年《辞源》改编本中的"公"字,语义减缩为10个,1915年版中第1、5、6项语义无改动。④1988年《辞源》中的"公"字,共有9个语义,第1项语义是"正直无私",语出《墨子·尚贤上》"举公义,辟私怨"与《韩非子·五蠹》"背私为公";第二项语义是"共同",语出《荀子·解蔽》"凡万物异则莫不相为蔽,此心术之公患也"⑤。2009年《辞源》与1988年同。

从以上四个版本的《辞源》可以看出,"公"字的含义有一个浓缩的过程,但含义总体上不变。对辨析"公共史学"或"公众史学"这组概念而言,最有意义的是《辞源》1916年版的前两个含义——

---

① 钱茂伟:《公众史学或公共史学辨》,《史学理论研究》2014年第4期。
② (汉)许慎撰,(宋)徐铉校定:《说文解字》,中华书局1963年版,第28页。
③ 《辞源》,商务印书馆1915年版,子集第278页。
④ 《辞源》,商务印书馆1950年版,第65页。
⑤ 《辞源》,商务印书馆1988年版,第168页。

"无私"和"事出于众人者"。秉笔直书，是中国史学最显著的优良传统之一。要达到这样的效果，一是依靠史家品德中的无私，二是依靠众人的检验。国人自古以来对"良史"与"秽史"的区分，就是明证。①

从字面看，"公共史学"与"公众史学"两个概念区别主要在于"共"与"众"的不同。因此，要辨析两个概念，必须对汉语中的"共"与"众"含义也认真梳理一番。《说文解字》对"共"的解释是"同也"。1915年版《辞源》对"共"的解释有7个语义，第1项语义是"同也，皆也，合也，公也"②。1939年《辞源》正续编合订本并无改变。1950年《辞源》语义缩减为5个，但第1项语义无改动。③ 1988年《辞源》语义数减缩为6个，其中一个含义界定为"公共"，并引《论语·公冶长》中"愿车马，衣轻裘，与朋友共，敝之而无憾"，以及《商君书·修权》中"法者君臣之所共操也。信者君臣之所共立也"两语帮助理解。④ 2009年的《辞源》对此无改动。《说文解字》对"众"字的解释是"多也"。1915年版《辞源》对"众"的解释有4个语义，第1项语义是"多也"，语出《国语》"人三成众"，第2项语义是"众人也"，语出《论语》："众恶之，必察焉，众好之，必察焉"⑤。1939年《辞源》正续编合订本并无改变。1950年《辞源》无改动。1988年《辞源》仍是4个语义，第1项"多"，增加《左传》"师克在和不在众"一语，第2项语义是"众人、大家"，例句仍沿袭1916年本。⑥ 2009年《辞源》无变化。

将"公"与"共""众"分别搭配之后成为"公共"与"公众"两个词语，含义又有什么不同呢？依据权威辞书，我们可大致得出以下认识。"公共"一词在中国传统语境中，主要是指"共同"或"公

---

① 古伟瀛：《撰史凭谁定良窳——试论"良史"的变与不变》，《台大历史学报》总第44期，2009年12月。
② 《辞源》，商务印书馆1915年版，子集第294页。
③ 《辞源》，商务印书馆1950年版，第67—68页。
④ 《辞源》，商务印书馆1988年版，第170页。
⑤ 《辞源》，商务印书馆1915年版，午集第138页。
⑥ 《辞源》，商务印书馆1988年版，第1201页。

众共同",而且这种含义一直保留至今。1915年的《辞源》中,"公共"的定义是"谓公众共同也",并引用《汉书》"法者,天子所与天下公共也"一语佐证。① 1939年版《辞源》语义并无变化,但是增加了"公共社会""公共组合"两个词语。1950年《辞源》已无"公共"词条及相关组的合词条。1988年《辞源》和2009年《辞源》,也无"公共"词条,而主要是与"公共"组合的概念。1937年《国语词典》中的"公共",含义是"公众共同"②。《汉语大辞典》中的"公共",有三个意思,第一是"公有的、公用的",第二是"犹公众",第三是"犹共同"③。《现代汉语大辞典》中的"公共",只有一个含义:"公有的;公用的"④。《辞源》中,从未出现过"公众"词条,但在1916年版《辞源》里有"公众卫生"一词,1939年又增加了"公众运动场"一词,解释是"亦称公共体育场,以养成多数国民之体力为目的者"⑤。对"公众"一词予以界定的是1937年出版的《国语词典》,含义是"犹言大众,谓非专指一己者"⑥。《汉语大辞典》中,"公众"只有一个语义:"犹大家。"⑦《现代汉语大辞典》中,无"公众"词条。

不仅在传统汉语中,"公共"一词比较常见,在中国现代的诞生期,"公共"也是一个使用较多的词语。金观涛、刘青峰两位学者借助"中国近现代思想史专业数据库",梳理了1830—1930年间"公共"一词的用法,可为佐证。⑧ 因此,从中国语言的使用频率来看,

---

① 《辞源》,商务印书馆1916年版,子集第280页。
② 中国大辞典编纂处编:《国语辞典》,商务印书馆1937年版,第387页。
③ 罗竹风主编:《汉语大辞典》,上海辞书出版社2007年版,第764页。
④ 罗竹风主编:《现代汉语大词典》,上海辞书出版社2009年版,第403页。
⑤ 《辞海》,商务印书馆1939年版,子集第170页。
⑥ 中国大辞典编纂处编:《国语辞典》,商务印书馆1937年版,第387页。
⑦ 罗竹风主编:《汉语大辞典》,上海辞书出版社2007年版,第769页。
⑧ 金观涛、刘青峰:《观念史研究》,法律出版社2009年版,第504—505页。文中说1915年之后的"公共",有一种用法是"多指大众,全社会,与少数精英相对"。从文中所举例句(如王光祈《旅欧杂感》:"'诗经'是中国古代的国民文学,无论一个贩夫走卒所著的诗都是非常精美,在德国只有歌德Goethe才做得出来。所以中国的诗是公共的,不是少数人的"),可以感觉到,这种"相对",是"对应",而不是"对立"。

"公共"要比"公众"高不少。

除了语言学的分析之外，我们还需要从网络及其他学科方面的理解来观察这两个词语的异同。"百度百科"对"公共""公众"的解释，与《汉语大辞典》基本相同。但在"公众"词条中增加了很多在传播学、公共关系学、法学等领域的意义。在这些领域，"公众"是一个常见的概念，使用较为频繁，如《中国电视民生新闻发展报告2011》、[①]《公关心理学》、[②]《非法吸收公众存款罪的司法适用研究》、[③]《中国企业公众透明度报告（2014—2015）》、[④] 等。在这些领域里，对"公众"概念有专业的界定。如"公众"作为一个公共关系学专业概念，"特指公共关系主体交流信息的对象，它与公共关系主体有相关的利益。公众与公共关系活动密切相关"[⑤]，实质就是指公关的客体或公关对象。这一界定，几乎一字不差地出现在大多数公共关系学的教材中，可见其在该领域的接受度。在传播学领域，"公众"的含义有广义和狭义之分：

> 广义的公众是除自己之外的所有人，具有排己性。狭义的公众是除自己及与自己有相当关系或一定交往的人（或群体）外的人群，具有排他性。从社会的角度看，公众是现代社会的产物，由那些自由参与公共议题的讨论，提出一些观点、意见、原则和建议，希望为改变现状而努力的人构成。[⑥]

以此可知，公共关系学领域和传播学领域的"公众"有共同的地

[①] 胡智锋、禹成明、袁胜主编：《中国电视民生新闻发展报告2011》，中国广播电视出版社2011年版，第93页。

[②] 徐红、汤舒俊主编：《公关心理学》，华中科技大学出版社2012年版，第15页。

[③] 丁嘉、吴飞飞、赵拥军：《非法吸收公众存款罪的司法适用研究》，顾肖荣编：《经济刑法》第12期，上海社会科学院出版社2012年版，第51页。

[④] 黄速建、王晓光、肖红军：《中国企业公众透明度报告（2014—2015）》，社会科学文献出版社2015年版，第30页。

[⑤] 熊源伟主编：《公共关系学》，安徽人民出版社2003年版，第125页。

[⑥] 葛进平编：《受众调查与收视分析》，浙江大学出版社2015年版，第7页。

方，即"排己性"，将"我"与"公众"对立，"我"是主体，"公众"作为客体。另外，在日常语言习惯中，也可以比较清晰地感受到"公众"这个概念的"排己性"，如"公众人物"。分析至此，我们不禁要问，"公众史学"中的"公众"，如果与公共关系学、传播学领域的"公众"相同，那么史学工作者在史学的应用和普及工作者与"公众"的关系是不是就是主客体的关系？这些问题，应该说是"公众史学"这个概念不太好回答的。

笔者认为，史学工作者要将史学建设成为人民大众生活、生产的组成部分，并不是要让人民大众客体化，而是首先需要让自己成为人民大众中的一员，努力将史学变成史学工作者和人民大众都能接受和喜爱的学术形态，而不是将自己与人民大众对立。

三 "公共史学"的使用与含义

"公共史学"作为一个工具性概念出现在中国，有标志性意义的一篇文献是王渊明教授1989年在《史学理论》上刊发的《美国公共史学》一文。该文将"Public History"翻译为"公共史学"，介绍了美国"Public History"的概念、流派、史学方法及其对史学发展的贡献。[①] 王渊明教授的专业是中世纪史，1987年夏以杭州大学历史系讲师身份赴美国印第安纳大学访学一年。作者对美国的公共史学，曾有这样精要的认识：

> 以将史学研究直接服务于社会经济和文化建设的需要为宗旨，以跨学科研究方法为特点的美国公共史学，在使史学直接服务于社会经济和文化建设的需要，丰富人民生活，在对史学观念、史学方法的丰富更新，在史学研究领域和内容拓展方面都做出了一定贡献。美国公共史学对我国史学工作者应当有一定的启迪作用。作为一门学科，历史学不可能、也不应当完全走上实用

---

① 王渊明：《美国公共史学》，《史学理论》1989年第3期。

主义道路，但历史学也不应当回避它有一些能直接服务于社会经济文化建设的职能。史学家应当努力发掘这一职能，使史学更好地为社会主义现代化建设服务。①

20世纪八九十年代，"史学危机"深深困扰着中国史学界，以蒋大椿先生为代表的中国史学工作者积极探讨应对中国史学发展突然面临的"教学难、科研难、发表成果难以及历史学系学生毕业分配难等问题"②，提出了发展"应用史学"等设想。彼时的美国，"Public History"经过十余年的发展已经如火如荼，并开始产生影响。其中有一件比较有代表性的事，L. R. 哈伦（L. R. Harlan）1989年就任美国历史协会主席时发表主席演讲，罗凤礼将此文翻译，并发表在《世界史研究动态》1990年第10期。1992年，王寅再次将此文翻译发表。这个演讲之所以受到学界的如此关注，或许是因为此文比较突出地反映了美国史学界的大动向：学院派史学的领袖人物正式承认了公共史学的价值并明确希望学院派史学学习公共史学的优点，以促进历史学的健康发展。在这个演讲中，哈伦明确指出："在服务和促进公众的这一历史兴趣方面，公共史学家一般比学院派史学家做得多"，美国历史协会需要尽快从五个方面改进，以推动我们更好地服务于日益扩大并再度发展的专业需要，还将比以往更好地为渴望历史知识的大众服务③。哈伦的这个演讲对美国史学趋势很快产生了影响，同时也引起了中国史学界的注意。1992年，罗凤礼在《当代美国史学新趋势》一文中着重介绍了美国学院派史学和公共史学融合的现象，认为哈伦的演讲对两种史学形态融合产生了重要的推动作用，两种形态的融合已经出现了根本性变化，影响深远：

---

① 国家教委高等学校社会科学发展研究中心编：《中国100所高等学校中青年社科教授概览》，王渊明条，湖南师范大学出版社1994年版，第662页。
② 姜大椿、陈启能主编：《史学理论大辞典》，安徽教育出版社2000年版，第441页。
③ [美] L. R. 哈伦：《美国历史协会的未来》，王寅译，《国外社会科学文摘》1992年第8期。罗凤礼将此文译为《美国历史学协会的未来》，载《世界史研究动态》1990年第10期，罗凤礼在文中虽然使用了"公共史学家"，却没有使用"公共史学"这个概念。

当前美国学院派史学与公共史学的互相靠近已成既定事实，这一事实对美国史学的未来具有重大意义，它预示着美国史学将在一个新的基础上加强它为社会现实服务的功能。①

经过王渊明、罗凤礼、王寅等研究者的使用，"公共史学"逐渐为学术界熟识。从使用频次来看，"公共史学"的中国历程大概可以分为几个阶段。第一个阶段是1992年前后，"公共史学"一词频繁出现在史学论文及其他出版物上。1992年前后一两年使用过这一概念的主要论著有：罗凤礼《关于史学评论及其他》，② 贾东海、郭卿友《史学概论》，③ 庞卓恒主编《西方新史学述评》，④ 马国泉等编《新时期新名词大辞典》，⑤ 张广智《我国新时期的美国史学史研究》⑥等。第二个阶段是20世纪末，虽然还有一些论著使用了这一概念，但数量寥寥无几。⑦ 第三阶段是21世纪头十年，使用频次逐渐回升，有一些理论探讨的文章刊发，⑧ 一些影响较大论著也有所提及。⑨ 不过，这一时期该术语的使用频率与"通俗史学"相比，要低不少，与"大众史学"这个概念比起来，也处于下风。第四阶段是2010年之后。2010年有两篇重要的论文不约而同地关注了"公共史学"。一篇是王希教授在《历史研究》2010年第3期发表的《谁拥有历史——美国公共史学的起源、发展与挑战》，另一篇是笔者在《史学

---

① 罗凤礼：《当代美国史学新趋势》，《史学理论研究》1992年第2期。
② 罗凤礼：《关于史学评论及其他》，《史学理论研究》1992年第4期。
③ 贾东海、郭卿友：《史学概论》，中央民族大学出版社1992年版，第407页。
④ 庞卓恒主编：《西方新史学述评》，高等教育出版社1992年版，第477页。
⑤ 马国泉等编：《新时期新名词大辞典》，中国广播电视出版社1992年版，第1094页。
⑥ 张广智：《我国新时期的美国史学史研究》，《世界史研究动态》1993年第11期。
⑦ 如庞玉洁《从往事的简单再现到大众历史意识的重建》（《世界历史》1998年第6期）；姚太中、程汉大《史学概论》（东方出版社1999年版）等。
⑧ 如杨祥银《美国公共历史学综述》（《国外社会科学》2001年第1期）；李传印《美国公共历史学教育评析》（《比较教育研究》2002年第2期）；宋云伟《公共史学与史学现状》（《中华读书报》2003年12月10日）；陈启能主编《二战后欧美史学的新发展》（山东大学出版社2005年版）等。
⑨ 王学典主编：《史学引论》，北京大学出版社2008年版，第132页。

理论研究》2010 年第 4 期发表的《通俗史学、大众史学和公共史学》。此后学术界对公共史学的关注迅速升温，出现了十几篇相关论文，引起了一个讨论的小高潮。

就"公共史学"的含义来看，中国"公共史学"概念首先是对美国"Public History"的翻译对应词，其含义主要来自"Public History"。关于这一点，王希教授《谁拥有历史——美国公共史学的起源、发展与挑战》一文，是目前国内最权威的解读。除了"Public History"的含义，中国的"公共史学"确实有特殊语境下产生的新含义。笔者在《通俗史学、大众史学和公共史学》曾简略探讨了"公共史学"中国化的问题，提出将"美国公共史学的发展经验"和"中国史学的实际"结合，发展中国的公共史学学科。至于如何结合，当时并未能谈出深刻具体的认识。在此之后，学术界关于如何在中国发展公共史学的讨论文章在短时间内出现了多篇，增加了"公共史学"的认识。但是中国"公共史学"与美国"Public History"的关键差异仍未达成共识。笔者认为，两者最大的差异，主要来自中西方对史学的不同认知。

虽然西方史学也有"史学向来被认为有评判过去、教导现在、以利于将来的职能"这样的认识，[①] 但总体上更偏重对知识的追求。美国"Public History"的发展，也主要是侧重于历史知识在各行各业的运用，因此长期和"Applied History"混用。虽然"秉笔直书"一直是中国史学的优良传统，但它从来都不是以追求知识为第一位，而是带有宗教信仰的色彩，代表性言论是司马迁的"春秋之义行，则天下乱臣贼子惧焉"。中国现代史学兴起之初，也曾有不以知识追求为第一位的重要表述，其代表性言论是梁启超的"史学者，学问之最博大而最切要者也。国民之明镜也，爱国心之源泉也"[②]。中国史学有此特性，原因正如柳诒徵所言："由赞治而有官书，由官书而有国

---

① ［德］列奥波德·冯·兰克：《世界历史的秘密：关于历史艺术与历史科学的著作选》，易兰译，复旦大学出版社 2012 年版，第 80 页。
② 梁启超：《新史学》，《新民丛报》1902 年 2 月 8 日。

史。"① "善善、恶恶、贤贤、贱不肖",传承"道义",进行历史审判,可以说中国史学从其诞生起就是政治的一部分,就是社会生活的一部分,是政治运转、社会组织所依赖观念意识的一部分。故此,中国公共史学除了应该像美国"Public History"那样注重在各行各业寻求历史知识的具体运用外,还应该特别注重国人历史意识的塑造,为国人营建健康的公共生活提供必要的观念意识支撑。王希教授曾提出,公共史学至少覆盖了"公共事务""公共领域"和"公民文化"②,其中应该也包含历史意识塑造的思考。

四 "公众史学"的出现及其含义

"公众史学"作为一个工具性概念出现在中文学术界,并为人熟知,应该是香港中文大学历史系在1999年进行教育改革时提出的。当时的主要参与者苏基朗教授,对创办时的情形有这样的回顾:

> 当年历史的改革,不是从上而下,而是从下而上的。全系教授名额由16名剧减到12名,学校规划是继续削下去。当时剩下的12名教授一起开会,决定要听天由命还是背水一战。结果大家决定为学科抗争到底。手段不是上街,是课程改革……当时多得从美国加州大学圣巴巴拉分校回来的梁元生兄,推介了他母校的Public History课程。经过详细的研究和讨论,最终大家一致决定往这个方向走。③

苏基朗教授不仅指出香港中文大学发展"公众史学"是由于他们

---

① 柳诒徵:《国史要义》,华东师范大学出版社2000年版,第2页。
② 王希:《西方学术与政治语境下的公共史学——兼论公共史学在中国发展的可行性》,《天津社会科学》2013年第3期。
③ 苏基朗:《入世的史学:香港公众史学的理论与实践》,《历史·邂逅:香港中文大学历史系比较及公众史学文学硕士课程十周年纪念特刊》,香港中文大学历史系2011年版,第10—11页。

遭遇的学科危机，还明确指出他们借鉴的对象是美国加州大学圣巴巴拉分校的 Public History 课程。

香港中文大学历史系将"比较及公众史学"定位为"综合人文学科和通识教育中不可或缺的一环"，并在 2004 年正式开设了"比较及公众史学文学硕士"课程。这个课程的培养目标是：

> 比较及公众史学文学硕士课程强调世界视野、实用的新史学知识，以及跨学科与跨文化的研究方法，裨使学员从历史的纵深眼光，掌握瞬息万变的世情与机遇。

从课程设计思路来看，这一课程其实侧重点在"比较研究"，史学知识的运用居于次要位置。因为主办者认为，这一课程主要在五个方面帮助学生：

> 了解香港人及香港文化。认识近代中国国情及中国步入国际舞台后的发展。洞察全球化所带来的挑战及机遇。从世界视野探究中国历史；从中国角度探视世界历史。应用历史知识于日常生活中，提升个人竞争力。①

这一课程连续成功开办，取得不俗成绩，至今已培养了千百名的毕业生，为"公众史学"的传播带来了持续的推动力。② 这一项目的开展，也在某种程度上扭转了有些"社会人士"存在的"充斥着历史学不是实用的学科，与我们没有相干，将来毕业找不到好工作的功利思想"③。

"公众史学"作为一个工具性概念出现在学界的论著中，应该是在 2007 年。2007 年 5 月，朱政惠教授发表《海外学者对中国史学的

---

① 《课程目标》，http：//www.history.cuhk.edu.hk/ma_objective.html，2018 年 2 月 9 日访问。

② 一些向大陆学生介绍香港中文大学留学信息的资料，亦突出了"公众史学"这一特色（参见平泳佳、张翼、孙亦文主编《求学香港完全手册》，百家出版社 2008 年版，第 53 页）。

③ 黎明钊：《系主任的话》，http：//www.history.cuhk.edu.hk/chairman_msg.html，2018 年 2 月 9 日访问。

研究及其思考》一文，其中指出日本学者佐藤正幸在 2005 年 10 月在华东师范大学一个学术会议的演讲中提到了东亚史学的发展方向："东亚史学自古以来就是以公众史学为中心的历史文化"，"东亚公众史学应该得到重视和发展"①。张广智教授在 2007 年 11 月出版的《20 世纪中外史学交流》一书中，也引用了佐藤正幸这一演讲，并使用了"公众史学"这一概念。② 2007 年的另一篇文献是黄红霞、陈新当年 10 月发表的《后现代主义与公众史学的兴起》一文。文章的主旨在介绍后现代主义思潮对"公众史学"兴起的影响，认为"一旦公众将研究历史与写作历史当作一种乐趣时"，"职业历史学的权威性"就会被瓦解，而"这种情形与新媒介相结合，必将促成公众史学的兴起"③。2010 年，陈新教授发表《从后现代主义史学到公众史学》，再度对这一观察进行了阐述。④

"公众史学"在学界的普遍使用，是在 2012 年以来的几年间。第一篇影响较大的论文是陈新教授在 2010 年发表的《"公众史学"的理论基础与学科框架》。文中对"公众史学"率先进行了定义：

> 所谓公众史学，是指由职业史学人士介入的、面向公众的历史文化产品创制与传播。这里所说的职业史学人士，是指接受过职业历史学系统训练的人士……公众史学的主题词是应用或实用，即职业历史学应服务于公众，将历史学方法应用到公众与历史交集的领域并达成相应的效果。

作者还指出，不必追问"职业史学人士"的职业素养从何而来，只要他们能掌握"职业历史学所运用的理论和方法"，能养成"一种

---

① 朱政惠：《海外学者对中国史学的研究及其思考》，朱政惠主编：《海外中国学评论》第 2 辑，上海古籍出版社 2007 年版，第 152 页。
② 张广智主编：《20 世纪中外史学交流》，北京师范大学出版社 2007 年版，第 170—171 页。
③ 黄红霞、陈新：《后现代主义与公众史学的兴起》，《学术交流》2007 年第 10 期。
④ 陈新：《从后现代主义史学到公众史学》，《史学理论研究》2010 年第 1 期。

面向事物的历史性思维",能对"自己进行的史学实践行为所具有的限度与效果具有反思和预估能力",就是合格的"职业史学人士"①。需要指出的是,此文还有一个未被学术界充分重视的观点即"公众史学"于人民大众而言,是"历史文化产品"。

近几年来,孟钟捷、钱茂伟、李娜等发表了多篇以"公众史学"为标题的论文,李娜、钱茂伟等人还组织了多次活动,如"中国公众史学会议""公众史学高校师资培训班"等活动,钱茂伟教授还出版了学术专著《中国公众史学通论》,使"公众史学"作为一个工具性概念开始为人熟知。上述几位研究者在论著中对"公众史学"或多或少皆有阐述,不过总体上看,"公众史学"与"公共史学"在含义上并无重大歧异。如果说有一个特别重大的分歧的话,应该是笔者并不赞同钱茂伟教授在《中国公众史学通论》中提出的两个观点。

第一是认为公众史学"是一个全新的民间史学系统"②。从目的论角度看,无论是使用"公众史学"还是"公共史学",大家期盼的是史学走出书斋、走出象牙塔、走向社会、走向全体民众,既能在具体领域、具体问题上展现历史知识的实用性,又能在历史记忆、历史意识等观念意识层面构建更符合当代中国健康发展的思想共识,是历史学成为"社会全体成员都可以得到或分享的史学"。但是笔者感觉,钱茂伟教授的阐述突出了"公众"与"精英"的对立。将"公众史学"与"精英史学"对立,这是值得非常警惕的倾向。发展"公共史学",是要史学走向社会、走向民众,史学工作者为人民大众提供公共文化产品。"公共史学"的主体是社会全体,而不是其中的某一部分。将"公众"与"精英"对立,将"精英"区格,且不说这种意识可能包含有"民粹"倾向,也实非中国史学健康发展应有之态度。这和"精英史学"只注意"精英"而忽略普通民众的缺陷是一样的。

---

① 陈新:《"公众史学"的理论基础与学科框架》,《学术月刊》2012年第3期。
② 钱茂伟:《中国公众史学通论》,中国社会科学出版社2015年版,第29页。

第二个是强调"中国公众史学是中国物种"①。以历史知识服务人民大众的生产、生活，中国的确有其历史渊源，尤其是讲史、历史通俗读物等方面，可追溯到数十、数百年前。以史学行动来帮助族群、人群认知自我，团结凝聚，也有其独特的本土经验，如族谱修纂、乡土史志书写等。但是这并不意味着当前发展公共史学，就一定要强调中西新旧之分。在一百多年前，邓实、王国维就先后提出，"学无中西、新旧、有用无用"之别。王国维认为，"学问之事，本无中西"，"所异者，广狭、疏密耳"，因此真正治学者应求其真、求其是。② 笔者认为，今日发展公共史学，必须以兼容并包的态度，积极吸纳融合古今中外的优秀资源，而不是强调中国的特殊性。

余论：求同尊异与携手共进的态度值得提倡

近几年来，关于公共史学或公众史学，以及公共考古学或公众考古的讨论日渐增多，涉及概念问题、内涵问题、学科框架问题等。检讨不同学术背景的这些讨论，有共识，也有分歧。总体来说，关注知识普及、鼓励史学走向大众，倡导以知识为人民的生产、生活服务，越来越多地成为学界共识性意见；在概念名称（公共史学/公众史学、公共考古学/公众考古学、公众历史）、学科框架、历史学与考古学的关系等方面，还存在着一些分歧。就目前的情形而言，笔者认为应该大力提倡求同尊异与携手共进的态度。所谓"求同尊异"，包含"求同"和"尊异"两个方面。"求同"就是尽可能看到当前学术界的主流意识，有意识地发掘、凝练有利于团结不同学术背景的学术工作者，推动史学走向人民大众生活、生产健康有序发展。"尊异"，就是对于尚不能达成共识的分歧，在互相尊重的前提下继续探索、辨析，推动相关问题认知水平的提升。另外，在一些具体问题上，可以采用一些折中的办法，如关于这一史学形态概念名称问题，"公共史

---

① 钱茂伟：《中国公众史学通论》，中国社会科学出版社2015年版，第21页。
② 王国维：《〈国学丛刊〉序》，《国学丛刊》1911年第1期。

学"和"公众史学"可以混用，也可以使用"公共史学/公众史学"或"公共（公众）史学"等处理方式。香港中文大学"比较及公众史学文学硕士课程"课程创设者之一梁元生教授在致笔者的信里指出，"公共史学"和"公众史学"混用是香港中文大学的一个习惯，大家对这一学术形态的理解基本是一致的。我想，目前学界也可借鉴这一处理办法。

从学术发展的角度看，公共史学是一个学科，从受众的角度看，公共史学是历史学界或知识界提供给人民大众的一个公共文化产品。作为公共文化产品的公共史学，需要的元素是综合的而非单一的，牵涉到方方面面的知识与技能，是知识与技术的综合体，而非历史学单一学科可以胜任的。目前国内学科划分过细，除了历史学外，公共史学实际上还涉及考古与博物馆学、档案学、传播学等学科或部门。以历史纪录片的制作为例，主题选择、脚本撰写、影像资料的选择需要历史学专业知识，而拍摄和编辑制作，又需要电视编辑、传播学等方面的知识，需要文博、档案等单位的协助。因此，发展公共史学，除了求同尊异的态度外，还需要不同学科、领域的同道，携手共进，合作共赢。

Discussions on the Chinese Translation of Public History

Meng Jiang

Abstract：From the perspective of English word formation and Chinese translation habits, the Chinese translation of "Public ××" into "公共××" is the most common way to express its core meaning, especially in academic language. The expression of "Public-ology" has emerged since the late Qing Dynasty and been widely used until now. From the perspective of Chinese linguistics, The meaning of 'selflessness' and 'something for everyone' in the word '公' (public), combined with the '共' (common), which means 'the same, all are also, together also, public also', together these two characters made the '公共' (public), which means 'the public together'; while compared with this, the '公众' (common people), which means 'the people' or 'everybody', does not compete with the former on corresponding with the tradition and spirit of Chinese historiography. To conclude, the translation of '公共' (public) could be better on spreading the value of history, and makes it penetrate into common people's daily life. In the definition of '公众' (common people) in the field of public affairs and other fields means 'the subject to exchange information' and has such characteristics as 'self-exclusion'. The idea of making history an integral part of the people's life and production is not to objectify the people. Historians first need to allow themselves to become one member of the ordinary people, consciously from the common people's perspective, trying to turn history into a cultural product which professional historians and all the common people can all accept and love of, rather than to isolate historians with the commons. From the audience's point of view, public history is a kind of public cultural products, include 'public affairs', 'public sphere', 'citizen culture' and other fields, and the highest goal of which is to shape a healthy development of citizens' public awareness. Currently, academic consensus on '公共' (public) or '公众' (common people) history issue is greater than the differences, seeking common ground while putting aside differences, putting more efforts to various aspects to promote the healthy development of this new form of history.

Keywords: public history; common people history; public cultural products

"游戏史学"初探[*]

赵天鹭[**]

摘要： 20世纪50年代以来，随着电子游戏产业的不断发展，围绕"游戏"而开展的学术研究也在海内外日渐兴起。不过，现有的研究多集中在教育学、传播学、艺术学、心理学、社会学等领域，历史学者的研究尚不多见。对此，笔者不揣谫陋，提出发展"游戏史学"的倡议。"游戏史学"以反映人类社会历史的"历史游戏"为优先研究对象，采用跨学科的研究方法，探究历史学在挖掘电子游戏积极影响方面的作用，重新思考历史学的研究与应用之道。"游戏史学"是历史学与电子游戏的结合式研究，也可视为一种全新的史学研究方向或领域，对历史学内部的优化整合、电子游戏去"污名化"都有一定的现实意义。当前，公共史学与"游戏化"理念的普及，也为"游戏史学"的开展营造了良好的氛围。"游戏史学"的发展，需要在实证研究的基础上，指出现有历史游戏的优劣，并为制造新型历史游戏贡献专业力量。而这一终极目标的达成，又离不开历史科学化水平的提升与历史技术的成熟。

关键词： 历史游戏　游戏史学　公共史学　游戏化　历史科学化

---

[*] 本文为中国博士后科学基金第62批面向资助项目"历史游戏在当前思想政治教育领域的潜在性价值研究"（2017M620816）的阶段性成果。

[**] 赵天鹭：南开大学历史学博士，清华大学马克思主义学院博士后。主要从事中国近现代社会文化史、性别史、宗教史研究。2017年出版了《行将消失的足迹：性别观域下的缠足女性研究》，已刊发学术论文十余篇。

> 电脑游戏满足了现实世界无法满足的真实人类需求，带来了现实世界提供不了的奖励。它以现实世界做不到的方式教育我们、鼓励我们、打动我们，以现实世界实现不了的方式把我们联系在一起。[①]
>
> ——简·麦戈尼格尔（Jane McGonigal）：《游戏改变世界》

游戏作为人类社会普遍存在的交往形式，可谓历史悠久。依据考古成果，中国最早的游戏器具是距今10万年前的石球，系由狩猎工具转变而来。而最早已知名称的游戏，是古埃及的"Senst"，可追溯至公元前3500年。[②] 1958年，美国核物理学家威廉·海根波特姆（William Higinbotham）在布洛克哈文国家实验室（Brookhaven National Laboratory）利用示波器等设备，制作出了世界上第一台电子游戏机——"双人网球"（Tennis for Two）。历经半个多世纪的发展，电子游戏已成长为当今最庞大的娱乐产业之一及最具活力的流行文化之一。[③]

与之相对，学术界对游戏所开展的研究，也自有其传统与源流。在海外，早期的"游戏研究"，主要源于人类学、行为心理学和哲学等领域，研究对象大多集中于青少年早期教育。20世纪中后期，随着计算机和网络技术的发展，电子游戏作为商业娱乐进入民众日常生活，围绕电子游戏而产生的学术研究开始大量出现。媒介社会学、文化人类学和传播学等诸多领域的学者参与其中，关于游戏本身，以及游戏作为一种社会现象、经济现象、文化现象的研究，层出不穷。游戏研究已成为当前国际学术界最热门的研究领域之一。[④]

在国内，游戏研究至今仍处于开创阶段，其研究主题与研究旨

[①] [美]简·麦戈尼格尔：《游戏改变世界》，闾佳译，北京联合出版公司2016年版，第5页。
[②] 参见刘康、吴杰、刘小林编《游戏概论》，湖北美术出版社2011年版，第1页。
[③] 关于电子游戏的发展历程，可参见宋公仆《电子游戏发展史——游戏与政治、经济和社会潮流的关系》（泰山出版社2013年版）一书。
[④] 关于海外学界游戏研究的介绍，可参见周逵《作为传播的游戏：游戏研究的历史源流、理论路径与核心议题》，《现代传播》2016年第7期。

趣，大体上追随海外研究成果。相对而言，国内学者在电子游戏的消极影响（或潜在消极影响）①，电子游戏的教育功能②，电子游戏的叙事、互动与艺术价值③方面，倾注了更多的关注。同时，在21世纪最初的10年时间里，有关电子游戏对青少年群体的不良影响，预防、治疗"网瘾"等主题的研究成果较多，此后便急剧减少。同时，讨论电子游戏在教育、艺术等领域价值的成果日渐增多，其中又不乏介绍西方相关领域成果的综述文章。透过国内学者的研究成果，可管窥电子游戏在中国社会处境的变化，以及中国的游戏研究仍处于输入西方学理与开展本土实证研究的初级阶段。目前，国内学术界关于历史游戏的研究成果，数量有限、主题狭小，主要参与者大多为教育学领域的学者，内容大多集中在辅助中学课程教学的电子游戏设计方面，鲜有历史学者进行专业性的研究。④ 因此，建立以历史学为研究进路，对电子游戏加以专业审视的"游戏史学"，在当前与未来，皆大有可为。

---

① 如赵春梅《窗边的孩子：青少年电子游戏成瘾的家庭因素研究》，浙江大学出版社2010年版；高雪梅《暴力电子游戏与青少年心理》，科学出版社2016年版；郑宏明、孙延军《暴力电子游戏对攻击行为及相关变量的影响》，《心理科学进展》2006年第1期；冯砚国、闫喜英、王云、王东平、李予春、张瑞岭《沉湎电子游戏儿童青少年的综合家庭干预研究》，《现代预防医学》2010年第15期；赵永乐、何莹、郑涌《电子游戏的消极影响及争议》，《心理科学进展》2011年第12期等。

② 如王蔚《电子游戏与多元智能培养》，电子工业出版社2009年版；朱梅、裴春睿《西方关于电子游戏对儿童影响的研究》，《心理发展与教育》1992年第4期；马红亮《电子游戏的教育价值：来自美国研究的新观点》，《开放教育研究》2009年第1期；张倩苇《信息时代的游戏素养与教育》，《电化教育研究》2009年第11期；尚俊杰、肖海明、贾楠《国际教育游戏实证研究综述：2008—2012》，《电化教育研究》2014年第1期等。

③ 如关萍萍《互动媒介论：电子游戏多重互动与叙事模式》，浙江大学出版社2012年版；吴玲玲《从文学理论到游戏学、艺术哲学——欧美国家电子游戏审美研究历程综述》，《贵州社会科学》2007年第8期；孟伟《电子游戏中的互动传播——游戏中的游戏者分析》，《河南社会科学》2008年第3期；叶蓬、赵怿怡《电子游戏媒介下的叙事艺术研究——与文学作品的叙事比较》，《美术研究》2014年第1期等。

④ 目前笔者所知的开创性研究，有刘梦菲的文章《追寻自然：从历史上的"督伊德教"到游戏中的"德鲁伊"》（杨鹏飞、李积顺主编：《近代历史与当今世界：中国世界近代史研究会2016年学术年会文集》，兰州大学出版社2017年版，第488—504页），探讨了现代奇幻文化中的"德鲁伊"与历史上的"督伊德教"之间的关联。

一 "游戏史学"的背景、概念与意义

笔者依据当前学术界游戏研究的现状，在此正式提出将历史学与电子游戏相结合，发展"游戏史学"的倡议。所谓"游戏史学"，简而言之，即是以历史学的视角与方法对电子游戏加以研究的学问。考虑到电子游戏及其研究的现状，"游戏史学"这一全新的史学研究方向或领域，在研究方法上，将在谋求历史学一级学科之下的联合式研究的同时，也鼓励同其他学科开展跨学科的合作研究。

为充分发挥历史学的专业优势，笔者建议"游戏史学"应将历史题材类游戏（即历史游戏）列为优先研究对象。所谓"历史游戏"，根据笔者的理解，可分为广义与狭义两种。前者泛指以人类历史为素材所制作的电子游戏；后者指运用历史知识与史学研究成果，能够较为严肃、客观地呈现人类历史样貌，符合人类历史发展逻辑的电子游戏。显然，狭义的"历史游戏"更加尊重史实，附会、虚构性的内容较少。当前较为知名的历史游戏，有美国火爆轴心游戏公司（Firaxis）出品的回合策略游戏《文明》系列，全效工作室（Ensemble Studios）开发的即时战略类游戏《帝国时代》系列，瑞典"P社"（Paradox Interactive）出品的四大历史模拟游戏——《欧陆风云》系列、《钢铁雄心》系列（如图1）、《维多利亚》系列、《王国风云》系列，以及日本光荣公司（KOEI）研发的《信长之野望》《三国志》系列等等，都是值得进行分析研究的案例。而"游戏史学"研究的目标，在于通过丰富的实证研究，进一步开发电子游戏的积极功能，提升历史学的研究与应用水平。

"游戏史学"以历史学专业的视角重新审视既有的历史游戏成果，分析历史知识与历史研究在电子游戏中的应用情况，提出历史学与电子游戏协同发展的新思路，具有一定的学术价值与现实意义。

其一，"游戏史学"有助于促进历史学学科内部的优化整合，提升历史学的学科地位，以期为公共事务发挥更积极的作用。20世纪下半叶以来，西方史学界的研究旨趣发生转变，新文化史、微观史、

图1 《钢铁雄心Ⅳ》

后现代主义思潮逐渐兴起，研究主题日益碎化、多元。不少历史学者放弃了对宏观历史的探求，治史观念从探讨、解释历史转变为纯粹描述历史事件或人物行为。随着中国改革开放的深入，中国史学界的研究也因之受到了影响。近年来，关于史学研究"碎片化"的争议与担忧，成为一个话题。有学者指出，历史研究的"碎片化"，表现为两个方面："一是史家眼光朝下，研究原来不为人注意的、无关历史进程的日常小事或边缘人物和事件；二是繁琐论证，就一些已经为人所熟知的题材，深入发掘，探奥求赜，希望发人所未发之新见。"[①] 史学界对"碎片化"的警惕，固然有一定的积极意义，但似乎也不必过分夸大微观研究的弊端。事实上，历史学的宏观研究与微观研究是相辅相成、缺一不可的，并无本质上的优劣之分。无论是哪一种研究，都考验着研究者自身的治学态度、功力与境界。"宏观研究容许在他人研究成果基础上的概括，细节研究则必须以自己的实证工作为

---

① 王晴佳：《历史研究的碎片化与现代史学思潮》，《近代史研究》2012年第5期。

基础，而且要能进能出，因小见大，这才能形成真知灼见。"①

当前，信息技术的进步、"大数据"时代的来临，史学研究回归"大历史""长时段"叙事的呼声渐起，并对史学家向公众传播史学成果提出了明确的要求。面对不断变化发展的世界形势，史学工作者必须尝试改换思路，方能为本学科的发展贡献力量。笔者以为，应通过加强历史学与游戏研究的联合，以历史游戏为研究对象和服务对象，探索历史知识与历史研究在该领域的应用之法，促进历史学本身的发展。海内外现有的历史游戏，不仅数量众多，类型与题材亦十分广泛，其所采用的历史元素，几乎可以涵盖历史学一级学科门类下的全部二级学科，拥有广阔的发展潜能。易言之，这是一个可供全体史学研究者发挥作用的试验场。

其二，"游戏史学"有助于改善电子游戏的社会形象，发掘、引导电子游戏对现实生活的有利影响，以期真正走出"污名化"的阴影。尽管电子游戏传入中国已有将近30年的历史，然而在文化传统与以往政策制度的多重影响下，围绕电子游戏而产生的争议也是不容忽视的客观存在。曾几何时，"电子海洛因"是电子游戏的同义词，"网瘾"是一种严重危害青少年身心健康的疾病。2000年6月，国务院办公厅转发文化部等7部门《关于开展电子游戏经营场所专项治理的意见》，全面禁止了国内游戏机的生产与销售。直到15年后，才全面解禁。② 2008年，以"电击疗法"治疗网瘾的临沂市精神卫生中心主任医师杨永信，经由央视播出的纪录片《战网魔》而闻名于世。8年后，一篇名为《杨永信，一个恶魔还在逍遥法外》的文章，在微信公众号、微博、知乎等网络平台不胫而走，随即引爆网络舆情，民间掀起了新一轮的对杨永信与"网瘾"治疗的质疑与抨击。③ 2017年3、4月间，《光明日报》《人民日报》等媒体纷纷发表评论，质疑腾

---

① 章开沅：《重视细节，拒绝"碎片化"》，《近代史研究》2012年第4期。
② 《中国游戏机全面解禁但为时已晚》，http://tech.huanqiu.com/news/2015-07/7105437.html。
③ 参见居靖雯《新媒体时代下的网络舆论场——以杨永信事件为例》，《传播与版权》2017年第4期。

讯公司开发的手机游戏《王者荣耀》歪曲历史,甚至一度改换了某些历史人物的性别(见图2),恐对小学生群体产生不良影响,一时间又将电子游戏引向了舆论的风口浪尖。①

图2 《王者荣耀》女刺客"荆轲"(现已改名为"阿轲")

与争议相伴随的,却是中国游戏产业的迅猛发展。依据中国音像与数字出版协会游戏出版工作委员会、伽马数据、国际数据公司(IDC)共同编写的《2016年中国游戏产业报告》,2016年中国游戏产业规模达到1655.7亿元,同比增长17.7%;中国游戏用户规模达到5.66亿人,同比增长5.9%;接近3/4的用户在游戏内进行了付费,其中消费1500元及以上的用户达到26.1%。② 有学者依据其他数据,进一步估计:"每三个中国人里就有一个是电子游戏玩家,每四个人里就有一个曾在游戏中付费,甚至任何一天里,每三十个人中

---

① 《媒体批〈王者荣耀〉:荆轲是女的,李白成刺客》,http://jx.people.com.cn/GB/n2/2017/0329/c186330-29939190.html。

② 参见《2016年中国游戏产业报告》,http://www.sohu.com/a/121998140_502900。

就有一人上线玩过同一款竞技手游。"① 游戏产业的繁荣、游戏用户的增长，乃至玩家低龄化的趋势，都使得电子游戏成为一个无法回避的新兴事物。电子游戏产业的健康发展，自然离不开政策的支持与社会的宽容，但游戏内容的改善与提升，才是它真正彻底洗刷"污名"的根本方法。而以历史游戏为先导，进一步开发电子游戏的教育潜质，则不失为一种尝试。事实上，历史游戏之于历史学习的有益尝试，早已有经验可循。美国威斯康星大学麦迪逊分校教育学院课程与教学系教授库特·斯奎尔（Kurt Squire），其博士论文即关注将商业游戏《文明Ⅲ》（Civilization Ⅲ）引入中学课堂，教授世界历史知识。在取得一些有益反馈的同时，仍留有不少尚待解决的问题。② 因此，上述研究依然有继续深入探索的必要。

此外，公共史学的诞生与发展，"游戏化"理念的提出与实践，为"游戏史学"营造了良好的学术与社会环境。公共史学兴起于20世纪70年代的美国。并在此后30余年间，逐渐成长为一个较为成熟的史学研究领域，在英、法、德、加拿大、南非、新西兰、澳大利亚等国得到了长足发展。公共史学的诞生与发展，是史学界对既往研究专业化、细碎化，造成研究成果脱离大众社会，无法满足现实需求的反思。然而，尽管已有学者开始关注公共史学，但该领域在国内尚未得到广泛推广。笔者以为，随着科技的进步、电子游戏的普及，历史游戏完全可以成为公共史学新的服务领域，二者可以在未来的发展中建立亲密的联系。

"游戏化"（Gamification）一词最早的使用者，来自于西方国家的游戏设计师与相关领域的研究人员，其原义是"把不是游戏的东西（或工作）变成游戏"。2010年以来，游戏化一词逐渐被人们广为使用。依据美国沃顿商学院教授韦巴赫（Kevin Werbach）等人的定义，

---

① 何威：《导读·作为媒介的数字游戏》，[美] 格雷格·托波：《游戏改变教育——数字游戏如何让我们的孩子变聪明》，何威、褚萌萌译，华东师范大学出版社2017年版，第12页。

② 魏婷、李馨、赵云建：《美国教育游戏研究发展新动向——威斯康星大学麦迪逊分校Kurt Squire教授访谈》，《中国电化教育》2014年第4期。

游戏化"是指在非游戏情境中使用游戏元素和游戏设计技术",其"核心是帮助我们从必须做的事情中发现乐趣"①。而美国布隆伯格大学教授卡普（Karl M. Kapp）给出的定义则是："游戏化是采用游戏机制、美学和游戏思维手段吸引他人，鼓励行为，促进学习和解决问题。"② 现如今，游戏化已在教育、医疗卫生、市场营销、客户关系管理、政府行政、计算机编程等领域发挥积极作用。游戏化的流行，是科学技术不断发展、电子游戏深入日常生活的结果，也是游戏设计者改善人类现实生活的积极尝试。而电子游戏之于教育的建设性作用，也愈发得到世人的肯定。诚如美国资深教育记者托波（Greg Toppo）所说，"学习经常是艰难的任务。但是，通过正确的思维方式去开展学习，伴随着某种积极正面的反馈，它可以变成艰难的乐趣。千真万确，如果没有困难和挑战，就不会有那样令人满足的愉悦……这就是游戏如何切入教育的地方"③。

总之，尽管游戏研究在海内外已渐呈"显学"之势，但在历史学领域，对电子游戏进行学术研究，尚未得到广泛认可。事实上，电子游戏不仅可以作为史学研究的文本资料，也能成为史学研究的重要应用场域。如今，公共史学已然在海外得到了推广，而近年来游戏设计领域专家提出的游戏化理念，也获得了国内同行的认可。历史学者开始走出封闭的象牙塔，游戏设计者也开始以改善现实社会为己任，共同的追求让二者的联盟变得合情合理。而"游戏史学"正是促成、巩固这种联合的一次有益尝试。

二 "游戏史学"研究示例：以《文明》为中心

美国回合策略游戏《文明》，是游戏设计大师席德·梅尔（Sid-

---

① ［美］凯文·韦巴赫、丹·亨特：《戏化思维：改变未来商业的新力量》，周逵、王晓丹译，浙江人民出版社2014年版，第14、XI页。
② ［美］卡普：《游戏，让学习成瘾》，陈阵译，机械工业出版社2015年版，第9页。
③ ［美］格雷格·托波：《游戏改变教育——数字游戏如何让我们的孩子变聪明》，何威、褚萌萌译，华东师范大学出版社2017年版，第5页。

ney K. Meier）最优秀的代表作之一。该游戏自20世纪90年代初发行以来即大获成功，此后的续作亦是好评如潮，多次斩获各类游戏大奖，最终成长为存续20余年而长盛不衰的经典之作。

1982年，时任通用仪器公司（General Instrument Corporation）系统分析员的席德，与商业开发部门的同事——退役空军飞行员比尔·斯特利（Bill Stealey）共同筹资创办了自己的游戏公司——微文（Micro Prose）。席德早年的作品，多为飞行模拟和军事模拟类题材，这既符合当时电脑游戏发展的阶段性特征，也与比尔个人的偏好有关。此后，席德的研发兴趣开始转向策略游戏，先后制作出《席德·梅尔的海盗》（1987）、《铁路大亨》（1990）两部作品。1991年，席德与布鲁斯·雪莱（Bruce Shelley）[①]合作设计的第一代《文明》诞生。席德主要负责游戏策划与程序编写；雪莱则分担了游戏测试与撰写游戏手册的工作。"《文明》派生出了策略游戏的4X——探索（Explore）、扩张（Expand）、开发（Exploit）、消灭（Exterminate）——的经典模式。"[②]玩家在游戏中选择一个历史上真实存在的文明，利用为数不多的初始资源，建立城市、开发土地、研究科技、改良政治、抗击蛮族、与其他文明周旋，在公元前4000年至21世纪漫长的时间内，体味人类文明发展进步的过程，打造属于自己的帝国。

1996年，《文明Ⅱ》发行，主要设计者是席德的学生布莱恩·雷诺德（Brian Reynolds）。日新月异的电脑技术，也在客观上帮助了这部游戏的自我完善。该作发售后不久，席德离开微文公司，与雷诺德、杰夫·布里格斯（Jeff Briggs）组建了火爆轴心游戏公司，担任创意研发部董事一职。20世纪末有多部被冠以"文明"的资料片，既反映了《文明》卓越的市场口碑，也涉及多个游戏制作、发行公司对"文明"版权的争夺。[③] 2001年，"文明"的版权终于落到火爆轴心游戏公司的合作发行公司——英宝格（Infogrames）的手中。

[①] 1995年，布鲁斯·雪莱与古德曼兄弟（Tony Goodman, Rick Goodman）等人组建全效工作室，并设计出经典即时战略游戏《帝国时代》（Age of Empires）。
[②] 李浩：《世界游戏制作大师》，中国传媒大学出版社2009年版，第84页。
[③] 参见李浩《世界游戏制作大师》，中国传媒大学出版社2009年版，第80、100页。

图3　《文明Ⅲ》系列城市俯瞰效果图

　　2001年10月，《文明Ⅲ》问世。该游戏由火爆轴心游戏公司开发，英宝格互动（Infogrames Interactive）发行，主设计师为杰夫·布里格斯。《文明Ⅲ》开启了一个相对持久、稳定与繁荣的新《文明》时代，两部资料片《文明Ⅲ：游戏世界》（Civilization Ⅲ：Play the World，2002）、《文明Ⅲ：征服世界》（Civilization Ⅲ：Conquests，2003）先后问世（如图3）。"一个本篇、两个资料片"的发行模式至此成为定制。本篇负责更换游戏引擎、尝试新元素的开发试验；资料片则负责优化既有内容、扩充新元素，延续游戏的"生命周期"。《文明Ⅲ》系列影响最为深远的创新，当属"文化"与"文明特色"概念的推出。[①] 如果

[①] 《文明Ⅲ》系列的"文明特色"，则主要体现在"民族特质"（Qualities）与"特殊单位"（Special Unit）两个方面。前者对各文明的发展模式会产生许多微妙的影响，后者则是依据所属文明的历史文化来设计的、对某个普通单位的替代品。如罗马用以取代剑士（Swordsman）的特色单位——罗马兵团（Legionary），德国用以取代坦克（Tank）的特色单位——德国坦克（Panzer）等等。至《文明Ⅴ》系列，"文明特色"已衍生出特色能力（Unique Ability）、特色建筑（Unique Building）、特色设施（Unique Improvement）和特色单位（Unique Unit）的"4U"体系。

说早期《文明》游戏创立的科研系统、城市管理、土地开发等要素，探讨的是所有文明都会面临的一些"共同性"主题的话，那么从第三代开始，设计者的注意力开始越发关注到人类文明的多样性与特殊性这一重要事实之上，游戏的"拟真"效果也更加出色。

2004年，仟游软件科技公司（Take-Two）购得"文明"的版权。2005年10月，由其附属子公司——2K游戏（2K Games）发行，火爆轴心游戏公司开发，索伦·约翰逊（Soren Johnson）担任主设计师的《文明Ⅳ》，在北美地区正式发售。此后，两部资料片《文明Ⅳ：战争之王》（Civilization Ⅳ：Warlords，2006）、《文明Ⅳ：刀剑之上》（Civilization Ⅳ：Beyond the Sword，2007）先后发行。《文明Ⅳ》系列采用Gamebryo引擎开发，游戏正式进入3D时代。宗教系统、专家与伟人系统（如图4）、内政法令系统、商业公司系统的创立，以及对谍报系统、单位归类与晋升系统的全面扩充优化，《文明Ⅳ》系列

图4 《文明Ⅳ》系列伟人设计图（大科学家、大商业家）

的精细设计可谓不胜枚举。此外，火爆轴心游戏公司还将开发工具包、源代码，以及编辑器等诸多工具公开，直接造就了该系列空前繁荣的玩家模组（Fan Scenario，Mod）文化。①

2010年，由火爆轴心游戏公司开发、2K游戏公司发行，乔恩·谢弗（Jon Shafer）主持设计的《文明Ⅴ》发售。两部资料片《文明Ⅴ：神佑君王》（Civilization Ⅴ：Gods & Kings，2012）、《新奇世界》（Civilization Ⅴ：Brave New World，2013）也在随后的3年中陆续面市。这一代最具特色的创新元素是"社会政策"系统和"城邦"概念的提出，《神佑君王》重新阐释的宗教系统和谍报系统，以及《新奇世界》增加的商路、世界议会、魅力、杰作、考古、意识形态等新概念。②《文明Ⅴ》系列更换了全新的游戏引擎，整个游戏画面有了显著提升。与前代获得几乎一边倒的赞誉不同，《文明Ⅴ》系列似乎一直是一个受到玩家（尤其是老玩家）质疑与批评的作品。然而，该系列也有许多值得肯定的巧妙设计，并由此获得了新玩家的青睐。2016年10月，《文明Ⅵ》正式上线，这一老牌游戏的传奇故事，仍未完结。

《文明》系列游戏发行20余年而经久不衰，其成功的秘诀是游戏设计者、游戏内容和玩家三个层面共同推动的结果。游戏设计者锐意创新，不断奉上优质的设计成果；游戏内容上，席德确立的"趣味性

---

① 一直以来，剧本游戏（Scenario）模式是延伸《文明》可玩性的一种主要方式。剧本游戏是带有一定故事情节背景的，依托原游戏相关技术制作而成的改编小游戏。剧本游戏的个性色彩较为浓厚，对原版游戏的改造尺度也是不尽相同。有些模组注重的是对原版游戏的整体优化；有些则是注重突出原版游戏难以呈现的某些细节元素（如历史拟真性、军事战争等）；有些则走得更远，加入了原游戏所不具备的某些主题元素（如科幻、奇幻等），让整个剧本游戏实现脱胎换骨般的变化，宛若一部可独立运行的新游戏。基于《文明Ⅳ》系列制作的著名模组剧本游戏，如"终极边疆"（Final Frontier）、"战争之路"（The Road to War）、"坠落凡间"（Fall from Heaven）、"文明的兴衰"（Rhye's and Fall of Civilization）等等。

② 长期以来，"科技树"系统是《文明》系列游戏用以展现时代进步的重要线索，甚至是唯一的线索。然而，当"文化""宗教"等非自然科学的、富于人文气息的元素被引入后，"科技树"变得越发臃肿，难以调试。这一代出现的社会政策系统、宗教系统、文化魅力系统，正是一次解放"科技树"、将科学研究系统与人文艺术培养系统分离并举的尝试。

优先"原则，巧妙地平衡了真实性与趣味性的关系；而全球性玩家社区交流平台的壮大，增强了玩家群体的凝聚力，也有效延续了游戏的生命力。

《文明》系列游戏设计理念的积极意义，首先在于它坚持多元文化主义（Multiculturalism），具有较强的文化包容精神。若将《文明》系列游戏诞生的时代置于一个更大的历史情境下去考察，我们将会发现：这个游戏的创立和发展，与第二次世界大战后在西方（美国）逐渐兴起的多元文化主义、全球史（Global history）研究与教学普及紧密相关。

多元文化主义自20世纪六七十年代起流行于西方社会，它是一种文化观、历史观，也是一种教育理念和公共政策，还是一种意识形态和价值观。[①] 战后，随着西方殖民主义的全面崩毁，殖民地人民纷纷获得了独立；而在西方国家内部，弱势族群发起的政治运动迫使各西方国家重新审视自己的内外民族政策。最终，承认少数民族（外来移民、原住民及非主体民族等）文化的平等地位，通过法律对其语言、宗教和传统习俗给予保护成为一种共识。[②] 反观《文明》系列游戏的发展历程，我们也可看出一些多元文化主义的进步精神：游戏中可选择的文明数量日益增多，而游戏的运行规则还默认了如下假设：在这个虚拟世界中，所有文明都是在同一个起跑线上展开竞争与合作的；每一个文明都有机会去改变命运，成为世界强国；文明的兴衰沉浮，在于自身决策的优劣，而不是文化、民族或种族的优劣。无论游戏的制作者出于什么样的考虑，至少在客观上，这个规则做到了真正的一视同仁。

---

① 参见［英］C. W. 沃特森：《多元文化主义》，叶兴艺译，吉林人民出版社2005年版，导言，第1—2页。

② 近年来，在难民危机等因素的影响下，欧美国家开始反思其多元文化主义政策的失误，谋求新的出路。西方国家实行的多元文化主义政策，虽力图彰显民主、自由、宽容等价值观念，然而将文化差异绝对化、静态化、封闭化和刻板化的做法，不仅导致了各族群间更大的疏离，还由此形成了一个不利于民族国家统一和国族认同建构的恶性循环。参见鲍永玲《欧洲难民潮冲击下的多元文化主义政策危机》，《国外社会科学》2016年第6期；郭才华：《美国多元文化主义面临的挑战和威胁》，《国际关系研究》2017年第3期。

同一时期，美国全球史研究的兴起与历史教学的革命，也对《文明》系列游戏的发展影响甚深。全球史的崛起，与美国国内外形势变迁、对外政策导向和需要密切相关。在全球史兴起之前，美国各大学、中学传统的世界史课程是"世界通史"和西方文明史，带有强烈的"西方中心论"、宗教和种族主义色彩。二战期间，美国开始卷入广袤而缺乏了解的世界战场。出于战时需要与战后支配世界秩序的设想，自20世纪40年代后期，联邦政府与私人基金会都参与支持美国史学界的地区史研究。90年代，随着"冷战"结束和全球化节奏的加快，越来越多的美国大中院校开设了全球史或世界史课程，学习过该课程的学生人数也在逐年增长。教材的篇幅越来越大，但西方部分的内容比例却在降低。① 全球史研究重视横向的跨文化交流对人类历史发展的作用，强调世界各文明间的互动关系，这在客观上有助于部分化解"西方中心论"的谬误与成见。② 席德在设计制造第一代《文明》游戏时，对历史知识的使用较为随意，不主张用过于复杂的历史内容削弱游戏的趣味性。但他也承认自己的确参考了一些历史书来帮助自己理清历史脉络。③ 而后续《文明》游戏的设计团队越发致力于扩充文明、彰显民族特色，其背后的原因似乎也能找到一些线索。

除却文化包容精神，《文明》系列游戏另一个积极意义，在于其具备一定的教育功能。独立于游戏之外的"附产品"——《文明游戏手册》（Civilopedia），是游戏内置的程序，一部在游戏中可随时打开翻看的手册。它的内容既包括游戏规则的说明，也有对诸如文明、领袖、单位、建筑、奇观、政治制度等事项的介绍，而这种介绍不仅仅是罗列游戏的数据设定，更附有大段的背景知识。也正因如此，《文

---

① 参见施诚《美国的世界历史教学与全球史的兴起》，《史学理论研究》2010年第4期。

② 有学者指出，全球史的核心理念即"文明互动说"，它的价值在于动摇了西方世界史体系"与生俱来"的两大支柱，即"欧洲中心论"和"以民族国家为本"。参见刘新成《文明互动：从文明史到全球史》，《历史研究》2013年第1期。

③ "An Interview With Sid Meier", see Benj Edwards, "The History of Civilization" (http://www.gamasutra.com/view/feature/1523/the_history_of_civilization.php).

明游戏手册》得以部分独立于游戏内容与纸质游戏手册而存在,成为自《文明》创始以来的保留设定。翻阅《文明Ⅴ》系列最新的《文明游戏手册》,信息量最大的部分基本集中在对文明、领袖、城邦、奇观、宗教等部分的讲解。其次是对科技、建筑、单位等词条的介绍。因此,《文明游戏手册》在游戏概念与规则介绍外,最重视收录的是历史知识。其中,手册内对各文明、领袖相关知识的描述,得到了显著扩充,已可达到简明国别史和人物小传的规模。①

手册内的历史知识大多为一些背景材料,与游戏内容存在一定的脱节。若玩家不清楚某个文明的领袖或某奇观的历史,似乎也不会妨碍游戏进程。然而,这终究会带来一种视觉上的刺激,可能会促使一些有耐心的,对历史较为感兴趣的玩家去翻看相应的手册词条。作为一种文化娱乐消费品,电脑游戏并无为玩家提供优质的基础知识学习的责任与义务。考虑到这一点,《文明游戏手册》的贡献就显得格外可贵。当然,也正是由于游戏内容与手册词条之间存在的差异,有时也制约了《文明》的教育效果。在尝试运用《文明Ⅲ》向中学生讲授世界历史课程后,库特·斯奎尔也不得不承认:"《文明Ⅲ》在向学生介绍相关地理和历史概念上是卓有成效的,但它在促进概念的深入理解上却不那么优秀……在某种程度上,这是因为大多数的概念表现为新的游戏能力,并很少有历史学的解释。《文明游戏手册》介绍了这些术语,但最终它们被从其所产生的历史参照物中分离开来。"②

尽管《文明》系列游戏制作精良,且带有一定的教育功能,但在许多具体问题上,仍有许多不尽人意之处。其西方中心的进步史观,以及因强硬堆砌历史知识所造成的时代错置现象,已成为该游戏的一

---

① 例如,在解释"中国"的时候,手册就将论说主体分为"历史"(概述)、"地理""早期历史""后来的历史""中国的发明""中国与世界""今日中国"和"中国逸闻"几个段落,不仅简明扼要地将中国历史进行了高度提炼,还突出讲述了中国对世界的贡献、近代的遭遇、当代的复兴和面临的困难等等。于是,一部串联古今、凸显文明特色的国别史就这样被呈献给全世界的玩家,无论作者是否真的很了解那个国家。

② Kurt D. Squire, "Replaying History: Learning World History through Playing Civilization Ⅲ", Ph. D., Indiana University, 2004, p. 9 & pp. 356 – 358.

大顽疾。而作为一款美国人制作的游戏，《文明》系列游戏至今仍难以摆脱明显的美国式的价值评判标准与意识形态倾向，这不能不说是一个很大的遗憾。

"科技树"（Tech tree）系统是《文明》系列游戏自创立以来的保留设定，是推动游戏中各文明发展进步的重要工具。至《文明Ⅳ》系列，整个"科技树"已包含多达92种不同的科技，这一数据现在看来是空前绝后的。然而，也正是在这一代，"科技树"的局限性也显露无遗：以欧洲—美国历史演变为参照范本编排的"科技树"系统，一直没有走出"西方中心"的窠臼；人文学科、艺术和宗教等非科学"科技"的扩充更凸显了这一缺陷。如音乐（Music）被安排在了中古时代后期，或许更侧重指代欧洲"文艺复兴"时期的艺术成就；而印刷机（Printing Press）需要机械（Machinery）、字母表（Alphabet）和造纸（Paper）三项科技为研发前提，被设定为进入"启蒙时代"（Renaissance Era）的关键科技之一。依据相关手册词条内容可知，它主要指的是15世纪德意志人古登堡（Gutenberg）发明的印刷机，而不是中国的印刷术。① 游戏中的"启蒙时代"，主要指中古时代与工业时代的过渡时期，按照其科技编排构成来看，它往往与"文艺复兴"、地理大发现、殖民扩张和启蒙运动相连——这些都是欧洲独有的历史经历。科研系统的"西方中心"倾向招致了一些批评，席德在回顾游戏发展史时也不得不承认："《文明》是一个有点以西方为中心的世界。就拿科技推动发展来说，更多的是从西方的视角而非东方视角来的。"

除了"西方中心"视角，"科技树"另一个重大缺陷是过分强调了科技在人类历史进步中的作用，犯了进步史观的错误。② 该游戏重视科学技术的设定，大体上是正确的，但有些偏颇。在游戏中，科研

---

① See "Printing Press", in "Civilopedia for Civilization Ⅳ: Beyond the Sword".

② 关于社会历史发展的动力问题，可参见龚培河、万丽华《究竟哪一个是社会历史发展的动力——对马克思主义动力论的逻辑考察》，《学术月刊》2006年第11期。在马克思、恩格斯生活的时代，科学技术转化为生产力所需的时间较长，因而他们对历史发展动力的讨论并没有过多涉及科学技术问题，但也提出了"生产力中也包括科学"的观点。

自始至终是触发一切进步的机制（甚至是唯一机制）。科学技术提高生产力的效果对各文明是基本一致的、即刻生效的，也往往是积极的。既不存在历史上科技与生产力转化的时间差，也没有不同国家利用科技方式与效果的差异，更体现不出人类历史可能出现的偶然、意外、停顿，甚至倒退。《文明》系列一直没有完全解决进步史观的困扰。在这里，随着科研的进步，文明也随之进步，未来一定好于过去。尽管进步的确是人类社会发展的总趋势，但这显然不是一个直线行进的过程。

《文明》系列在游戏内容上的许多缺陷，其根源在于设计者历史观层面上的重大失误——时代错置。所谓"时代错置"，就是用当代人类社会的运作方式，反向建构历史上的情况，处处体现着"后见之明"。探索世界、建设城市、开发资源、研究科技、训练军队……一切活动都是那样有条不紊、顺理成章，宛若机器运行，毫无疏漏。在游戏中，科研是可以做长远规划的，科技带来的功效是整齐划一的，那种"外国用火药制造子弹御敌，中国却用它做爆竹敬神；外国用罗盘针航海，中国却用它看风水"①的情况是不存在的。统一的民族国家，高效的政府管理，科学的发展规划，这些在游戏初期通过努力即可实现的事物，在现实世界却经历了漫长的历史演进。《文明》系列游戏的"时代错置"，凝固了历史，将现代国家的治理经验延伸至它本不该广泛存在的时代。新世纪《文明》系列的设计者掌握的世界历史知识显著提升，但这似乎并没有让他们发展出有逻辑、成体系的历史观。"时代错置"的痼疾始于席德创立《文明》之时。作为一个以分类学为专业的人才，他十分擅长将复杂事物内部各组成单位分类整合的工作。然而，席德及其团队固守的"趣味性优先"原则，让历史知识作为背景材料服从于游戏内容。这样做的后果便是，《文明》系列游戏的历史拟真性做得看上去十分精巧，却处处经不起推敲。

最近两代游戏手册，在汇集历史知识的同时，也改变了以往"述

---

① 鲁迅：《伪自由书·电的利弊》，《鲁迅全集》第5卷，中国文联出版社，第14页。

而不作"的编辑方式,加强了意识形态方面的宣传与评判。手册内的主张大多是维护甚至袒护西方国家的历史与价值观念的,这一点我们似乎不会感到很意外。《文明》系列是一款地道的美国游戏,它并不掩饰美国所珍视的自由主义与民族主义,对任何与之相悖的言行也不吝使用最严厉的批判性语言。换言之,与其说《文明》系列的手册守护的是整个西方社会的价值观念,倒不如说它其实只为美国的意识形态张目。

近几年《文明》系列游戏的手册,从某种程度上看,有沦为美国意识形态宣传工具这一不光彩角色的倾向。摘录手册中偏袒西方与美国的段落是较为困难的,这与它的写作手法有关:在相关国家与领袖的词条下,读者只能看到"帝国"的荣光,却看不到"帝国"背后的血泪史。① 其中,美国似乎总是一个近乎完美的国家;而美国的领袖们也看不到什么缺点。手册对美国那些不太光彩的历史,如屠杀印第安人、奴隶制度、种族歧视、侵略弱小国家等等,都尽量采取措施加以淡化。《文明游戏手册》的编纂者在面对"祖国"文明的相关词条时,失掉了最后的公正。

游戏手册对美国文明的褒奖,常常是建立在对"他者"——自由主义精神的对立面——的批判上的。有学者指出,一个独裁、专制、集权的"他者"的存在,对美国的国家认同与民族凝聚力的维系是十分重要的。美利坚民族的成员来自世界各地,除了维护自由主义信念,他们并不享有共同的历史文化传统。美国随时需要一个对立的"他者"来找寻自我,从欧洲殖民主义者,到法西斯国家和社会主义国家,再到"基地"恐怖主义者,无不充当着"他者"的角色。"独特的国家认同模式使美国比世界上大多数国家都更需要一个对立的'他者',特别是一个竞争性的意识形态来保持团结和建构身份。"② 在《文明游戏手册》中,共产主义理想和社会主义国家成为被重点

---

① See "Victoria", in "Civilopediafor Civilization Ⅳ: Beyond the Sword".
② 王立新:《意识形态与美国外交政策:以 20 世纪美国对华政策为个案的研究》,北京大学出版社 2007 年版,第 151 页。

"关照"的对象。

在如何看待共产主义的问题上，手册编写者的立场是十分明确的：共产主义和法西斯主义都曾经是自由主义"最大的敌人"[1]。之所以是"曾经"，是由于他们认为"许多以共产主义作为指导思想建设国家的尝试最终都失败了"[2]。手册作者对共产主义下的经济制度，无论是生产资料公有制还是计划经济体制都持否定态度，认为它们过于理想化，压制个人的想象力与创造力，效率低下，还会带来更严重的经济与政治上的不平等。[3] 手册编纂者对社会主义制度的成见，有时也会转向另一个主题——将它与臭名昭著的法西斯主义制度相提并论："法西斯政体有一些共同特点：强烈的民族情绪、极端仇外、强调整个社会的利益而将各人利益放在次要地位。军事上大力鼓吹军国主义，通过秘密警察暗中执法，在社会上广布密探，压制公民自由和媒体独立性。经济方面政府严格控制工商业。（以上许多特点在历史上的许多共产制国家中也相当普遍。）"[4] 将共产主义与法西斯主义、纳粹主义混同起来，这并不是一个新近才出现的观点，它至少可追溯至20世纪30年代中后期。[5]

至于手册中对历史与当代的社会主义国家——苏联、中国，甚至朝鲜的相关记述，更是极尽批判、嘲讽与谩骂。如《文明Ⅳ》系列手册对斯大林的论述，几乎演变成一场一边倒的控诉和谴责，与其他领袖形成鲜明对比。他被指控犯下的"罪行"包括：强制推行工业计划、工业国有化和农业集体化，造成人民大量死亡；为清除异己而发动"大清洗"运动，破坏党内民主；压制言论自由和宗教信仰自由；利用战争在东欧扶植傀儡政权，奴役东欧人民；敌视西方，支持其他国家的共产党运动，引发"冷战"；大搞个人崇拜，愚弄人民。

---

[1] "Liberalism", in "Civilopedia for Civilization Ⅳ: Beyond the Sword".
[2] "Communism", in "Civilopedia for Civilization Ⅳ: Beyond the Sword".
[3] See "Communism" & "Planned Economy", in "Civilopedia for Civilization Ⅴ: Gods & Kings".
[4] "Fascism", in "Civilopedia for Civilization Ⅳ: Beyond the Sword".
[5] 参见王培利、刘疆《美国将苏联视为"极权主义"国家的原因探析》，《河南师范大学学报（哲学社会科学版）》2010年第3期。

而他的"功劳",则只有两条——成功实现了俄国的工业化,为世界反法西斯战争做出贡献。① 然而,手册的作者似乎无意对此展开描述。

游戏手册总是"与时俱进"的,它会对一些时下的热点话题做出回应。由于苏联已为历史陈迹,再加上近年来朝鲜半岛局势的微妙变化,在《文明Ⅴ》系列手册中,批评的矛头开始更多地转向朝鲜。内容包括贸易保护、闭关锁国、残害人民和发展大规模杀伤性武器等等。② 由于朝鲜的情况较为神秘,因而针对它的词条篇幅都不大,评论基调也是空前一致的谴责和谩骂。不过,若论嘲讽技艺的娴熟,似乎还是前代手册作者技高一筹。在撰写古代社会的"世袭制度"(Hereditary Rule)词条时,都可以"顺便"对朝鲜揶揄一番:"世袭制度的特点是政权在一个家族的成员间传承。这种继承方式往往与君主制联系在一起,但有时也被专制政权所采用——朝鲜就是一个例子。"③ 历史与当下,游戏与现实之间,不再泾渭分明,而是充满矛盾纠葛。

除了意识形态之争,《文明》系列游戏有时也会受到一些现实利益与不实宣传的诱导,表现得不够公正、客观,如对"朝鲜文明"相关问题的处理上,即是如此。在《文明Ⅴ》发售之初,游戏设计者并没有加入"朝鲜文明",仅将"首尔"列入"文化型"城邦,这引发了韩国玩家的不满。在玩家论坛上即有部分韩国人对此发帖抗议,其不当言论也遭到了世界各国玩家的批评。④ 韩国人的担忧其实毫无必要,因为《文明》系列向来不会忽视他们的存在。果然,2011年8月11日,2K游戏公司发行了"朝鲜文明"扩展资料片。考虑到韩国是电子游戏大国的现实,游戏厂商显然不会无视这一重要市场。

然而游戏手册的编写者对朝鲜文明的评述是不够准确的,它在

---

① See "Stalin", in "Civilopedia for Civilization Ⅳ: Beyond the Sword".
② See "Protectionism" & "Korea", in "Civilopedia for Civilization Ⅴ: Brave New World".
③ "Hereditary Rule", in "Civilopedia for Civilization Ⅳ: Beyond the Sword".
④ See Tifa9292, "Why Korea not in Civ5?" (http://forums.civfanatics.com/showthread.php?t=358330).

客观上迎合、迁就了韩国近年来别有用心的一些错误宣传。较为明显的一处即是对朝鲜的特色单位——火厢车（Hwach'a）的介绍上。手册片面夸大了朝鲜火药火器制造技术的先进性与独创性，认为火厢车是早期火器发展史上的"重大革新"："射架构成，与现代的火箭炮颇有相似之处……这些早期的火箭被称为'神机箭'，相比传统的加农炮更具机动性。"① 事实上，中国是最早发明火药和使用火器的国家。至明代，火器已大量装备正规部队用于城寨攻防、野战，以及水战、海战等。为适应战争需要，明朝还建立了专门的火器部队。如永乐年间在京军编制下设立的"神机营"，即是朝廷直接指挥调遣的战略机动部队，"内卫京师，外备征战"，士卒官佐最多时可达7500多人。② 而所谓"神机箭"，不过是"神机营"装备的常规火器之一，属于明朝发明的多发齐射火箭的一种。《武备志》所记载的"神机箭"制造与使用方法是："矾纸为筒，内入火药令满实，另置火块油纸封之以防天雨。后镩一孔装药线，用竹为干。铁矢镞如燕尾形，未装翎毛，大竹筒入箭二矢或三矢。望敌燃火，能射百步。利顺风不利逆风，水陆战皆可用。用之水战能燔舟篷，用之陆战能毁巢穴，中毒必死。"③ 至于"火厢车"（又名"火柜车"，如图5）④，则是明朝新型火器战车之一。战车是中国传统的作战武器，其重要性在战国后期逐渐被骑兵取代。明朝对战车的"复活"，其实是在北方少数民族强大的骑兵攻势下，利用先进火器技术保境制敌的无奈选择。⑤ 中国"火厢车"应属于众多火器战车中攻击型"火箭车"的一种。综上所述，无论是作为火箭的"神机箭"，还是作为火箭车的"火厢车"，都源于中国。

---

① "Hwach'a", in "Civilopedia for Civilization Ⅴ：Brave New World".
② 刘旭：《中国火药火器史》，大象出版社2004年版，第137页。
③ 茅元仪：《武备志》卷一百二十六，"军资乘·火八·火器图说五·箭一·神机箭"，华世出版社1984年影印本。
④ 何良臣：《阵纪》卷二，"技用"。依据陈秉才的考证，火厢车"即火柜车，内装火箭百枝，进攻冲敌之用"（陈秉才：《阵纪注释》，军事科学出版社1984年版，第129页注释27）。
⑤ 陈刚俊：《明代的战车与车营》，《文史知识》2007年第7期。

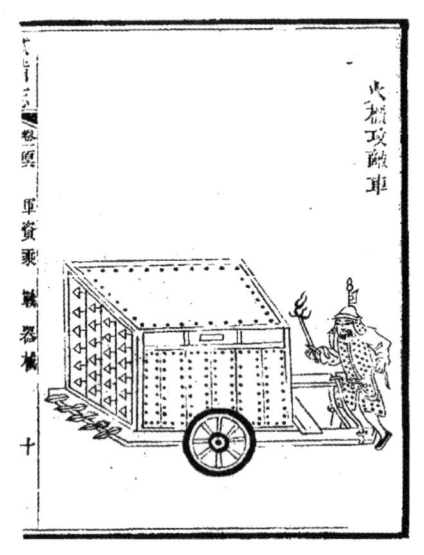

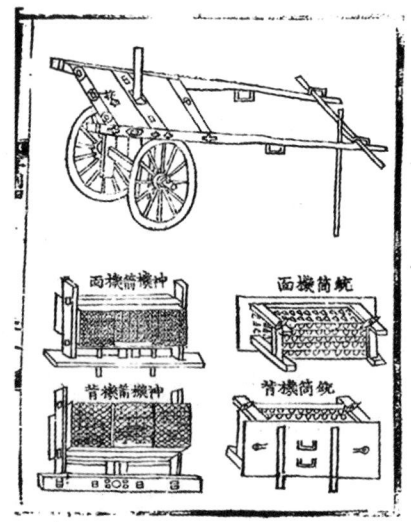

图5　明代火柜车（左）与朝鲜火厢车（右）

中国火药火器传入朝鲜的时间不明，最晚不会迟于14世纪中后期。有学者认为，在西式火器使用之前，朝鲜所使用的火器主要以发射箭镞的铳筒为主。① 朝鲜的"火厢车"（朝鲜古籍称之为"火车"）最早可追溯至太宗（1367—1422）朝。太宗九年（1409），军器少监李韬、监丞崔海山试制"火车"获得成功："火车之制，以铁翎箭数十，纳诸铜桶，载于小车，以火药发之，猛烈可以制敌。"② 由此观之，它也是一种进攻型火箭车。与中国的同类战车相比，它没有安装防护设备。"火车"形制较为特别，是朝鲜对火器的一次改进。事实上，由于自然资源的限制，朝鲜的火药一直难以自足，使用的火器种类也有限，技术的进步离不开同中国和日本的长期交流。③

游戏手册中的谬误，虽然只是改造与创造之争，却又"暗藏玄机"。它背后深刻反映着近年来韩国人近乎病态的民族主义，以及对

---

① 朱晶：《古朝鲜引入与改进火药和火器的历史研究》，《东疆学刊》2008年第1期。
② 《朝鲜王朝实录》（即《李朝实录》），"太宗实录·九年·冬十月"，"朝鲜王朝实录电子数据库"。
③ 朱晶：《古朝鲜引入与改进火药和火器的历史研究》，《东疆学刊》2008年第1期。

粉饰自身历史文化传统的狂热与痴迷。①

三 "游戏史学"的未来发展趋向

通过对《文明》系列游戏的分析，我们不难看出，现有的历史游戏在具备许多值得肯定的优秀品质的同时，也因各种原因而存在不少缺陷。某些问题，如游戏引擎的开发使用、人工智能的改进②等，都可以期待未来计算机技术的革新来逐步实现。然而，游戏中呈现的历史观、价值观等领域存在的问题，则绝非仰赖自然科技所能解决。相反，这是社会科学领域的学者需要发挥力量的场所，而"游戏史学"的功能与价值，即在此处。

笔者以为，"游戏史学"的未来发展，在短期内固然是继续丰富、完善实证研究，重点分析历史游戏在宏观视野与微观视野、科学面向与人文关怀、历史呈现与历史感知等层面所具有的独特优势与价值。在肯定历史游戏积极意义的同时，指出其尚需完善的地方。而达成这一目标的重要前提，即是历史学自身研究理念与方法的转型。

自16世纪以来，科学的思维方式和理论方法，逐渐取代过去的经验研究，一系列重要的现代分支学科由此建立起来。从此，人类快速步入科学化的时代，人类社会的面貌，也因之发生了剧烈改变。纵观科学史的发展历程，无论是自然科学领域的天文学、物理学、地质学，还是社会科学领域的社会学、文化学等等，其走向科学化的重要前提，便是完成在认识论与方法论层面的革新。要言之，即是对形而

---

① 参见王生《试析当代韩国民族主义》，《现代国际关系》2010年第2期。

② 自《文明Ⅲ》系列起，设计者尝试利用人工智能来简化玩家的某些过于烦琐或重复性的操作。例如让工人自建修建区域设施，以及将部分城市的农工商业管理交予电脑操作的"市长"来代劳的设计。然而，由于技术水平有限，自动工作的工人与城市，最后往往将事情搞糟，令人哭笑不得："玩家会发现公元1600年训练的弓箭手和城市中布满过多矿井等奇怪的情况。"此后，《文明》系列游戏在人工智能方面又投入了不少精力，但仍有许多需要改进的地方。有学者指出，现今的计算机人工智能技术，仍无法真正实现人脑一样的主观判断能力。目前所谓的"智能"，仍然要在人为的干预下才能够完成。（参见范银平《计算机人工智能识别技术的应用瓶颈分析》，《产业与科技论坛》2013年第16期。）

上学思维的拒斥或清理，以及观察或实验方法的建立。① 由于各学科的内在特征与发展水平有别，其科学化的程度也并非完全一致。相对而言，历史学的科学化程度十分滞后，更遑论实用技术层面上的"历史学研究"了。②

因此，历史科学化的理论与实践，至今依然有继续研究的必要，它不仅是史学内在发展的必然要求，也对进一步纠正、提升历史游戏的质量有所助益。《文明》系列游戏本以宏观展现人类社会历史发展规律见长，但在后续作品的开发中，制作者不但未能在这一领域有所突破，反而醉心于对各种"文明特色"历史细节的考据，陷入微观研究的汪洋大海之中，委实令人深感惋惜。自《文明Ⅴ》系列开始，游戏中的"子系统"愈发庞杂，难言成功。可以说，《文明》系列游戏发展至今所面临的许多困境，恰是当前社会科学仍处于经验科学阶段、历史学研究"碎片化"的表征。我们与其指责游戏设计师在处理历史素材上不够专业，不如多做些自我反思——当前的历史学是否真的为游戏设计师提供了足够优质的"养料"？

解决上述问题的根本方法，在于历史科学化水平的提高与相关历史技术的成熟。迄今为止，以《文明》为代表的历史游戏，在对许多历史素材进行赋值时，着重考虑游戏的趣味性与平衡性，并未得到历史学的充分支持，因此难免会出现一些令人费解的设定。③ 库特·斯奎尔所说的《文明Ⅲ》游戏内容与历史参照物之间的差距，其本质也源自科学的历史认识在历史游戏设计中的缺席。

除此以外，"游戏史学"还有其艺术审美价值。在宏观展现人类

---

① 参见晁天义《"拒斥形而上学"与历史学的科学化》，《求是学刊》2015年第6期；《实验方法与历史研究》，《史学集刊》2016年第6期。
② 近年来，有学者提出了"理想史学"的新概念，主张以自然科学的成功经验为范例，重新思考历史学科学化的路径，可参见孙巍溥《历史哲学之数学原理》（天津人民出版社2017年版）一书。
③ 例如，在《文明Ⅳ》系列中，世界奇观"大金字塔"可启用所有政府体制类内政法令。古埃及法老的陵墓，何以能够直接解锁现代西方的普选制度？实在难以理解。而在《文明Ⅴ》系列中，影响国家科研水平的因素，竟不与财政支出有任何直接关联，其重要基准指标变成了国家总人口数。人口越多，科研产出越大。如此设定，看起来也有些过于随意。

社会发展规律之外，历史游戏在微观视野下，对强化人们的历史知识与历史情境感知、培养爱国主义思想、弘扬中华优秀传统文化等方面也大有用武之地。随着科学技术的不断进步，电子游戏的虚拟现实能力可谓一日千里。人类社会现有的诸多要素，都能够在游戏的世界里得到呈现，而游戏本身所具备的超强交互性体验，更让现实与虚拟世界的边界看起来越发模糊。因此，较之平面媒体，游戏的"教化"功能不可小视。对此，以国产角色扮演游戏《轩辕剑》系列为代表的历史游戏，或可作为分析研究的案例。当然，如何正确发挥历史学"讲故事"的传统优势，有时也并非易事。

2007—2008年，由台湾大宇资讯旗下的多魔小组（DOMO）研发的《轩辕剑外传：汉之云》先后在两岸发售。《汉之云》的故事背景，发生在231—234年诸葛亮第四、五次北伐时期，讲述了虚构的蜀汉特殊部队"飞羽"战士协助官军作战、屡立奇功的英雄故事。作为推动游戏剧情的重要角色，诸葛亮被塑造成一个深陷"大义"与"苍生"矛盾中难以自拔的悲情英雄；一个为兑现"复兴汉室"的承诺而不惜连年北伐、漠视民生的权相；一个擅长理政治军，却不擅长统兵作战的政治家。一贯精于历史考据与阐发独特历史见解的多魔小组，也曾公开表示对该游戏历史人物设定的信心："长久以来，诸葛亮代表的是一种纯然的忠义与鞠躬尽瘁的精神。历史上对这位千古名军师的评价与定论不少，褒贬皆有。撇开世人从《演义》以及多方传说所熟知的诸葛亮形象，制作小组此次从比较不为大众熟悉的形象与角度，重新诠释这位三国名臣，希望带给大家不同以往的诸葛亮形象！"然而，游戏制作者显然低估了诸葛亮在民众心中既存完美形象的地位，游戏一经发售，即引来不少玩家的声讨。一位玩家甚至在文章中写道："在五千年的历史传承中，有一些人物被标记上了文学色彩，成为某种精神的象征，甚至可以说，是我们民族精神的代表和传承者，比如诸葛亮、岳飞、文天祥。对于这些人物，他们的象征意义早已超过他们本身存在的历史意义，更不可以轻易地去打破。因为，这些人物一旦被推翻，则不仅仅是一个人被打倒，而是一种民族精神被打倒了。我们今天继承下来的传统文明已经少得可怜，难道，对仅存的这些也不能放过吗？"①

笔者以为，此间教训，不可谓不深刻。如何在历史游戏中讲述既有教育意义，且能够为众人普遍接受的历史知识，在未来仍是一件值得研究的事业。②此外，由于种种原因，海内外专门以中国近现代史为题材的电子游戏尚不多见。③尽管可供参考的成例不多，但这也为"游戏史学"在该领域的开拓性实践，创造了某种机遇。总之，"游戏史学"仍处于初创阶段，笔者热切期盼它能够为学界同仁所认可，并为之共同奋斗。

The Preliminary Exploration on "Game Historiography"

Zhao Tianlu

Abstract：Since the 1950s, with the continuous development of the video game industry, "Game Study" is also rising at home and abroad. However, most of the existing studies are concentrated in the fields of pedagogy, communication, art, psychology, sociology, etc. The research of his-

---

① 佚名：《我杀了诸葛亮——写在〈汉之云〉通关以后》，http：//wangyou.pcgames.com.cn/zhuanti/z35/xinqing/1111/2363930.html。

② 《汉之云》在游戏剧情设计上的失利，即在于设计者选取了大部分玩家相对不太熟悉的历史背景，对诸葛亮的塑造又与大部分玩家心中的固有形象相去甚远，导致许多玩家拒绝接受设计者的剧情安排。2017年，时值《汉之云》发行10周年，由官方授权拍摄的古装玄幻电视剧《轩辕剑之汉之云》由爱奇艺全网独播，播放量突破20亿，并在海外受到热捧。(参见《爱奇艺头部内容领衔年轻用户市场〈轩辕剑之汉之云〉播放量破20亿》，http：//news.163.com/17/1114/13/D373VUF400018AOP.html；李薇：《〈轩辕剑之汉之云〉海外发行受欢迎》，http：//orig.cssn.cn/wh/wh_whrd/201712/t20171218_3783892.shtml。) 电视剧版的《汉之云》，完全舍弃了原有的历史背景，演变为纯粹的古装玄幻言情剧，其所获得的种种"成功"，委实值得反思。

③ 其中比较著名的，国外有以"二战"为题材的《钢铁雄心》系列；国内则有北京金山软件公司西山居工作室先后开发的策略游戏《抗日——地雷战》(1998)、《决战朝鲜》(1999) 等。

torical scholars based on professional standpoint is still rare. For this reason, the author puts forward the proposal to develop "game historiography". Gamehistoriography takes the historical games as the priority research objects, using interdisciplinary research methods, to explore the role of history in promoting the positive impacts of video games, and rethink the research and application of history. Game historiography is a combination study of history and video games, and it can be regarded as a new direction (or field) of historical research. It has realistic meanings to reform the historical studies and to remove the stigmas of video games. At present, the popularization of public history and gamification also create a good atmosphere for the development of game historiography. The development of game historiography needs to be on the basis of empirical research, pointing out the advantages and disadvantages of historical games and contributing professional strength to the manufacture of new historical games. This ultimate goal cannot be achieved without the promotion of historical scientific research and the maturity of historical technologies.

Keywords: historical game; game historiography; public history; gamification; historical scientific research

> **实践者说**

让档案成为医学人文遗产的代言人

——以绍兴第二医院院史馆为例

周东华[*]

绍兴第二医院是绍兴市区位列前三的三级甲等医院，其前身是美国医疗传教士高福林（Francis Wayland Goddard）创建于1910年的绍兴福康医院。历经高福林、施乃德、潘连奎等中外院长数十年精心筹划，院务发展迅速，三层红砖结构的医务大楼（当地人俗称"红楼"）在民国时期就是绍兴城内的地标建筑，福康医院也因此被时人认为是绍兴地区最现代的医院。中华人民共和国成立后，福康医院由政府接管，改名为绍兴第二医院，发展至今。

福康医院的中文院训是"福康泽民"，英文是"To Provide the Benefits of Modern Medicine in the Prevention and Cure of Disease"，按照字面含义，即"防病治病提供现代医学的福祉"。往事如烟，福康医

---

[*] 周东华，浙江省萧山人，2006年7月于北京大学历史学系获历史学博士学位，旋即入职杭州师范大学历史学系，现任该系教授、系主任，杭州城市国际化研究院常务副院长，杭州师范大学人文学院公共史学与学校文化研究中心主任，绍兴第二医院福康医史研究中心执行主任；主要从事基督教与近代中国的教育史、医疗史和社会史、抗日战争研究，以及公共史学理论研究与实践探索，出版专著2部，发表论文20余篇，主持省级以上科研项目多项；完成绍兴第二医院院史馆建设等公共史学项目10余项。

院已经成为历史，目前保留下来的唯有沉默的"红楼"，如何才能有效展示这一份医学人文遗产呢？2010年绍兴第二医院举行了盛大的100周年院庆，出版了《绍兴第二医院志》，初步梳理了院史。2014年，绍兴第二医院葛孟华院长开始筹划105周年院庆，有鉴于基于实物、档案，甚至是医院文物的院史和医学人文遗产挖掘均不足，便委托笔者于2015年策划、设计了绍兴第二医院院史馆，希冀利用档案、文物、实物诠释福康医院的院训，呈现医院医学人文遗产。

一 绍兴需要现代医学福祉

绍兴地处杭州湾南岸，宁波以西约120公里，是五口通商后传教士在浙江布道较早的地区。1869年，美北浸礼会在绍兴开始宣教，及至1903年，他们在绍兴已经拥有5座教堂，信徒数十人。有人在给美北浸礼会的报告中说："在绍兴及其周边地区大约有200万人口，比内华达州，犹他州，蒙大拿州，爱达荷州，特拉华州和北达科他州加在一起还要多。这足够让来此传教的传教士在他余下的日子里一直宣教、开拓，并让他的继任者也做着同样的工作。"[①]

随着传教事业的发展，传教士们呼吁在绍兴设立一个专门的医疗点，一方面解决在绍兴的外国传教士及家属的医疗需求，另一方面可以通过"现代医学福祉"吸引绍兴人信奉基督教。在这样一种背景下，高福林被派到绍兴，承担"医疗传教士"工作。多年以后，高福林在其回忆录里称："去绍兴不是一件容易事儿，尤其是我一个初来乍到者，若要独自前往就更难了，所以父亲送我去绍兴。出发那天，我们一早起来，坐了一条小机动船，走了大约40英里到了余姚，然后又在那儿换了条人力船继续前行……我们走了32个小时、90英里，才到达了目的地。秦镜牧师（Dr. Jenkins）和夫人热情地迎接了

---

① "American Baptist Missionary Union Ninetieth Annual Report of the Executive Committee-Missions in China-Shaohsing", *The Baptist Missionary Magazine*, Vol. 84, No. 7（July 1904）.

我们，他们是这儿的老传教士，我也要住在他们家里。"①

信心满满地来到绍兴从事医疗传教的高福林，在绍兴遭遇了中医和习俗的双重困难。一方面，绍兴民众得病"不求医治，而以神话设法。如士林中信神方、妇女家之信签方，又若招鬼眼、请悟婆、看日甲、送夜头、身上遮网、房内煎药、插姜太公、问卜、请符、扮犯人、审呆子、做大戏、放焰口，怪怪奇奇，不胜枚举"②。传统"问神询鬼"的习俗对现代医学的推广有很大的干扰。另一方面，绍兴的传统医学非常发达，有震元堂、光裕堂、天宝堂、存仁堂、泰山堂等著名的中药堂，以及何廉臣、裘吉生等名医，很难接受来自异域的现代医学。高福林回忆称："百姓完全不懂近代医药的基本常识……他们对于病源的理论完全是武断的。他们治病的方法完全属于经验的……人们对于医药事业上种种常识的缺少，不但平民不明了，就是官府也不明了，所以没有国家的法律，来减轻时疫的流行。"③

鉴于此，高福林希望改变绍兴人的医疗观念，给绍兴带来现代医学的福祉，这便是福康医院创设的初衷。在高福林看来，这样一个现代医疗机构，必须是"本土机构"，而不是"舶来品"；必须"为地方服务"，而不是"仅服务外国人"。他说："我们自身便是一个本土机构，一所城市医院……我们需要资金，但更需要有影响力的人的合作。这些年来，我们一直希望能够被接受，而不仅仅被视为一个可以被本地机构复制或超越的国外舶来品，只有在需要的时候才被想起来……外国人应退居二线，只在必要的时候发挥作用，以保持高效率的运作和服务。"④

高福林从 1910 开始执掌院务，1915 年福康医院已经拥有 1 套轻型发电设备；1917 年拥有 1 台 X 光机和一系列用于手术室的全新消

---

① Francis Wayland Goddard, *Called to Cathay*, Distributed by the Baptist Literature Bureau, 1948.
② 《杂著》，载裘吉生主编：《绍兴医药学报》1915 年 7 月（总第 45 期）。
③ 高福林：《中华浸会百年来既往之医务事业》，《真光》1937 年第 3 期。
④ Report for 1920, The Christian Hospital Shaohing, China, in Burke Library of Columbia University.

毒设备；1924年医院病房楼内增设了人力升降机；1932年医院新增新X光机、变压器、一台电疗机器、一台电冰箱；1935年医院拥有蒸汽压力除菌器、集中供暖、现代排水系统、电话、电灯、最新的X光设备、透热疗法机；1936年医院门诊部接诊24031例，比1935年增加3356例。出院病人1236例，比1935年增加105例。1937年新增人工气胸手术室。可以说，在高福林的努力下，福康医院成为绍兴最现代的医院。

二 从档案中寻找福康医院的历史

高福林在绍兴创办的福康医院，跨越了清末、民国和中华人民共和国初期约50年时间，距今100多年历史，医院档案资料大都已经散佚，仅有一部分收藏在档案馆和私人收藏者手中。如何从档案中寻找到这些淹没的档案呢？

第一，充分挖掘、开发档案资料作为非物质文化遗产开发的基础。绍兴第二医院整理院史档案资料与医学人文教育遗产开发，让收藏在博物馆里的文物、陈列在广阔大地上的遗产、书写在古籍里的文字都活起来，让人们了解我们这片土地上曾经活跃的精神。

第二，通过专项资金、专业团队和专家指导相结合的工作方式收集、整理档案资料。为推进原始档案资料搜集、整理和医学人文教育遗产开发这项工作，葛孟华院长和医院管理层专门安排一笔专项资金，聘请由历史、医学、外语、图书馆、民俗学等专业人员构成的专业团队，在专门研究浙江地方历史，尤其是浙江教会医院历史的教授指导下，按照"抢救一批、引进一批、挖掘一批、整理一批"的思路，对福康医院的档案资料进行全面搜集。具体来说：

（1）"抢救一批"指的是对尚在世的原福康医院员工、家属进行口述史访谈，例如福康医院护士学校1943级学生、后任医院护士长的章丽秀，医院药剂科老员工胡恪勤老人，福康医院护士学校毕业生、护士长、第二任中国籍院长徐纪法夫人罗荷英等10余位老人。从她们口中，我们知道了很多有关民国时期绍兴福康医院的往事，例如抗战时期的绍兴和福康医院、民国时期绍兴的女子教育等。

（2）"引进一批"是指派专人到美国相关机构搜集福康医院档案资料。福康医院是美国传教士高福林创办的，高福林隶属美北浸礼会。在当时，一家正规医院的创建和运行，所费不菲，基本依赖差会捐助。因此，高福林和施乃德这两位外国院长与潘连奎、徐纪法两位中国籍院长在任期间，给美国的美北浸礼会每年均有信件和医院年报，这批资料分散在美国各地，主要有三处：耶鲁大学神学院图书馆、哥伦比亚大学图书馆和亚特兰大浸礼会档案馆。因为时间紧张，当时只来得及搜集耶鲁大学和哥伦比亚大学图书馆的档案资料，大约百余件上千页，主要包括照片、书信、年报、书籍和老绍兴的录像带。

（3）"挖掘一批"指的是对柯桥区档案馆馆藏福康医院档案的潜心挖掘。在档案局工作人员的关心和帮助下，对馆藏十余包数千份档案进行全面整理，挖掘有价值的档案，如高福林与宁波华美医院、杭州广济医院院长往来通信、福康医院抗战时期英文通信等一大批中英文档案和照片资料。其中特别值得一提的是福康护士学校历届毕业生合照和福康医院历年院董会会议记录。

（4）"整理一批"指绍兴第二医院对医院图书馆和档案室馆藏档案、图书资料的整理。福康医院从医院草创开始就注意购置各类医学书籍，在对医院图书馆图书整理过程中，发现两批价值非常高的图书资料。一类是高福林藏书，包括传教士学习中文的字典，有1865年版的《五车韵府》、高福林1905年签名本医书等数百册。一类是医院中医处方。此外，医院档案室也收藏着诸如福康医院年报、董事会记录等档案。

第三，院史馆与"3H"医学人文遗产开发。搜集海内外馆藏的福康医院档案资料仅仅是第一步，医院的目的是希望重新提炼、凝聚福康医院成立以来的医学人文遗产，即"3H"医学人文遗产。福康医院建院之初，确立"在防病治病领域为地方提供现代医学福祉"这一建院宗旨，后来具体化为"3H"服务理念，即"在Head层面为院务管理提供理性规划和引导、在Hand层面为所有来院患者提供优质医疗技术服务、在 Heart 层面为所有病患及病属提供心灵医务服务",由此建构起一个医院管理、医疗技术、心理医务三位一体的服务体系,以医学人文精神破解医方"有限论"与患方"全能论"冲突问题。为全面展示医院的历史,医院筹建了专门研究院史的"福康医院医史研究中心"和"绍兴第二医院院史馆",前者将前期搜集的档案进行整理和研究,凝练出绍兴第二医院的医学人文传统,后者则展示医院的这种医学人文传统。

三 档案作为非物质文化遗产的代言展示方案

在档案收集基础上,笔者将福康医院的历史分为7个展室布置,具体如下:

第一展室"绍兴需要现代医学(1903—1910)"。1903年底,美北浸礼会医疗传教士高福林抵达绍兴,开始筹建现代医学机构。初来乍到的高福林开始只能处理一些急诊病案。在一些老传教士建议下,同时为绍兴人提供医疗服务,但接受者甚少,效果亦不甚理想,"绍兴人对现代医学的无知"令高福林产生了"必须在绍兴创办一所医院"的想法。

1904年,高福林将教会男校的一间14英尺宽,34英尺长的教室改为候诊室、接诊室,以及一个小小的私人办公室,变成一个小诊所。1905年4月,高福林将这个小诊所迁移到南街,继续提供医疗服务,并继续募款筹建一所正规医院。

1908年在当地牧师陈芝珊介绍下,高福林在南街马坊桥购置了一块地皮,破土动工修建医院。两年后,一幢占地面积4.24亩的西式大楼建成。1910年3月9—10日,高福林与绍兴地方官员、社会名流以及浸礼会的成员共同见证了一所名为"绍城耶稣教医局"(The Christian Hospital Shaohsing China)的落成典礼。

第二展室"从耶稣教医局到基督教医院(1912—1921)"。1912年2月23日,医院正式收治病人。绍兴人对待西医的态度虽然仍有怀疑,但已经有较大好转,对于脓肿、痔疮、鼻窦炎等症,人们已经能够接受乃至欢迎手术治疗。1914年,医院事业蒸蒸日上,拥有41张床位,收治男女病人,设有5个病房,还有一个光线充足的手术区,和一个配有显微镜、能进行生化检测的实验室。医院设有门诊部,包括宽敞的候诊室、接诊室、检查室、更衣室、药房,以及一个储藏室。三年时间内,医院收治了429名病员住院,在门诊室接待了12524名病人,在办公室或住家单独诊治了1178名患者,以及进行了155台大手术和591台小手术。到1919年,医院仅专业和行政管理部门就有21名员工,在病人收治、手术、公共卫生、护理专业等各方面都取得了巨大发展。1921年应元岳受聘为医院住院部医生。也是在这一年,医院更名为"基督教医院"。

第三展室"高福林与鲁迅一家的交往"。在1912年医院年报中,高福林有一段话,称:"在一个旅日数年回来的年轻人的客厅里,我看到了几本英文藏书,其精深雅致能够令我们中任何一位的书橱都增光添彩。他和他的兄弟自此常常到医院和我们家作客。我认为他将能成为把外国人和其宗教更进一步地带给中国人的桥梁之一。"高福林所谓的"他和他的兄弟"即鲁迅兄弟。鲁迅二弟周作人在1912年12月30日的日记中称:"高师母偕一女医师来访",1913年3月14日"上午高师母偕二女教士来访",3月19日"下午母亲同家人往访高师母"……《鲁迅日记》1912年11月30日"下午赴劝业场为二弟觅复活祭日赠高医士之品,遂购景泰窑磁瓶一双,文采为双龙云纹及花叶,皆中国古式,价银5元",1913年7月1日"午后同二弟往南街施医局看芳叔",1921年8月10日"高福林博士来"。鲁迅兄弟和高福林的友谊就像一条丝带,链接着本土文化与外来文明的相容、理解、成长。

第四展室"高福林执掌福康医院(1922—1937)"。1922年是医院发展史上重要的一年。首先,医院在原有建筑顶层加盖了一层,使得这座三层的西式建筑成为绍兴城的地标建筑;其次,医院中文名称正式定为"福康医院";并将"动脑、亲手、用心为患者提供医疗和灵性服务"(Head、Hand、Heart,All in His Service)确立为医院精神。1924年,医院增设人力升降机、应元岳获得美北浸礼会奖学金,赴美国霍普金斯医学院和英国伦敦热带病研究所进修一年，计划于1925年返回福康医院任内科主任。1926年任庭桂任外科医师、高境郎任儿科医师、医院董事会成立，恭思道任会长。1927年医院员工增加至27人，其中医师7人，护士14人。1928年医院"本土化"，管辖权从美北浸礼会转移到中华基督教浙沪浸礼会，医院董事会职权增加，高福林仍为院长，应元岳因为个人原因离职。1929年高福林回国休假，由蓝烈尔（Charlotte Larner）代理院长职务。1931年高福林回绍兴，继任院长。1933年8月，毕德明成功从匹兹堡浸礼会募集到资金，开建专门的护士之家。1934年6月，护士之家落成，6月底，护士学校和护士们搬进医院大楼之外唯一一幢配备热水淋浴和抽水马桶的楼房，为纪念毕德明的贡献，该楼取名"思毕堂"。1936年门诊部接诊24031例，比1935年增加3356例；出院病人1236例，比1935年增加105例。1937年徐纪法来院担任内科医师。12月，高福林回美国休假，临别时医院同仁赠送"救治病人、难以数计"匾额，以表彰他为绍兴医疗事业所做的贡献。高福林时代正式落幕。

第五展室"烽火岁月中之福康医院（1938—1945）"。烽火岁月中，福康医院院长实现了从外国人到中国人的转变。高福林返回美国后，原宁波华美医院医生施乃德（R. E. Stannard）来绍兴担任代理院长，直至1943年在医院被日军逮捕。施乃德被捕后，潘连奎临危受命，接任院长一职。由此，福康医院进入中国人担任院长时期。

抗日战争期间，福康医院弦歌不辍。1938年门诊31654人次，比1937年增加9.8%；住院2323人次，比上年增加4.3%。全院约有110个员工，包括51名实习护士和2名实验室及办公室兼职学生。1939年接诊量比1938年增加50%，门诊人次达40512人次，门诊天数从82.3%提高到了99%，几近饱和。施乃德在1940年度医院工作报告中称："物价之高涨、病房之拥挤、粮食之缺乏、供应品及药物之难购及运输之困难、院务之繁忙，足以耗绝吾之脑力！"尽管住院费用低廉，还是有26.4%的住院病人接受部分或全额减免。到1940年末，医院成为该区域唯一一家正常运营的医院。1941年4月17日，绍兴县城沦陷，医院短暂停顿后恢复运行，全年收治普通门诊30035

人次，手术561次。1942年医院各项业务遭到严重冲击，住院病人和手术次数为1940年的3/4。1943年日军逮捕施乃德后，潘连奎继任院长，全年门诊人数降至19536人次。1945年9月，日军投降，福康医院百废待兴。

第六展室"战后重建时期（1945.9—1949）"。抗日战争胜利后，福康医院在潘连奎领导下，谋求重建与新的发展。1945年9月18日，院董事会议决定请施乃德及早回绍兴继续服务。该年门诊数为22246人，较1944年有较大回升。1946年初施乃德从美国回到绍兴，担任外科主任兼妇产科主任；9月，潘连奎获美北浸礼会部分资助，第二次赴美进修，院长由徐纪法代理。该年医院门诊数为23802人次，较前一年略有增加。1947年医院设有内科、外科、妇产科、眼耳鼻喉科和肺科，并开设两个免费诊所，为乡民免费诊疗眼疾、疟疾、寄生虫病等。12月24日，潘连奎结束在美国的进修和考察，经上海返回医院。该年医院门诊31070人次，出院989人。1948年元旦，潘连奎接任院长；6月，施乃德一家离开绍兴回美国休假。除继续服务乡梓外，医院趋向进步，积极救助中共金萧支队伤员。医院门诊32781人次，其中免费人次占51.7%；住院1105人次，住院天数22540人天，其中免费住院天数占24.1%；手术次数513次。1949年5月7日，绍兴解放，医院各项工作未受影响，井然有序。原定9月返回绍兴的施乃德一家，留美未归。10月1日，中华人民共和国成立，医院归属新成立的绍兴市（县级）人民政府，医院历史翻启新的篇章。

第七展室"接管与新生（1950—1954）"。1949年医院门诊总数34118人次，其中免费病人占30%；住院病人1279人次；手术次数660次。1950年，医院院务进一步发展，聘用王济卿任外科主治医师、裘怿钊任内科住院医师。9月17日，医院工会成立。当时医院董事会主席蒋德恩，潘连奎院长兼外科主任；徐纪法副院长兼内科主任。医师8人，护士14人，职员18人，工友42人，共82人。病床124张（包括37张肺病病床），门诊平均每日6070人次。1951年1月21日，绍兴市军事管制委员会宣布对福康医院实行军管。9月1日下午6时半，福康医院正式由绍兴专署接管，李云景、潘连奎任正副主任。1952年9月12日，浙江省卫生厅决定将绍兴福康医院高级护士职业学校和浙江省立绍兴医院卫生技术学校合并，成立浙江省绍兴卫生学校，分部设在福康医院内。1953年3月4日，绍兴市政府任命市卫生科长储会才担任医院院长。同年8月，医院新建门诊部楼房一幢，面积747平方米。

四　余论

绍兴第二医院院史馆项目，通过对馆藏于美国哥伦比亚大学图书馆、洛克菲勒档案中心和柯桥区档案馆等福康医院档案的整理、挖掘，通过实物征集、展览室布置等途径，将医院从清末以来存留至今的非物质文化遗产——3H医学人文遗产与物质文化遗产——红楼（绍兴市文保单位）有效结合，"物以载道"，以"档案"的方式将之展示，显示了公共史学为公众服务的前景。

尊重大众的读史需求

——我对通俗史学的理解

张宏杰[*]

迄今为止，我没有发表过关于公共史学的专业论文，但是参与了公共史学很多方面的实践：我写过十多本可以被认为是通俗史学的书，做过百家讲坛的主讲人，是两部历史类纪录片的总撰稿，在喜马拉雅制作过历史类语音节目，还有一个发布自己历史类作品的微信公众号。所以，我想结合我自己的实践，谈谈我对通俗史学的理解。

一 我的通俗史学之路

1990年，我上大学的时候，并没有选择历史专业，而是成为东北财经大学投资经济管理专业的一名学生。直到今天，仍然有读者问我为什么做出这样的选择。原因其实很简单，第一个是当时历史专业不好就业。这个问题今天也仍然一定程度地存在。另一点，虽然我不喜欢财经，但是我更讨厌历史。事实上，在中学时代，历史

---

[*] 张宏杰，中国人民大学历史学院编辑，历史类非虚构写作者。先后出版《大明王朝的七张面孔》《中国国民性演变历程》《饥饿的盛世：乾隆时代的得与失》《曾国藩的正面与侧面》《给曾国藩算算账：一个清代高官的收与支》等畅销著作；曾先后获得全国少数民族文学创作"骏马奖""辽宁文学奖"、2006年"华语文学传媒大奖"之"年度散文家奖"提名等；大型纪录片《楚国八百年》总撰稿；曾在中央电视台《百家讲坛》栏目主讲《成败论乾隆》；在喜马拉雅开设《张宏杰·曾国藩24锦囊》音频节目。

是我最讨厌的课程之一。本来非常丰富多彩的历史被压缩为干巴巴的事件概述、年份、地点、意义。这种教育方式，在我看来，就像把一盘热气腾腾香味扑鼻的好菜冷却、风干，分解成维生素、纤维素、糖、盐和味精，让人一样一样地吃下去。我想象不出有什么事能比这个更愚蠢。正是这种教育方式，导致了我对历史这门学科的反感。

不过，就是在大学期间，我对历史产生了强烈的兴趣。

因为对财经不感兴趣，我成了一个经常逃课的坏学生，财经大学图书馆的书不多，我就经常在早饭后，在学校门口坐上公共汽车，来到位于白云山中的大连市图书馆，在那里一泡就是一天。我在那里读到了黄仁宇的《万历十五年》、戴逸的《乾隆帝及其时代》、汤因比的《历史研究》和格鲁塞的《草原帝国》。

什么叫通俗史学？我自己的理解是，只要非历史专业的普通读者能读得懂，并且喜欢读的历史类作品，都可以划入其中。换句话说，能对历史学界之外的读者产生广泛影响的，都可以称为通俗史学。如果按照这个标准，上述几本书都是。历史课本枯燥无味，然而，在大连市图书馆读到的这些好书让我看到历史是有趣的，甚至可以说是迷人的。伟大的学者们讲述历史的声音听起来那样富于磁性。比如《草原帝国》那富于气势的序言和《万历十五年》那洋洋洒洒的开头。这种优美而有吸引力的叙述在一瞬间就改变了我对历史的印象。这些书不仅引起了我对历史的兴趣，甚至决定了我一生的走向。

四年后，我大学毕业，被分配到一家国有银行，我的工作是撰写贷款项目评估报告，具体地说，就以高等数学为工具对企业财务报告进行分析。因为工作枯燥无趣，我开始在工作间隙在电脑上打字，敲打出一篇又一篇历史随笔，几年后出版了自己的第一本历史随笔集。在出版了七本历史类作品后，我结束了十二年的银行职员生涯，进入大学，成为一名专门的历史类作品写作者。后来我又读了复旦大学历史地理研究所的历史学博士，在清华大学历史系做了三年多的博士后，后来进入中国人民大学历史学院清史研究所。

二　历史知识需求的多个层次

我重点要说的是，每个人——包括一个曾经讨厌历史课的财经大学的学生，其实都有强烈的读史需求。历史是有魅力的，甚至可以让原本讨厌历史的人，变成历史作家。

普通读者历史需求的强烈程度，也许是专业历史研究者所不能理解的。普通读者的历史知识需求，有多个层次。

第一个层次是基于追根溯源这种人类的本能，要不然我们就无法解释为什么人类历史上出现那么多家谱。人类本能地需要知道自己处于什么样的空间位置，也需要知道自己处于什么样的时间位置。所以我们从小就喜欢听老人讲家族的故事。

读史的第二个层次是汲取信息的需要。人类喜欢阅读历史，就和他需要早晨起来看新闻或者茶余饭后交流小道消息一样，都是尽可能多地获取信息的本能决定的。表面上看，地球另一端一个国家的火山和地震与自己并没有什么关系，但实际上这种广泛获取信息的本能非常重要，关乎一个人的生存。关于人类为什么喜欢看新闻，社会学家的解释是因为人是社会动物，需要随时了解掌握自己所处群体的状况，以便对自己生活中的具体事务做出衡量判断。了解历史的意义与此类同。一个人只有尽可能全面地掌握他所生存的这个世界的真实信息，才有助于他做出人生中一个又一个复杂而微妙的衡量和判断。读史的意义与此类同。新闻是对这个世界的横向了解，而历史则是纵向了解，只有这两个方向交织起来，一个人的信息世界才会完整。

我们从小喜欢听老人们讲家族的过去。长大之后，我们也本能地想了解我们所处的更大的群体，也就是民族和国家的过去。经常有人问我学历史有什么用。我的回答是，只有了解一个国家的过去，你才能展望它的未来。之所以要关心它的未来，是因为我们生活在其中。就像一个坐在大巴中的乘客，你不可能不关心它要开到哪里。

读史的第三个层次是生存实用的需要。不光是了解未来需要历史，了解现在，更需要历史。今天的中国正处在新旧交汇的河口，传统与现代，在各个层次交错重叠。从"器物层面"上看，我们的生活已经是全面西化了。但是在现代化的外衣之下，传统中国的内核正在如几千年前一样安详地、不动声色地静静旋转。这种传统与现代的交错，造成了中国社会的变幻莫测、光怪陆离。要了解这个国家，这个社会，离开历史这个角度是不可能的。

因此，在一定程度上说，了解历史，是生存的需要，而且在传统时代就是如此。胡三省说，不光是皇帝要学历史，各个阶层都需要学历史。普通中国人学历史，一个重要的目的是更好地在社会上生存：

> 为人臣而不知《通鉴》，则上无以事君，下无以治民；为人子而不知《通鉴》，则谋身必至于辱先，做事不足以垂后。乃如用兵行师，创法立志，因不知迹古人之所以得，鉴古人之所以失，则求胜而败，图利而害，此必然者也。①

去年夏天我参与一个作家"进校园"活动，到一所中学做讲座。我讲了乾隆出于集权需要，如何防范自己的兄弟。后来弟弟弘昼心理变态，长年抑郁自闭，甚至以演习自己的葬礼为戏。我本意是说明专制权力侵蚀亲情之可怕。但是讲完后，主持的老师总结，对初中生们说："张老师是要告诉我们做人的道理，就是要低调，不要张扬，才能成功。"

实际上，相当多的普通读者读史，是为了向历史学习生存智慧。今天大众读史，有大量的"成功学"的需要。这种需要有健康的成分，也有大量的不健康的成分，所以才有了官场小说、办公室兵法的畅销和厚黑学盛行。但无论如何，这种需求是切实存在的。

第四个层次，则是从事某些职业的人对历史知识的需求比其他人更迫切。众所周知，政治家必须了解历史，否则他无法很好地领导一个国家。中国的传统史学目的很明确，那就是资治，换句话说，是给

---

① 胡三省：《新注〈资治通鉴〉序》，王仲荦等编注：《资治通鉴选》，中华书局1965年版，第392页。

政治家服务。司马光写《资治通鉴》的目的，主要就是给帝王看的："为人君而不知《通鉴》，则欲治而不知自治之源，恶乱而不知防乱之术。"这个传统从上古时代就开始了。《诗经·大雅·荡》："殷鉴不远，在夏后之世。"王夫之甚至说如果没有经世的作用，历史就没有存在的理由："为史者，记载徒繁，而经世之大略不著，后人欲得其得失之枢机以效法之无由也。则恶用史为？"①

艺术家需要了解历史，起码是艺术史，这有助于他的艺术水平达到一个基本的高度。我发现我的读者群体当中，新闻工作者很多。其原因也许是媒体工作者在终日横向关注这个世界的同时，尤其需要纵向的知识为背景，才有助于他们理解现在发生的一切。

著名新闻理论家、新闻教育家甘惜分教授也说："新闻工作者要努力成为历史学家。"有报道曾指出：

> 甘惜分教授倡导"新闻与历史同一论"，希望新闻记者以历史学家的眼光观察生活，既真实又要有深度地记录生活。他说，新闻和历史是分不开的，任何历史发展都是一个过程。新闻工作是当前的工作，但新闻工作者一定要具备历史学家的素养。任何科学都是历史的科学，任何学问都是有历史的，不懂历史的人会很无知，对于记者，特别是要熟悉中国的历史，因为今天的中国就是昨天、前天的中国的发展。②

另外，我还发现经济界的大部分人也都特别喜欢读史。很多经济学家认为，历史是他们整个知识结构中的非常重要组成部分，是他们了解这个社会必需的工具。经济学家李伯重写过一篇文章，叫《为何经济学需要历史》，其中说：

> 为什么对于做经济工作的人来说历史很重要呢？道理很简

---

① 嵇文甫：《王船山史论选评》，中华书局1962年版，第11页。
② 李蕾、局海珍：《甘惜分：记者要有大局意识》，《新闻与写作》2014年第4期。

单:今天是昨天的继续。所谓"中国特色",就是中国长期历史发展形成的传统。不了解这种传统,要真正认识今天中国经济遇到的问题也是不可能的。

李伯重举了一个很有意思的例子:

> 如果我们把今天的情况和两百年前的情况做一比较,那么可以清楚地看到,十九世纪初中国富裕的地区,今天仍然是富裕的地区,十九世纪初中国贫困的地区,大多数在今天仍然是贫困的地区。
>
> 因此我们可以说,历史总在新的情况下以新的形势复出,或者说"过去"总会"重出江湖"。
>
> 世界银行前首席经济学家费希尔近日在牛津大学人文系列讲座中表示:"我从中央银行历史中学到的与从理论研究中学到的一样多,想当央行行长,就要多读历史书。"[1]

第五个层次,也是很重要的一个层次,就是历史具有强烈的娱乐功能。人类爱看新闻,除了理性的需要之外,更包含着猎奇和消遣的心理需要。唐宋以来,中国市井百姓就喜欢在茶余饭后听历史演义。历史的娱乐性之强,是其他娱乐产品无法取代的。

因此,了解历史并不仅仅是历史学家的需要。事实上,历史学家圈子之外的人也许对历史知识的需要更广泛也更强烈。卡尔·贝克说,"人人都是他自己的历史学家",每个人都时刻以自己的历史观来解释过去、现实与未来。一定程度上我们可以说,读史和吃饭睡觉看电视一样,是一个现代文明社会中人的基本需要。

需要重点指出的是,很多人特别是专业历史研究者往往对普通读者的读史需求有一种误解,认为普通大众只需要那些肤浅的、猎奇的、故事性强的历史普及读物。这是一种极大的误解。事实上,在我

---

[1] 李伯重:《为何经济学需要历史》,《读书》2015年第11期。

提到的这五个层次的需求当中，前四个层次，都是比较严肃的读史需求，只有一定学术含量和思想高度、态度认真的通俗史学作品才能满足。其实对很多读者来说，这样的作品也一样能满足他的第五个层次需求，也就是娱乐性需求，比如对于我们来说，一本好读的历史类学术作品带来的阅读快感，并不亚于一本小说。

三　满足读者读史需求意义重大

我认为普通读者的读史需要，并不是可有可无，而是对我们这个社会意义重大。现代学术发展的一个特点是门槛越来越高，与普通人的距离越来越远。比如《生活大爆炸》中的佩妮，竭尽全力也无法理解她丈夫莱纳德关于其工作内容的最浅显的解释。不过这种现象不会妨碍我们的生活，因为物理学的理论研究与实际转化之间的渠道一直是非常畅通的，因此普通人不必去掌握那些高深的专业语言，却可以方便地享受到手机、电视、汽车给我们带来的生活便利。

然而，历史知识的普及和转化有时却进行得非常不充分。在传统时代，历史是没有门槛的，本无通俗史学和专业史学之分。因此历史是普通读者阅读构成中的必读部分和重要部分，读书人有"刚日读经柔日读史"之说。近代以来，历史学研究迅速走上专业化轨道，使历史学成为一门严格的科学，学术深度和广度都得到了空前的拓展。然而史学专业化也带来一个巨大的问题，那就是专业史学的实用转化不足，大众的读史需求不能得到很好的满足。普通读者的读史需求得不到满足，对现实生活很可能产生直接影响。如果人们用过时的、错误的历史知识，来指导今天的社会运转，其结果可能是灾难性的。

我们知道，过去的某些时段，中国历史研究受到过于强烈的意识形态影响，特别是"文革"期间，史学沦为政治的婢女。那个时期的历史教材，形成了一系列僵化刻板的教条，导致对历史的解释出现一定偏差。时至今日，历史研究的发展已经推翻了那个时代的许多历史叙述框架，在具体细节上也进行了大面积的更新。然而这些历史研究的最新进展，往往都停留于专业的表述，并没有很好的渠道传达给普通读者。因此如果一个高级公务员以过时的历史知识来指导他的现实决策，决定一个大的政治共同体的走向，后果可能非常严重。经济学也是这样。李伯重说：

>　　如果从历史的角度重新审视中国的经济改革，可以看到，我们以往对中国历史上的小农经济、市场经济、民间企业等问题的错误看法，导致了一系列错误政策的出现，结果使得在中国改革开放之前三十年中经济发展大大迟缓于东亚其他国家，而且也低于世界平均水平。
>
>　　……
>
>　　经济学家只要凭着从高中教科书里获得的那一点肤浅而且未必正确的历史知识，就去高谈经济发展的"中国模式"，肯定是有问题的。因为他们从高中教科书中学到的是什么呢？
>
>　　以往历史教科书告诉我们：明清中国处于"封建社会后期"，腐朽的封建生产关系扼杀了"资本主义萌芽"，导致了经济缺乏动力，对外实行闭关自守，使得中国不能获取外部的资源，因此中国陷于一种长期停滞甚至衰退的状态。[①]

这些在今天看来，都已经是错误的过时的知识，如果还以这样的知识基础去进行经济决策，后果不言而喻。

四　高水平的通俗史学作品仍然缺乏

好在改革开放后，历史与政治的紧密拥抱出现了一定松动，20世纪90年代末又兴起了民间历史热，对填补这种空白起到了一定作用。相对专业历史研究者，作为一个通俗历史的写作者，我对民间历史热兴起的过程感受更加直接和深切。

第一个直接感受是历史类书籍的热销。我从小喜欢逛书店。在我

[①] 李伯重：《为何经济学需要历史》，《读书》2015年第11期。

的印象当中,以前历史类书籍总是摆在书店的角落里,和古籍放在一起,很不好找。但是2000年前后,历史类作品摆放位置越来越显眼,书籍种类也越来越多,特别是民间写史和历史普及类书籍,几乎是几何级数的增长。

第二个直接感受是我的作品印数的变化。我的第一本历史随笔集,起印数只有5000册。但是后来每一本的发行量都在成倍上升,我于2011年出版的《曾国藩的正面与侧面》,迄今已经销售了五十万册。我想这很直接地代表了读者读史需求的增长速度。

除此之外,我相信每个人和我一样,都关注到了历史剧霸占荧屏,《百家讲坛》的兴起,以及如今微信上历史类文章的火热。这些都说明了普通民众历史类需求之强烈。

然而有一个值得注意的现象,那就是通俗历史作品的作者中出身史学专业的人并不多。易中天、吴思、当年明月等,最有影响的通俗历史类作者,都不是学历史的。

这说明,相对于社会公众对高质量历史内容的渴望,历史学界的努力并不够,史学界作为整体对于公众的历史需求是比较冷漠的。这已经造成并且正在加剧史学界与公众之间的鸿沟。一方面,与通俗史学的繁荣形成鲜明对比的是专业史学研究者的作品阅读量小,历史专业毕业生的就业仍然困难。另一方面,通俗史学写作因为缺乏专业学者的参与,呈现出作品的平均水平不高,猎奇化、戏说化倾向严重的现象。

一个时代,一个社会,通俗史学发达与否,对民众的知识结构完善和人文精神发展的影响巨大。王希说:

> 公共史学家……将历史学的目的看成是构建共同的社会记忆。……正如历史学家勒弗勒和布伦特所指出的,如果一个社会的历史记忆是残缺的,那么社会成员采取共同行动的能力将会受到损害。[1]

---

[1] 王希:《把史学还给人民——关于创建"公共史学"学科的若干想法》,《史学理论研究》2014年第4期。

通俗史学和专业史学应该有一条共同的底线，那就是追求历史真实，娱乐性应该建立在真实性基础之上，然而这个底线在今天的通俗史学写作中被随处突破。现在，普通读者最低层次的娱乐需要得到了一定程度的满足，但是严肃的读史需求仍然处于严重饥渴状态。既有学术功底，认真态度，又轻松好读的中文历史类作品太少了，这对国民素质的提高并不是好事。

五 开放包容地引导通俗史学发展

那么，怎么才能满足普通读者的严肃读史需要，推动出现更多有深度的通俗历史作品呢？

第一，历史学界需要对通俗史学抱以更宽容更开放的心态，主动介入通俗历史的写作中去。我们知道，相对中国而言，美国史学界的包容性更强。正如代继华在《美国史学的兼容并包与社会影响》一文中所说，美国史学界有兼容并包、形式多元化的特点。美国史学作品范围基本覆盖了不同类型读者的需要，专业史学和通俗史学和平共处。史学界、出版界、书评界具有"为公众写作"的明确评判标准，能够善待一些颇受读者青睐的史书新写法与新类型，因此就比较好地破解了史学影响社会这一难题。因此一方面，美国出现了以房龙和史景迁为代表的强大的通俗史学传统，另一方面，美国历史学的跨学科研究很发达，促进了新兴分支学科在美国的产生，其中就包括回应社会的需要而诞生的公共史学。[①]

第二，必须充分研究通俗史学写作的规律。20世纪80年代以来，也曾经有一些历史学者致力于历史知识的普及化，写过一些通俗历史类作品。但是这些作品一般销量平平，成功的并不多。为什么呢？因为通俗历史写作和专业历史研究有本质的不同。专业研究者写大众普及类作品，有时候如同美声唱法的演员唱流行歌曲一样，并不见得能轻易成功。

---

① 代继华：《美国史学的兼容并包与社会影响》，《史学理论研究》2007年第1期。

有的历史学者说,我就是放不下身段,如果放下身段,写易中天那样的历史快餐,我可以写得更快卖得更好。事实上并不见得如此。专业研究的思维方式、写作语言、文体结构,与读者的需求非常不同。打个也许不那么恰当的比方,专业历史研究者是养牛人,而通俗历史写作者是厨师。专业史学的研究成果和通俗史学作品之间,需要一个完全充分的转化过程。专业史学成果是生肉,通俗史学是熟肉,只有经过精心的加工,让蛋白质变性,变得美味(普通网民管没配字幕的美剧叫生肉,而管配了字幕的叫熟肉,也是这个原因)。从生肉变成熟肉,需要烹饪技巧,一个养牛的人想要成为厨师,还需要一个重新学习的过程。这其中的规律值得人们去深入研究。

没有哪门学科,像历史这样无用。乔治·屈维廉说:"历史并不具有像物理学那样的实际效用。任何一个人都不能够根据历史认识来发明蒸汽机,或者照亮城镇,治愈癌症,或者使小麦在北极圈附近生长。"[1]

也没有哪门学科,像历史这样对人类意义重大。司马迁这样论述《春秋》的作用:"夫《春秋》,上明三王之道,下辨人事之纪,别嫌疑,明是非,定犹豫。"[2] 一定程度上,一个民族对历史的态度,决定了它的未来。

因此,中国的通俗史学之路还很长。赵冬梅说:

> 今天的历史学在科学化、专业化的同时,尚别有路径,那便是从"资帝王之治"走向……"资国民之智",为国家民族提供认同的基础、解决国家民族发展过程中的历史认知问题。为普通人提供历史知识,引导民众"历史地"认识过去、理解现在、思考未来。这条路就是公共史学之路。我们生产知识并以知识服务社会,二者缺一不可。如果说专业化的道路是"曲径通幽"的

---

[1] [英]乔治·屈维廉:《克莱奥:一位缪斯》,田汝康、金重远:《现代西方史学流派文选》,上海人民出版社1982年版,第177页。
[2] 司马迁:《史记》卷一百三十《太史公自序》。

话，那么公共史学的道路则通向广阔的世界。①

王希设想未来公共史学发展的理想状态说：

> 比较理想的公共史学是这样一种史学：它不是一种完全屈从于官方意志或某一特定利益集团的史学，不是一种枯燥无味的、板着一副说教面孔的史学，也不是一种调侃式的"娱乐史学"，更不是一种牟利式的"消费史学"，它应该鼓励交流与互动，但又允许独立性的思考；它引发的历史感受与个人的经历密切相关，但又能产生集体的共鸣；它并不毫无理由地排斥官方或个人叙事，但又始终保持一种批判精神。②

中国的通俗史学写作有自己的独特优势，也有独特的局限。我们只有更深入地了解民众的读史需求，并充分认识到这一需求对国家和社会发展的重大意义，才能更好地满足这一需求，更充分地发挥历史学的作用。

---

① 赵冬梅：《公共史学范畴下的专业史学家：责任、挑战与操守》，《史学理论研究》2014年第4期。
② 王希：《把史学还给人民——关于创建"公共史学"学科的若干想法》，《史学理论研究》2014年第4期。

倾听博物馆的声音

——青少年博物馆教育十五年经历谈

张 鹏[*]

2003年春天，我刚刚开始大学生活不久，偶然的机会，加入了国家博物馆志愿者团队，作为志愿讲解员在展厅里为观众提供讲解服务，到2018年春天已满15年了。15年间有近50万观众听过我的讲述，其中既有在展厅里的志愿讲解，也有在学校等场所的公益讲座；先后写了四套给孩子的博物馆童书，做了两档给孩子的博物馆节目，虽不是什么畅销书和热播节目，但也通过这样的方式让更多孩子认识到博物馆的奇妙。从学生时代的社会实践，到就业时以此为生活方式，再到后来创业，真正全心投入青少年博物馆教育的领域，没有太多的理论，更多的是实践中总结来的方法和经验，愿与朋友们分享。

一 从兴起到创业

不少媒体朋友采访时会问我，当初你选择做博物馆志愿者时，就已经立下了弘扬中华优秀传统文化的决心了吗？其实并没有，有时我

---

[*] 张鹏（朋朋哥哥），青少年博物馆公共教育推广人，青少年阅读推广人，北京忆空间创始人，全国青联委员、北京青联常委。自2003年起在国家博物馆等场馆为青少年义务讲解，同时每年走进全国各地百余所小学开展巡回公益讲座，著有《宫城：写给孩子的紫禁城》《朋朋哥哥讲故宫系列》《博物馆里的中国》等图书，先后获得第二十五届北京五四青年奖章、第五届十大金牌阅读推广人、全国向上好青年等荣誉，事迹先后为新华社、中央电视台、中国青年报等媒体报道。

们不是因为有了梦想才去坚持做一件事情，而是在坚持做一件事情的过程中，才发现梦想渐渐清晰和丰盈起来。大学时，主要是基于兴趣开始博物馆讲解这个工作，多一场少一场无关紧要；5 年之后，每次坐 5 路公交车到天安门西下车，横穿天安门广场到国家博物馆服务时，都会不自觉跑起来，总觉得要把有限的时间留在展厅里，博物馆志愿者已然成为自己最重要的生活方式；10 年之后，心态又有了新的变化，越来越多的博物馆出现，越来越多的观众涌入，自己觉得有责任和义务做好观众和博物馆之间的桥梁，让公众通过一件件文物领略中华传统文化的魅力。回想 15 年的经历，庆幸的是自己经历了博物馆事业在中国飞速发展的 10 多年，更经历了社会公众对博物馆认知发展巨大变化的 10 多年。

2003 年，社会公众对博物馆并没有太多认知，甚至不少人并不知道人民大会堂对面的这座建筑是做什么的。那时展览也是收取门票的，观众数量很有限，有时遇到天气不好的情况，展厅里的观众就更少了。此外，观众构成也相对单一，在我看来主要以两类人为主，一类是对博物馆有认识、以教育需求为目标的观众；还有一类就是游客了。但也有不少让人欣慰的变化，比如国家博物馆先后举办了古埃及、古希腊和古罗马等世界古文明的展览，让观众不出国门就有机会看到世界知名博物馆的藏品，这在以前是很少见的，博物馆建设和发展的步伐快了起来。

2008 年是个很重要的节点，中宣部、财政部、文化部和国家文物局联合下发了《关于全国博物馆、纪念馆免费开放的通知》，根据通知要求，全国各级文化文物部门归口管理的公共博物馆、纪念馆等全部免费开放。博物馆热闹了起来，尽管免费开放初期出现了很多问题，不少博物馆开放服务的能力一下子难以适应涌入的人潮，但值得高兴的是博物馆确实迎来了更多的观众。趁这个时机，我发起成立了四月公益博物馆志愿者协会，通过组织公益参观、沙龙讲座、电子杂志等很多形式，帮助喜欢博物馆的人们更好地走进博物馆。随着未成年观众的日益增多，我个人也把重心越来越多地放在孩子的身上。自那时开始，每次展厅讲解结束时，我都会和在场的观众们分享这样一

段话:

> 博物馆是我们每个人终生学习的场所,这里收集着人类的记忆,这里珍藏着民族的灵魂,这里抵御着岁月的剥蚀,这里记录着时代的变迁,一段人生因为有了自己的记忆而更加精彩,一个国家因为有了自己的记忆而更显厚重,一个民族因为有了自己的记忆而得以延续,请大家带着一份对逝去记忆的尊崇感多多走进博物馆。

2014年底,我离开了北京同仁堂集团的工作岗位,开始创业。创业主题就是关注青少年博物馆公共教育,通过图书、音频、课程和游学等形式,帮助家长和青少年群体更好地利用博物馆的公共文化资源。这个时候,微信公众号等新媒体进入一个高速发展时期,我创办了"耳朵里的博物馆"微信公众号,开始了新媒体下青少年博物馆公共教育的探索和实践,吸引了近30万关注博物馆教育的家长群体。

近年来,我的很多尝试乘国家的推动和社会的需求的东风有了一定的发展。2015年3月20日起施行的国务院《博物馆条例》中,首次把教育职能放在了第一位;2014年北京市政府印发了《北京市中小学生培育和践行社会主义核心价值观实施意见》,文件明确要求:每个学生在中小学学习期间要分别走进国家博物馆、首都博物馆和抗日战争纪念馆等等。2017年时,国家博物馆年接待参观者806万人次,其中未成年人占19%,在走进博物馆的人群中,青少年群体成为最为重要的组成部分。

二 耳朵里的博物馆

很多人问我,为什么把博物馆教育服务的目标放在了青少年身上,我是这么回答的:第一,他们还处在人生成长的阶段,当你在他们内心种下一颗博物馆的种子时,更容易生根发芽,开花结果;第二,孩子走进博物馆的同时,孩子的父母会走进博物馆,这个孩子将来的下一代也会受影响走进博物馆，这是件可以影响三代人的事业。当然还有一点很重要，我自己个人是非常喜欢孩子的。

创业过程中，我把青少年人群再做垂直细分，挑选重点群组形成团队提供专门服务，重点群组有这样三个关键要素：一二线城市、中等以上收入家庭、三四年级学生。首先是在城市的选择上，一方面是服务于北京和上海等一线城市，这些城市经济发展水平达到相应水平，社会公众对于文化的需求更加迫切和理性，另一方面是服务于博物馆资源相对发达的大城市，尽管一些家庭经济水平可能相对比较普通，但周边拥有较为丰富的文物和展览等资源。其次是在家庭的选择上，以中等以上收入家庭为主，有很大一部分家长的认知不再停留在英语和奥数等方面的培训上，更关注个人素质的培养，尤其是历史、文化和艺术方面的培养与提升。最后是年龄的选择，主要以三四年级为主，向上扩展至小学高年级，向下扩展至小学低年级，这部分中年级的学生不仅在认知和理解等能力方面有较好的基础，同时在情绪管理及规则遵守等方面也达到相应的层次，更易于博物馆学习的开展和组织，更重要的是这部分学生尚未面临升学的压力，参与博物馆学习的时间有一定的保证。

另外，想特别说明的是，我们团队在开展青少年博物馆教育推广工作中，始终把父母和孩子放在同等重要的位置上。坦白讲，这是有很大的难度的，一方面是父母作为成人，与孩子的认知和理解有着很大的差别；另一方面，父母容易高估孩子的实际水平，有些知识的容量对孩子来说是匹配的，但在父母的认识里是不满足的。我们迎难而上是因为父母是孩子最好的导师，我们希望为父母提供方法、支持和帮助。所以，我们在产品设置方面会有不同的侧重：比如微信文章都是以父母为阅读对象的；比如音频内容主要以孩子为收听对象的；比如线下的课程和游学，需要父母和孩子的共同参与。经过将近四年的实践，我们收到了很好的效果。现阶段博物馆教育职能的充分发挥和释放，为年轻的父母们补上了当年缺少的这门公共课。

父母和孩子在线下的行为习惯，以及在线上的行为习惯，有很大差别。从父母的角度来看，在充分考量时间成本的背景下，给予最直接、最有效的干货，是更有效的。父母的关注点主要集中了三类信息：一是展览资讯，了解最新的博物馆展览以及相关社会教育活动的信息，这些信息可能不一定都会转化成线下的参观行为，但信息获取仍有相应的价值；二是观展攻略，缓解"展览看不懂""不知道该怎么去看"等畏难的心理，给选择去线下去博物馆的家长和孩子们以更实际的帮助；三是学习工具，包括我们会推荐的纪录片、图书等方面。这些信息会给两部分人群带来影响，一是有参观博物馆习惯或冲动的家长，这部分家庭能够从线上的阅读转化为线下的参观；二是把信息存在微信的"收藏夹"里的读者，这部分人会收藏、会阅读，但不会影响和指导他们线下的参观学习。从孩子的角度来看，父母是横亘在孩子和网络之间的一道屏障，孩子们是线上教育产品的最终用户，但在这层最终用户前面，需要通过父母的审核与把关，所以，即使是给孩子的线上产品或内容，也都还是要注意到父母的认知和期待的。

三　有针对性地讲好博物馆的故事

在互联网日益发达的今天，如何为目标受众讲好博物馆的故事呢？主要基于对目标人群特征和需求特征的分析。受众包括了这样的三个层次：一是普通社会公众，不作家长群体的区分，更多是以"传播性"为主要目标，在更广泛的受众中去筛选出目标人群，比如我们会在重要的时间节点，推出以博物馆为主题的页面小游戏，例如于2018年国际博物馆日期间，七家博物馆共同推出的抖音小视频就是个可以讨论的例子；二是目标家长群体，主要有两个方面的需求要分析和顾及，一方面是功利性的需求，与学校应试教育有较深的结合，如我们在推出部分音频产品时，将博物馆与语文学习中的成语结合，推出《成语里的文物》系列等等，特别要说明的是，家长群体对于"一张图读懂西方绘画""一张图读懂中国古代建筑""讲给孩子的中国美术史"等等系统性的话题和内容是很感兴趣的；另一方面是信任性的需求，通过持续不断的内容输出，建立与用户之间持续的信任感，这是促使家长产生消费的重要力量。

因我个人在为孩子们讲述博物馆方面，有十多年的经验，也总结出来些简单的方法，概括起来是这 10 个字：小切口、大背景、当下语境。小切口，是指从孩子的兴趣入手、从孩子的所学入手，一方面兴趣是促成且推动孩子在博物馆学习的内在驱动力，既有天性使然的部分，也有内心愿望的实现和期待的满足，来自于内部自觉；另一方面是来自于外部助力，主要依赖于外界的反馈，越是给予正向积极的评价，越是能刺激学习的有效性，从孩子的所学入手，通过与所学之间的良好互动，给予评价。大背景，是指从小切口进入后，向宽度去拓展，我认为在孩子童年的成长阶段，宽度比深度重要得多，是为孩子未来的飞跃去尝试更多的可能性。当然，大背景的触及，也是对思维能力方面很有效的练习。与此同时，我们也要看到，博物馆的文物虽然是一个个的个体，但它们身上所凝结的人的信息、人的痕迹是很丰富的，就像我常给孩子们举例子，你看紫禁城里的那些大理石台阶，有当年开挖石料的人、有负责雕刻花纹的人、有负责安装运输的人、有定期去打扫维护的人等等，通过这些内容的挖掘，把文物还原到一个更加真实和完整的时空中去认识。最后就是当下语境，任何博物馆的学习都不是只为了记住过去，更重要的是要启迪未来，与今天个人的成长、城市的变迁、国家的发展都有着怎样的联系和启示，要与孩子们当下的生活产生勾连。我在展厅里常讲到的一件文物就是宋代的广告青铜板，切口很小，就是讲一块广告板；背景很大，可以反映宋代商品经济的发展；当下的语境，今天我们依然在每天的生活里可以看到广告的身影，广告的形式又有怎样的变化。

正是在上述用户和内容的分析基础上，我们形成了"耳朵里的博物馆"产品的体系，围绕博物馆的资源进行深入挖掘，面向青少年群体形成系统化的产品架构，现阶段主要包括了音频、图书、课程和游学四个维度。音频主要包括针对各博物馆大型展览开发的青少年版的免费音频，以及文博专业知识的付费音频；图书是自主开发博物馆类童书，同时建立汇集优秀博物馆童书的平台；课程是针对博物馆展览开发的系列课程，在展厅内执行；游学是开设面向国内市场的古都中国史游学产品线，以及面向国外市场的古国世界史游学产品线。其中音频与图书主要针对线上产品的需求，课程和游学针对线下产品的需求，将线上与线下进行有机联动，满足不同用户对青少年博物馆教育产品的需求。

中国博物馆事业正在以每年300家新建场馆的速度不断增长，每年走进博物馆的人次突破9亿，未来，博物馆需要更多的社会力量参与其中，让博物馆的声音可以被更多的社会公众听到。博物馆中的每件文物都是有生命的，它们其实都会说话，就看我们有没有用心去听；每件文物的故事都是温暖的，我们想把这个故事讲给更多人听。

> 评论者说

全球化语境下的本土化传播[*]

——从跨文化传播视角看《万历十五年》

滕 乐[**]

摘要： 改革开放40年来，是中国面向世界敞开胸怀，热情接受西方文化的40年。在这40年中，中国的文化市场，不但没有成为西方文化帝国主义的附庸，反而促成了引人注目的以"国学热、历史热、传统文化热"为特征的中国文化市场的主流。美籍华人历史学家黄仁宇的《万历十五年》一直畅销不衰。本文通过分析指出，《万历十五年》的成功，事实上并非本地传播者对于本地受众的在地化传播，而是跨文化传播的成功。本文综合运用文化心理学、认知心理学和大众传播学的研究框架，通过对于该书所进行的文本分析，系统论述该书的跨文化传播特性，及其在中国跨文化传播的成功，是叙事框架、社会心理和政治语境三者共同作用的结果。

关键词： 万历十五年 跨文化传播 公共史学 社会心理 大众传播

《万历十五年》作为华语世界公共史学的元典性范本，起初却并

---

[*] 本文为中国政法大学2017年教育教学改革项目"精品著作导读与跨学科研究能力培养——基于《〈万历十五年〉导读》课程的教学探索"的阶段性成果。

[**] 滕乐，中国政法大学光明新闻传播学院讲师，曾供职于中央电视台《百家讲坛》栏目、《人民日报》网络中心等，在《国际新闻界》等刊物发表论文十余篇。

不是黄仁宇最瞩意的著作。1975年9月，当黄仁宇带着基于多年教学经验潜心写作的专著《中国并不神秘》来到美国著名历史学家、耶鲁大学教授亚瑟·莱特（Arthur Frederick Wright）面前，希望获得教授对书稿的推荐，莱特婉拒了黄仁宇的要求。交谈之中，黄仁宇提到另一部他计划撰写的书稿，即用叙事史的方式书写"16世纪末某一年发生在中国的事"，这一提议不但获得了莱特的首肯，并且得到了相当程度的鼓励。① 四年后的1979年，正当黄仁宇在普林斯顿参加《剑桥中国史》的潜心撰写时，一件令人尴尬的事情突然发生了，他被从正教授的职位上解聘了。在愤怒和无奈之余，黄仁宇却得到了超越学术界体制的约束，按照自己的审美标准撰述历史的可能。1979年，黄仁宇风尘仆仆地来到阔别已久的北京，将名为 *1587, A Year of No Significance: The Ming Dynasty in Decline* 的书稿交到了中华书局编辑的手里。三年后，一部经典著作横空出世，这就是为世人所熟知的《万历十五年》。从《万历十五年》坎坷而富有戏剧性的出版经历，我们可以得知，该书是一个华裔历史学家针对中国历史所撰写的叙事史，写作初衷完全是面向美国学术界、以英语撰写的一部学术著作。那么，这部著作何以在进入中国之后，能够成为30余年来长盛不衰的文化经典，创造了出版界既畅销又长销的商业奇迹？该书在引起学术界巨大争议的同时，亦能够被社会公众所高度认可。这一奇迹的创造，与《万历十五年》的写作方式有何关联？究竟是怎样一种社会心理导致了受众对于该书的喜闻乐见？而公众认可的背后，又是怎样一种意识形态为该书的流行进行了政治的背书？本文将综合运用新闻传播学、社会心理学的理论框架，对于这些问题进行深入分析，并站在公共史学研究的视角，以该书作为经典跨文化传播的案例，总结历史文化通俗化的传播手法、需要契合的社会心理背景，以及引爆文化市场制造内容产品大流行的核心元素。

---

① 黄仁宇：《黄河青山》，生活·读书·新知三联书店2001年版，第410页。

一　独树一帜的历史叙事话语体系

一种文化产品在特定文化语境内能够形成大规模的流行，某些关键因素往往不可或缺。法国文化人类学家帕斯卡·布瓦耶（Pascal Boyer）指出，宗教作为人类社会流传最广的文化产品之一，在全球范围内存在一个共性，即一切宗教表征都具备"最小反直觉性"（minimal counter—intuitiveness）[1]，即指那些与大众所熟知的常识，在某一个细微的层面有所差异，但是，在更深层次上又可以被受众所接受的文化表征。例如，宗教中的神祇，往往拥有一些超自然的能力，但是又普遍具备人类社会的一般情感，这样一种描述，即是最小反直觉性。而这样一种具备最小反直觉性的文化表征，由于具备高度的认知吸引特性（cognitive attractive），往往一经出现就容易造就相应文化表征的流行。本质上，最小反直觉性，即是对于受众所熟悉的文化解释框架所进行的一种细节创新。当我们使用这一理论框架对《万历十五年》的叙事结构进行分析时，我们会发现，该著在叙事结构上完美地符合了"最小反直觉性"的传播特征。

（一）历史研究的微观叙事

从文化传播的角度而言，中文语境下的一切历史叙事，从宏观上可以分为三大类别，即传统史学、新史学和公共史学。所谓传统史学，是指以二十四史和其他经史子集为代表的，传统社会的历史文化著述；所谓新史学，是指从五四新文化运动以来，利用西方人文社会科学研究框架所进行的，关注传统历史事件、历史人物、社会发展规律所做出的学术研究；而公共史学，则是指以历史为原始资料，所制造的文化产品，例如以历史为题材的散文、小说、影视作品等。历史学家孟宪实指出，《万历十五年》虽然是新史学的研究成果，但是，

---

[1] P. Boyer, "Functional Origins of Religious Concepts: Conceptual and Strategic Selection in Evolved Minds", *Journal of the Royal Anthropological Institute*, Vol. 6, No. 2 (Jan., 2000).

自传入中国以来，更多的情况下，是被解读为公共史学的作品进入大众文化视野的。① 而该书之所以能够以新史学研究成果获得公共史学的关注，首要原因，就是该书具备创新性的微观叙事写作手法。

从五四新文化运动起，历史解读框架对于传统历史便充满了批判性，而批判最为深入的当属传统社会的帝国制度。如果说20世纪60年代以前的批判性还具备一定程度的学理色彩，那么，从1966—1976年的各种批判话语则主要是带有情绪性的偏激宣泄。通过对《中国哲学史论文索引1967—1976》的检视，我们会发现，一种以简单粗暴的口号标语解读历史的话语体系，在当时被推向极致。而黄仁宇对于帝国制度的解读，则显得比当时中国流行的语态，要更加温和冷静，也更客观深入。例如，在《万历十五年》中，黄仁宇谈到了他对于皇权制度的看法。黄仁宇认为，本质上，帝国时代的皇帝事实上只是一个名义上的国家元首，正如其妹黄粹存在该书的附录运用的一个形象的比喻"皇帝只是一个牌位"②。黄仁宇认为皇帝看似富有四海，普天之下唯我独尊，事实上，即便是在日常生活中，对于一些相当细枝末节的事件，也很难拥有乾纲独断的决定权。帝国制度对于皇权的高度限制，从日常生活中的毫末之事，例如，万历皇帝到底应不应该练习书法，一直到决定国计民生的军国大事，比如大明帝国对于辽东的战役，无不受到文官集团的掣肘。而这样一种制约，不但是针对皇帝本身，更重要的是在全球化时代高度限制了国家对内发展的活力与对外制衡的主动性。对于这些更加宏观的问题进行分析，黄仁宇多以叙事代替僵硬的政治话语分析，这样一种生动的分析，对于当时被政治口号洗脑了数十年的中国读者来说，无疑是生动、新鲜，充满趣味性的。

（二）政治人物的人性化解读

自《史记》之后，以二十四史为代表的传统史学，除却历史记录

---

① 孟宪实：《传统史学、新史学和公共史学的"三国鼎立"》，《孟宪实读史漫记》，凤凰出版社2010年版，第247—253页。

② 黄粹存：《皇帝只是个牌位》，《万历十五年》，中华书局2014年版，第385—387页。

功能之外，所承担的最重要功能就是从官方的视角，对帝王将相进行道德评价。而这样一种道德评价，不但对于官僚系统、精英阶层和皇帝本身起到了制约作用，更重要的是，在一个政教分离的帝制中国，二十四史的盖棺定论，实际上起到了用宗教的方式，对于整个社会进行思想规训的作用。这一方面创造了一种可执行的社会共识，但另一方面，则在帝制中国用道德代替法制，导致国家与社会边界不分，为皇室与政府权限不明埋下了隐患。而黄仁宇对于该问题的分析，则是以一种人性化的视角，解读被帝制中国的道德话语绑架了的历史人物，还原历史人物在其所生存的时空里真实的面相。例如，作为中国历史上清官的楷模——海瑞——就是一个典型案例。不论是在正史上，还是在民间叙事的话语体系中，海瑞都是具备偶像意味的道德楷模。但是，在精英阶层的话语体系中，海瑞却成为一个逼死妻子、饿死女儿，不可理喻，毫无人性的酷吏。那么，到底应当如何从历史的角度对真实的海瑞进行评价？黄仁宇的解读，从人性化的角度出发，给出了更为客观的答案。

在《海瑞——古怪的模范官僚》一章中，黄仁宇通过对于海瑞宦海沉浮成败得失的分析，精辟地指出，海瑞在明帝国官场成为异类的原因，是他不懂得在帝国官方认可的道德体系之下，整个社会实际上是按照另外一套游戏规则在运行。黄仁宇将其称之为规则的"阴与阳"的对立，在他看来，不论是严厉的执政者张居正，还是温和的执政者申时行，都是谙熟这套游戏规则的官僚，而海瑞被整个官僚体系——包括皇帝本人所排挤的原因，则是他完全不懂得在社会认可的儒家伦理道德之下，真正维系社会运行的一套隐性规则。而这样一种帝制中国的运行规律，在历史学家吴思的笔下，则进行了更为明确的解读，即"血酬定律"和"潜规则"。正是黄仁宇开启的对于帝国运行规律的人性化探讨，最终指引中国学者，摆脱了"以阶级斗争为纲"的话语体系，将历史研究推进到更加深入的社会科学范畴。

（三）全球化的解读视角，现代性的话语体系

《万历十五年》虽然以万历十五年为切入点，深度描写帝制中国晚

明时期的一个横切面，但是作者并非就事论事，而是将对于中国历史的工笔细描结合到全球史的框架下进行阐释。例如，该书开篇即描写到：

> 1587年，在西欧历史上为西班牙舰队全部出动征英的前一年。当年，在我国的朝廷上发生了若干为历史学家所易于忽视的事件。这些事件，表面看来虽似末端小节，但实质上却是以前发生大事的症结，也是将在以后掀起波澜的机缘。其间关系因果，恰为历史的重点。①

这样一种全球视野横向比较的历史叙事方法，在黄仁宇的其他作品中也多次体现。传统史学的书写，以中原文明为中心，在谈及其他民族或国家时，使用的是儒家文明中"尊王攘夷"的话语体系；而新史学则更加注重断代史及专门史，治中国史时相对局限于特定框架内进行解读。而黄仁宇在描述万历十五年这样一个历史横切面时，并没有就事论事，而是一开篇就将全球史的视野引入断代史的分析，这无疑是一种更加具备全球化眼光的解读方法，即"大历史观"体系下的微观叙事。

在以全球化视野进行叙事的基础上，黄仁宇在方法论层面的创新性体现在特定的历史观指导下的历史叙事。而这样一种历史观有别于西方"后现代主义"思潮。西方文明自文艺复兴和启蒙运动以来，在人文社会科学领域，一个最重要的核心假设，即"现代性"话语体系。在经历了20世纪的两次世界大战之后，西方人文社会科学界开始系统性反思"现代性"话语体系为人类社会所带来的困扰。因而，以西欧为核心，向全世界辐射，兴起了"后现代主义"哲学，整个社会科学界也对"现代性"进行了系统性反思。在社会科学领域最集中的体现，则为"社会建构理论"（social constructionism）。这一理论的核心是用相对主义的视角看待社会变迁，认为人类社会的发展并不存在向更高等级进化的趋势，那些带有原始社会色彩的少数族

---

① 黄仁宇：《万历十五年》，中华书局2014年版，第2页。

裔及其社会方式，未必比拥有民主制度和科技成果的西方社会更差，任何一种社会制度无非是一种话语体系，不存在优劣之分。以这样一种态度进行社会科学研究本无对错之分，但是，如果以这样一种态度评价中国历史的发展，则会带来一定的问题。而黄仁宇的历史观则反其道而行之，在其对帝制中国深入的批判之下，实际上从另一个侧面对中国的现代化进程进行了高度肯定，因此，也是对于20世纪中国历史进程的正面认可。

二 对于社会心理需求的深刻共鸣

1979年，当中华书局准备引进《万历十五年》一书时，时任中华书局古代史编辑室主任的傅璇琮在对该书题写审稿意见时认为："作者企图从这些方面说明中国封建社会的某些特点，正是这些特点导致明朝的灭亡，而这些封建社会的固有弊病也影响后代甚至现代。"① 这一论断，不可谓不精准。事实上，《万历十五年》自引入中国后，不但当时即创造了流行的热潮，更成为一部既畅销又长销的著作。究其原因，与20世纪80年代以来的历史进程和社会心理不无关系。

（一）20世纪80年代思想界的一股清流

《万历十五年》传入中国之时，正值改革开放万象更新，中国在经济高速发展的大潮之下，思想解放与思想启蒙也齐头并进。但是，80年代思想解放的活跃空气，也相应带来了一些问题。80年代思想界和文学界两大流行文化的思潮是"伤痕文学"和"寻根文学"。前者以诸如《血色黄昏》和《天浴》为代表，后者则以《河殇》集大成。这类作品由于过于偏颇而导致了社会争议。事实上，不论是思想文化还是文学作品，并非越黑暗就越深刻，也不可能代表历史发展的主流。在80年代对于中国历史文化片面深刻彻底否定的大环境下，

---

① 傅璇琮：《〈万历十五年〉出版始末》，《出版史料》2001年第1期。

《万历十五年》一书人性化、故事化、现代化的历史叙事，像一股清流，向充满负面话语体系的思想界吹入了一股清新的空气。用一个不太恰当的比喻，《万历十五年》一书就好比整体"重口味"的大环境中，突然出现了一个"小清新"，给广大受众以耳目一新之感。

（二）20世纪90年代到世纪之交的行业标杆

如果说80年代的思想启蒙在90年代初告一段落之后，中国的思想文化界出现了相当程度的沉寂，那么，与之相反的则是90年代中后期，新闻出版和文化市场开始进入高速产业化的快行线。一夜之间，被批判的传统文化，又被赋予了全新的意义。传统文化和中国历史，从一个被批判的对象，逐渐变为一个被通俗化、娱乐化，甚至被媚俗的产物。历史文化的通俗化，到底应当把握一个怎样的尺度？无底线的商业化与媚俗化是否会严重伤害文化产业？笔者认为，答案是肯定的。在此基础上，当我们重新审视《万历十五年》的叙事风格时，会清晰地发现，不论黄仁宇的历史叙事多么的精彩生动，甚至就像美国著名畅销书作家厄普代克（John Updike）所说，该书"具有卡夫卡小说《中国长城》那样的超现实主义梦幻色彩"，但事实上，读者却会发现，该书在每一章之后都会附上大量详尽的参考文献，使作者每一句话必有出处。因此，与世纪之交各种媚俗的文化商品相比，该书则为公共史学树立了一个行业标杆，使历史的生动性与真实性得到了完美的统一。

（三）大国崛起时代的社会诉求

历史进入21世纪的第二个十年，在世界格局进入新常态的今天，《万历十五年》的历史叙事仍旧给当下的社会公众以深刻的启发意义。2017年热播的《人民的名义》中多次提及该书，使该书又一次进入流行文化的视野，不过，这一次该书受到关注，则是与其历史观有关。随着全球化的发展和中国与世界联系的日益紧密，中国第一次注意到如何向世界讲述中国，在此基础上，实现中国文化的走出去战略。这时，当我们重新审视《万历十五年》站在西方文化的视角，面向西方受众解读中国历史时的叙事逻辑，我们会发现，一方面，该书为西方理解中国提供了一个话语空间，另一方面，该书又没有沦为爱德华·萨义德所批判的"东方主义"叙事，刻意按照西方的猎奇心理，制造出西方人想象中的东方。

20世纪后半叶以来，关于中国的文化表征，主要呈现出两大类特点。一类是中国受众所熟悉的"假大空"式的政治宣传，完全不考虑受众的接受能力；另一类则是西方受众所常见的"脏乱差"式的文化猎奇，完全不关注中国的客观现实。实际上，这两类内容都没有达到向世界说明中国的目的。而黄仁宇的著述，则是从西方人的视角出发，来讲述一个属于全世界的中国故事。他以客观冷静的笔触，以人物为中心，用带有文化相对主义的视角，将一个属于帝制中国的古老故事，向现代社会中的西方受众娓娓道来。用带有普世性的话语体系，书写出看似迥异的文明。在文化差异的基础上，又能够指出全人类共通的历史走向，勾勒出能够为东西方受众所共同接受的文明共识。这无疑是值得所有希望实现中国文化走出去的传播者学习借鉴的宝贵经验。因此，在如何向世界说明中国这样一个问题上，黄仁宇的历史叙事为那些希望面向西方世界讲述中国故事的文化产业从业者提供了一个经典的叙事范本。

三 对于主流意识形态的高度契合

中华书局编辑徐卫东曾经用"两声欢呼一声倒彩"形容《万历十五年》在中国的传播效果。[1] 所谓"两声欢呼"来自于出版界和社会公众，而"一声倒彩"则来自于主流的历史学界。出版商和受众对于该书的高度认可，源于其叙事逻辑，而历史学界的一些人对于该书的质疑，则来自于该书的历史观。历史学界一部分人认为，该书的历史观并未脱离五四新文化运动以来批判传统的框架，因此，毫无创新性，是对于旧闻的重新炒作，甚至有人因黄仁宇曾在新中国成立前

---

[1] 徐卫东：《两声欢呼 一声倒彩——〈万历十五年〉三十载印象记》，《南方都市报》2009年1月11日。

担任记者和国民党军官,对其进行人身攻击。笔者认为,这不但是对黄仁宇的误读,从更深刻的意义而言,是对全球化背景下中国历史的误读。事实上,理解黄仁宇的"大历史观",不能仅仅着眼于其历史叙事,更应当从黄仁宇对于现实社会的解读出发。在其过世后出版的《黄河青山》是黄仁宇以自传体的方式,对于其人生经历和学术历程做出的详尽总结。透过该书所书写的历史,我们可以发现,黄仁宇的"大历史观"被大中华文化圈所共同接受,不是一个巧合。

  首先,黄仁宇的"大历史观"通过宏观的纵向比较,肯定了中国历史必须实现现代化的发展历程。而当他通过自身经历解读近代史时,实际上是站在国民党军官的视角,深入地分析了国民党为何丢掉中国大陆的深刻历史原因。而通过亲身经历对于国民党退守台湾的深入分析,则是从另一个角度对于共产党是如何取得革命胜利、带领中国实现现代化的历史进程进行的高度肯定。而且,在分析20世纪的重要历史人物时,黄仁宇能够抛开党派之争与历史成见,不论是对于蒋介石在中国高层进行的制度设计,还是对于毛泽东对于中国进行的基层革命,都给予了高度肯定。同时,又以一个历史学家的敏锐眼光,指出了双方都存在的问题,并且将这些遗留问题深入追溯到帝国时代的历史积弊。这种抛却个人政治立场的客观视角,不但是对于传统史学中"实录"作风的复苏,更是具备全球化视野的本土化分析。

  其次,黄仁宇美籍华裔历史学家的身份,常常让内地的评论者用解读中国学者的分析框架去理解黄仁宇。事实上,熟悉西方社会的分析者会清楚,在美国这样一个多元文化多元种族的国家,不论一个人属于任何族裔,他们都有一个共同的身份,那就是,他们都是美国人。黄仁宇在《黄河青山》中曾经记录到,当自己年幼的儿子,被人问道自己是中国人,还是美国人时,儿子高兴地回答自己是美国人,而他和妻子都认同儿子这一表态。从这样一个细节可以看出,黄仁宇对于中国历史和现实的分析,实际上,是站在一个美国人的立场,从西方文化的视角出发,对于中国历史和现实做出的分析。在《万历十五年》的书写中,黄仁宇想象中的受众是美国人,而其整个"大历史观"的真正诉求,与其说是解读古代的中国历史,不如说是指导现实中的中美关系。因此，在《黄河青山》中，黄仁宇针对中美关系的发展，非常务实地提出，如果美国希望从意识形态的层面改变中国，不但是不可能的，也是对于美国自身不利的。对于美国而言，处理对华关系的原则是搁置意识形态的争议，以务实的态度进行合作。尤其是针对"台湾问题"这样一个中美关系中最敏感的问题，黄仁宇更是一针见血地指出，美国应当将这个问题交由大陆与台湾处理，不应当身陷其中。须知黄仁宇提出这些观点时，还是早在遥远的20世纪80年代初，当时就能够对于中美关系的长远问题做出如此清晰的判断，不可谓不高瞻远瞩。

最后，黄仁宇的"大历史观"所倡导的一个重要问题是实现对于中国社会的"数目字管理"。由于翻译的问题，国内经常会把"数目字管理"误读为"数字化管理"，其实，两者是完全不同的概念。徐卫东认为"数目字管理"的实质是"精确化管理"，其首要条件是通过可靠而完善的私有制，建立产权清晰、权责明确的现代化管理体系。[1] 对于一个从传统社会走来，一方面，强调"普天之下，莫非王土；率土之滨，莫非王臣"；另一方面，一切物品皆可以公开买卖、合法买卖、自由买卖的中国，这样一种强调产权清晰、权责明确的管理方式，无疑是保证中国实现现代化的必由之路。事实上，即便中国的现代化建设已经取得了大量成就，但是，黄仁宇所谓"数目字管理"在现实社会中，也并没有完全实现，从这个角度而言，时至今日，"数目字管理"的大历史观对于中国社会发展，都具备理论上的指导意义和实践中的操作意义。

人文社会科学的任何一个论断，其背后都有一个隐含假设，那就是，到底谁是文化上的"我们"的问题，以及如何通过定义"我们"去定义"他者"的问题。从这个视角出发，我们会发现，于中国而言，黄仁宇无疑是一个"他者"，但是，黄仁宇的学术成果对于现代中国的价值，可谓"他山之石，可以攻玉"。

---

[1] 徐卫东：《两声欢呼 一声倒彩——〈万历十五年〉三十载印象记》，《南方都市报》2009年1月11日。

黄仁宇作为一个美籍华人，他是站在美国人的视角，从西方文化的立场出发，对于近代中国衰败的原因，进行了未必是最深刻，但一定是最务实的解读。同样，作为一名曾经的国民党军官，他是站在失败者的角度，对于历史选择的成功者，以及属于这一成功者的未来，做出的最为美好的期许。黄仁宇期待21世纪的中国，能够用属于自己的道路实现真正的大国崛起，而在这样一种大国崛起的背后，则是整个世界进入全球化近五百年来，旧中国付出的惨痛教训。1587年，这样一个无足轻重的年份，被视为中华帝国覆灭的开端，《万历十五年》则是站在全球化的起点上，对于近代化以来，帝制中国之死的全部教训做出的最为凝练的总结。

四 结语

综上所述，本文通过对《万历十五年》进行文本分析，综合运用大众传播学、认知心理学和文化心理学的理论框架，针对该书的叙事结构、社会心理，以及政治诉求进行了全方位多角度的分析。笔者试图通过该研究指出，作为一个以新史学的研究成果进入公共史学的范本，《万历十五年》在中国的传播实际上是一次成功的跨文化传播。这样一个出版界的成功案例提示我们，流行文化的传播，不但要满足内容产品叙事的一般规律，同时，也要关注受众产品消费的社会心理，而一切对于内容和受众的研究，其初始前提和终极诉求，都应当是该文化市场内的主流意识形态。从这个意义上说，正像传媒经济学研究对于传媒产业的定义中所指出的，中国的传媒产业，本质上是一套有产业功能的宣传系统，也就是说，产业功能的最终实现，还是要回归到宣传系统的原始起点。于传媒产业而言，牢记该产业的原始功能，不但是一种具有理想化意味的政治诉求，更是一种具备现实意义的经济手段。所谓"不忘初心，方得始终"，恰恰是社会现实对于传媒产业政治逻辑与经济诉求最为深切的哲学启示。

A Cross-Cultural Communication Research for *1587, A Year of No Significance* from the Perspective of Public History

Yue Teng

Abstract: Research in cultural industry believed that Ray Huang's world famous *1587, A Year of No Significance* was a representative masterpiece in domain of public history. This research would like to express that the great success of this work gained in mainland China's publishing market was partly due to the cross-cultural communication strategy which was adopted by Huang, who was a Chinese-American Historian. By doing so, this research demonstrated that for any given cultural market, the most prominent issue which the communicator was obligated to take into account is the ideological beliet that was taken for granted by the general public. That is also the most essential communication strategy for story telling of public history.

Keywords: *1587, A Year of No Significance*; Cross-cultural Communication; Public History; Social Psychology; Mass Communication

名家访谈

李伯重：为大众写作

受访者简介：

李伯重，1949 年出生于云南省昆明市，父亲为著名学者李埏教授；1985 年毕业于厦门大学，获历史学博士学位，系新中国成立后首批博士学位获得者之一，导师是厦大社会经济史和明清史专家傅衣凌。历任浙江省社会科学院历史研究所副所长，中国社会科学院经济研究所研究员，清华大学人文社会科学学院经济学研究所副所长、香港科技大学人文学部讲席教授；现任北京大学人文讲席教授。长期以来一直从事中国经济史方面的研究，有《唐代江南农业的发展》《江南早期工业化（1550—1850）》《发展与制约：明清江南生产力研究》《理论、方法与发展趋势：中国经济史研究新探》《多视角看历史：南宋后期至清代中期的江南经济》《火枪与账簿——早期经济全球化时代的中国与东亚世界》等著作，其中《火枪与账簿——早期经济全球化时代的中国与东亚世界》2017 年 9 月获得第六届韩国坡州图书奖（Paju Book Awards）著作奖，2017 年 12 月，《江南早期工业化（1550—1850）》获第四届思勉原创奖。

采访者简介：

张瑞龙，现为中国人民大学历史学院副教授，主要研究领域为中国近世思想史、学术史、史学史，有《天理教事件与清中叶的政治、学术与社会》等论著。

张瑞龙：李老师，您好！您的《火枪与账簿——早期经济全球化时代的中国与东亚世界》2017年9月获得第六届韩国坡州图书奖（Paju Book Awards）著作奖。我们知道，坡州图书奖是亚洲出版界最具分量和公信力的奖项之一，而"著作奖"又是各奖项中分量最重的。[①] 但您对此书的定位和写作初衷却是"写给大众而非写给专业历史学家看"，也就是说您这部面向大众的公共史学著作，在学术创新性和"含金量"方面，也获得了国际学界的高度认可。在此热烈祝贺！我有些好奇的是，当初您计划写这部著作时的心情怎样，是很有自信还是对这一尝试心怀忐忑？您是如何既进行原创性的精深研究，又在写作方面做到"面向大众"的？

李伯重：我当年着手此书时的心情，既不是很有自信，也没有忐忑不安。做一件事是否自信或者忐忑，取决于做这件事的动机。我写这本书，既不是为职称晋升，也不是为完成课题，而是做我自己感兴趣的事。既然是自己真正感兴趣的事，只要做的尽力了，其中自有乐趣，这就够了。至于成败利钝，并不重要。就像一位深谙杯中之乐的高手，其真正乐趣是饮酒过程，李白《饮中八仙歌》就对此描写得酣畅淋漓。至于酒醒之后是头痛欲裂还是精神抖擞，他们就不考虑了。如果我们在做一件事时，不把成败看得过重、不期于必成，那么做事时也就不会感到有很大压力，因而也不会感到非常自信或者忐忑不安了。

我自从事学术工作以来，所追求的目标就是何炳棣先生对我所说：做第一流的学问。[②] 虽然这个目标是可望而不可即的，但"高山仰止，景行行止，虽不能至，心向往之"。这个目标我从未放弃，今后也不会放弃。为大众写作，并不与这个目标冲突，因为为大众写作的书，也可以做成"第一流"的学问。我为大众写作的主要动机，在小书《火枪与账簿》中已经说得很明白：现在大众渴求历史知识，

[①]《学者李伯重〈火枪与账簿〉获"坡州图书奖"》，http://www.sohu.com/a/192292609_675072。

[②] 何炳棣先生对李伯重先生的教导，可参阅李伯重《"做第一流的学问"》(《文汇报·文汇学人》2017年12月8日)等文。

但史学家未能满足他们的这一要求。史学家是社会的一分子，有责任为社会尽自己的一份责任。① 我从事史学研究数十年，现在是把自己的一些研究心得提供给社会大众的时候了。

张瑞龙： 您在《火枪与账簿》中特别指出这一部"公共史学"著作。这让我想起您在2011年还编辑出版了一部李埏先生、您和李伯杰教授的一部文集——《走出书斋的史学》，其中谈到了您的父亲一直希望"能够让自己的读书心得走出书斋，与大众分享"，您和您弟弟伯杰教授都意识到要挑战"自己几十年来习惯的写作方式"②。《火枪与账簿》中您也谈到这是对自己几十年研究和写作习惯的挑战。现在来看，您的这种挑战无疑是成功的。我想了解的是，您早已是享誉国际学界的著名历史学家，为什么会有这种挑战的念头？您的公共史学尝试算不算是"家学"的一个组成部分？

李伯重： 我在一篇回忆家父的文章中写道：在我治学的道路上，家父是我的第一个老师，也是最好的老师。他对我的教诲，是我终身受用不尽的。我在公共史学方面的尝试，确实就是受到他的影响。我也希望用这样的尝试，来完成他未了的心愿。

张瑞龙： 史学工作者通常在自己熟悉的研究领域，留意和积累很多有趣的话题，为此写作一些散文、掌故或历史"八卦"。但大多是就"八卦"而"八卦"，很难通过这些有趣的话题，告诉人们新的历史知识，或较深刻的历史认识。但您在中国社会经济史领域很多有趣的话题，如元代中国的水转大纺车和18世纪英国的阿克莱水力纺纱机，明清时期江南地区的堕胎、避孕和节育知识及传播，"半边天"和上海"小男人"形象，清代传统读书人的数学知识等，却能将这些有趣的话题"问题化"，将其置于深厚的历史背景和悠远的历史传统中，揭示出非常深刻的历史问题和重要的历史现象，帮助人们深入地认知历史。您是如何做到的？我想您的经验对于很多希望史学"走

---

① 李伯重：《火枪与账簿：早期经济全球化时代的中国与东亚世界》，三联书店2017年版，第16—20页。

② 李埏、李伯重、李伯杰：《走出书斋的史学》，序言，浙江大学出版社2012年版。

出书斋"但尚未得路径的史学工作者会有很大启发。

李伯重：历史是人们过去的经历，人们的经历是丰富多彩的，因此历史本来也应当是丰富多彩的。历史中有诸多有趣的人和事，教科书不讲，许多学者也没有注意到。但是当时代变了，它们也会显现出来，正如克罗齐所说："当生活的发展逐渐需要时，死历史就会复活，过去史就变成现在的。罗马人和希腊人躺在墓穴中，直到文艺复兴欧洲精神重新成熟时，才把他们唤醒……因此，现在被我们视为编年史的大部分历史，现在对我们沉默不语的文献，将依次被新生活的光辉照耀，将重新开口说话。"[①] 注意到这些过去不被注意的人和事，用新的方法对其进行研究，点出其重要性，这是非常有意思的。当然，这需要史学家们不断探索，扩大自己的知识领域，与时俱进，才能见前人之所未见，言前人之所未言。

张瑞龙：不同于您长期研究的社会经济史领域，您的《火枪与账簿》却"跨领域"地进入了政治史、军事史和全球史等新领域，而且还用了完全不同的写作方式——面向大众，可以说是全方位的挑战。就我了解的一些情况，专业学者在转换研究领域时，通常以"专深"立足，极少以"通俗"来取胜的，因为经常会遇到"料"不足，积累的有趣话题不够丰富等问题，但您却做到了。目前一些史学工作者也在尝试从事公共史学的实践，但是会遇到各种各样的问题，如有趣的话题很难系统化、写作语言难以通俗化、对自己不熟悉的领域驾驭困难等等。但是这些问题您都克服了。您在写作这部著作时遇到过上述困难吗？您有什么经验和心得？

李伯重：您谈到的这些问题，我都遇到过，虽然力图克服，但仍然力不从心。主要原因，即如我在《走出书斋的史学》的《前言》中所言，虽然"费了不少气力，但是习惯了专业论文的写法，积重难返，现在想改变也难以奏效，一如毛泽东在反右运动时发表的著名文章《文汇报的资产阶级方向应当批判》中所言：'好像唱戏一样，有

[①] ［意］贝内德托·克罗齐：《历史学的理论和历史》，田时纲译，中国人民大学出版社 2012 年版，第 11 页。

些演员演反派人物很像，演正派人物老是不大像，装腔作势，不大自然'"。不过，尽管如此，我的态度在那篇前言中也说得很清楚："不管是'东施效颦'还是'邯郸学步'，只要'见贤思齐'，向着这个方向去努力，也就行了，用诸葛亮《后出师表》中的话来说，'至于成败利钝，非臣之明所能逆睹也'。"①

张瑞龙：您在《火枪与账簿》里谈到，大众对祖国历史知识非常渴求，但是中国史学工作者在这方面的工作还不令人满意。近年来，中国的公共史学越来越受到关注，但是也存在一些问题，不知您对当前中国公共史学的发展是否有关注？有何评价？

李伯重：我对这方面的情况不太了解，只是感觉我国的公共史学目前尚处于起步阶段，还有很多工作要做，有很长的路要走。

张瑞龙：您既有关于公共史学的理论思考，又有实践经验。请问您是如何理解和定位公共史学的？您对中国公共史学的发展有何建议？

李伯重：对于公共史学，我真的知道不多，谈不上进行过理论思考，虽然做了一点尝试，但也算不上有什么实践经验，因此我确实说不出多少东西。关于公共史学，我只是觉得很重要，道理已在前面谈过。对于中国公共史学的发展，我也提不出什么建议，只是觉得要做好，就要有人去做，特别是要有好的学者去做。青年学者思想敏锐，时代感强，做这个工作具有自己的优势。因此我希望有更多的史学工作学者特别是青年史学工作学者参与这个工作，使我国的公共史学能成为给社会大众提供正确的历史知识的主要渠道。

---

① 李埏、李伯重、李伯杰：《走出书斋的史学》，序言，浙江大学出版社2012年版。

调查分析

中国学生对公共史学的认知

——基于调研数据的分析

调查人：

徐雷鹏：中国人民大学历史学院 2013 级本科生，中国人民大学新闻学院 2017 级硕士生；

何仁亿：中国人民大学新闻学院 2013 级本科生，清华大学新闻与传播学院 2017 级硕士生；

楼文婷：中国人民大学历史学院 2013 级本科生，中国人民大学法学院 2017 级硕士生；

汤佳丽：中国人民大学历史学院 2013 级本科生，伦敦政治经济学院管理学院 2018 级硕士生；

孔　苹：中国人民大学历史学院 2014 级本科生，中国人民大学教育学院 2018 级硕士生。

调查情况简介：

"中国公共史学发展现状调查"自 2015 年 6 月作为"大学生创新实验计划"国家级项目（指导教师姜萌、赵云泽）立项后，小组成员在大约一年的时间内，先后在北京地区的北京大学、中国人民大学、北京师范大学，上海地区的华东师范大学、复旦大学，浙江地区的浙江大学、宁波大学，山东地区的山东大学，共计 8 所高校进行问卷调查，回收有效问卷 670 余份，调查对象以历史学专业的本科生为主，也包括一小部分历史学硕士生和博士生。这次调查对象的选取，既包括了目前 4 个中国史"一流学科"建设单位,也包括山东大学、华东师范大学、浙江大学3个著名的史学重镇,和一个发达地区的地方高校,具有一定的代表性。

一 研究说明

1. 研究背景

"公共史学"兴起于20世纪70年代中期的美国史学界,泛指历史学者在除学术领域外的社会各领域有关历史学的活动以及历史研究方法在这些领域的运用。它的提出旨在通过人才培养模式的调整以解决传统史学毕业生的就业困境。自该项目最早由罗伯特·凯利教授实施以来,史学研究逐渐走出单一的学院派思路,开始与社会实践、其他学科紧密结合,逐步摸索出了公共史学专业学生培养的新模式,并扩大了历史学毕业生的就业途径。

自20世纪80年代"公共史学"被引入中国以来,起初反响平平,近些年愈发热门,已经引起了学术界的重视。然而,经过三十余年的发展,中国公共史学的研究仍然存在着较大的问题。首先,较之于国外早已形成体系的公共史学理论,国内学者至今仍未在理论层面达成共识。关于公共史学的翻译、定义、研究框架划分等问题,许多研究者意见不一,相互争论但鲜有成果;对公共史学研究成果和可行性的探讨也大多泛泛而谈,以一般性的介绍居多,实际的前沿数据、调查结果则很少见。因此,展开对公共史学的学术研究,尤其是基础性的梳理,对于了解中国公共史学的发展现状并为其发展提供借鉴相当重要。

较之于学术界研究的"滞后",公共史学的不同呈现形态却在三十多年来取得了长足的发展。随着经济社会发展,普通大众对于文化产品的追求更加急迫,从20世纪90年代开始,大量历史题材的影视剧频现荧屏,及至《明朝那些事儿》畅销数千万册、《百家讲坛》收视飘红、口述史著作飞入寻常百姓家,学院外关于公共史学的实践产品层出不穷。然而,由于公共史学人才培养缓慢及历史学专业毕业生就业的传统倾向,繁荣的市场环境不仅没有纾解本就严峻的历史学专业毕业生就业问题困境,反倒使得市场大潮下的作品良莠不齐。因此，本课题对于清晰认识当前"史学热"的利弊，助推历史学人才培养模式的转变，进而对促进历史学专业毕业生就业和提高公共史学产品质量具有一定的现实意义。

作为公共史学课题研究中的重要组成部分，历史学专业学生对于公共史学的认知态度关系到公共史学这一学科的发展方向与研究进路。因此，本课题在梳理文献、专家访谈的基础上对历史学专业大学生对公共史学的认知态度做初步了解。

2. 研究方法

本研究前期采用问卷调查的方法，后期辅助以数据分析，试图在描述、测量、分析问卷结果的基础上得出深入结论。

（1）样本选择

本研究选定北京地区的中国人民大学、北京大学、北京师范大学，长三角地区的复旦大学、华东师范大学、浙江大学、宁波大学，以及华北地区的山东大学作为抽样框，在上述八所高校的历史院系中采取随机采访，获得样本。

（2）样本选择原因

上述八所高校历史专业，既有长期在学科排名中名列前茅的老牌高校，也包含近年来在公共史学研究领域卓有贡献的新生力量，基本满足了本研究的样本需要；其次，八所高校在地域分布上大致南北分立，各具代表性，容易在对比中看出差异。

（3）数据统计方法

本研究在后期问卷分析环节采用 spss21.0 软件，对数据结果做频数分析与卡方分析[①]。频数分析，旨在通过计算频数和百分比来实现基

---

① 对于卡方分析的解释如下：英文叫 chi-square。只需要看 P 值，它是由卡方值（χ^2）查表得到的。P<0.05 则表示有差异（1个*号表示），P<0.01 则表示有差异（2个*号表示），反之则没有差异（没有*号）。而具体的差异是看表格里面的百分比得出的。P 值是统计里面最重要的一个，它是用来判断对某件事情（比如是否有差异）的把握程度。比如 p 值为 0.04 就相当于有 96% 的把握。一般标准是两个，即 0.01 和 0.05，0.01 一般用两个*号表示，代表至少有 99% 的把握。而 0.05 一般用一个*号表示，代表至少有 95% 的把握。P 值或者 sig 值或者显著性值均代表一个意思，它小于 0.05，说明某件事情的发生有 95% 的把握（0.05 水平显著），而它小于 0.01 代表某件事情的发生有 99% 的把握（0.01 水平显著）。

本信息项的统计汇总,以描述整体问卷结果;卡方分析,旨在研究差异性、相关性,是在频数分析的基础上深入探究,发现有价值的结论。

3. 研究困难与不足

本研究使用的问卷调查方法,在设计时由于经验不足,还不够完备。问卷的发放和回收充分考虑了易得性,却没有充分重视样本选择的科学性、合理性,造成后期数据分析时有些方面缺乏必要的论证与数据支撑。

二 频数分析

第一部分 样本背景构成分析

表 1　　　　　　　　　　　样本构成分析

问题	选项	频数	百分比(%)
学校	北京	389	60.0
	长三角	133	20.5
	缺失①	126	19.4
年级	大一	149	23.0
	大二	109	16.8
	大三	160	24.7
	大四	62	9.6
	硕博	152	23.5
	缺失②	16	2.5
合计		648	100.0

【分析】从表 1 可知,此次研究共收集有效样本为 648 个。从学

---

① 在编码过程中,我们将样本高校大致分为北京地区与长三角地区高校,由于前期调研时加入了山东大学,并不属于二者范畴,故将此数据按缺失处理。

② 此处的缺失是指所回收的有效问卷中,所填选项为空白或表意不明的信息项,都按数据缺失处理。

校来看，样本中北京相对较多，比例为60%。对于年级来讲，大三占比最高为24.7%，同时硕博样本人群占比为23.5%。

第二部分 历史学科认知态度

本部分分析样本对于历史学科的基本认知态度。内容分别包括：样本在上大学前接触历史学情况，选择历史专业原因，当前对历史专业的感受，以及样本对于历史专业课程设置合理性的看法，并且分析样本对于国内历史学学术研究评价机制的合理性态度情况等。

表2　　　　　　　　　　对历史学科的基本认知

问题	选项	频数	百分比（%）
您在上大学之前，经常接触历史学（历史书籍、杂志、影视作品等）吗？（N=647）	总是	140	21.6
	经常	238	36.8
	一般	199	30.8
	偶尔	64	9.9
	从不	6	0.9
您选择历史专业的原因是？（N=632）	兴趣爱好	376	59.5
	高考调剂	191	30.2
	家长、老师推荐	23	3.6
	有自己喜欢的老师	9	1.4
	其他	33	5.2
您经过目前的大学学习，对历史专业的感觉如何？（N=647）	非常喜欢	298	46.1
	一般	330	51.0
	非常讨厌	11	1.7
	没有想过	8	1.2
您觉得当前自己学校历史专业的课程设置合理吗？（N=647）	很合理	41	6.3
	较合理	312	48.2
	一般	201	31.1
	不合理	74	11.4
	没想过	19	2.9

续表

问题	选项	频数	百分比（%）
您认为当前国内历史学学术研究及评价机制合理吗？（N = 644）	很合理	15	2.3
	较合理	231	35.9
	一般	232	36.0
	不合理	82	12.7
	没想过	84	13.0
合计		648	100

【分析】从表2可以看到，样本整体上在上大学之前均接触过历史学，并且从样本选择历史专业的原因上看，有近六成是出于兴趣爱好，还有三成由于高考调剂而选择历史专业。同时针对历史专业的感受情况来看，样本整体上的喜好度一般，有五成表现出一般喜欢，也有46.1%的样本非常喜欢。对于当前学校历史专业课程设置合理性上，样本中有一成多表示设计不太合理；最后针对国内历史学学术研究评价机制合理性上，有一成多样本认为不合理，还有一成样本没有考虑过此问题，整体上看大部分样本表现出基本认可的态度。

1. 您平时获取历史知识的主要途径有哪些？

表3　　　　　　　　　获取历史知识的途径

选项	频数	百分比
教师讲授	545	84.1%
历史学专业书籍	494	76.2%
历史通俗读物	403	62.2%
实地参观历史遗迹	315	48.6%
网络、电视	311	48.0%
其他	29	4.5%

【分析】从表3可知：针对历史知识获取的途径上，教师讲授、历史学专业书籍、历史通俗读物，这三项的选择比例均高于六成，选

择比例分别是：84.1%，76.2%，62.2%，说明此三项均是样本获取历史学知识的主要途径，同时样本也可以通过实地参观历史遗迹，或者网络、电视获取历史知识。

2. 您对历史专业不满意的原因有哪些？

表4　　　　　　　　　　不满意历史专业的原因

选项	频数	百分比
就业困难	179	50.4%
知识实用性较差	169	47.6%
课程枯燥乏味	112	31.5%
学科地位过低	103	29.0%
学业压力过大	55	15.5%
其他	38	10.7%

【分析】从表4可知：针对历史专业不满意的原因上看，就业困难，知识实用性较差这两项是主要原因，选择比例均接近或超过五成。

3. 您认为当前历史学学术研究及评价机制不合理的原因有哪些？

表5　　　　　　　　　　对评价机制的认识

选项	频数	百分比
评价机制单一	250	60.8%
缺乏与现实社会的对接	220	53.5%
学术研究方式僵化	212	51.8%
其他	36	8.8%

【分析】从表5可知：针对当前历史学学术研究评价机会不合理的原因来看，评价机制单一、缺乏与现实社会的对接、学术研究方式

僵化，这三项均被样本认可，选择比例均高于五成。

第三部分　公共史学认知程度

本部分分析样本对于公共史学的认知情况。内容分别包括：样本对于公共史学的了解情况，以及公共史学概念的理解和史学家应该潜心书斋还是面向社会等相关问题进行分析。

表6　　　　　　　　　　对公共史学的认知

问题	选项	频数	百分比（%）
您听说过公共（公众）史学吗？（N=646）	听说过且了解具体内容	70	10.8
	听说过且能说出大概	188	29.1
	听说过但不清楚	284	44.0
	从没听说过	104	16.1
	缺失	2	0.3
您认为公共（公众）史学是否等同于让广大民众来书写历史？（N=645）	是	30	4.7
	否	560	86.8
	不清楚	55	8.5
	缺失	3	0.5
您认为史学家更需要潜心书斋还是面向社会？（N=639）	潜心书斋	174	27.2
	面向社会	385	60.3
	不清楚	80	12.5
	缺失	9	1.4
合计		648	100

【分析】从表6可以看到，大部分样本均曾听说过公共史学，但是有超过四成样本并不清楚具体是什么，并且还有16%的样本并没有听说过公共史学。同时对于公共史学等同于广大民众来书写历史这一问题，接近九成的样本并不认可此观点。以及六成的样本认为史学家更应该面向社会而不是潜心书斋。

下列公共（公众）史学所包含的范畴，您了解哪几个？

表7　　　　　　　　　　对公共史学所涉领域的了解

选项	频数	百分比
历史通俗读物	484	75.4%
口述史学	482	75.1%
影像史学	443	69.0%
应用史学	340	53.0%

【分析】从表7可知：对于公共史学包含的范畴了解情况上看，历史通俗读物、口述史学、影像史学和应用史学这四项，样本均有所了解，选择比例均高于五成。尤其是历史通俗读物或者口述史学这两项，选择比例均高于七成。

第四部分　通俗史学认知情况

本部分针对通俗史学的认知情况进行分析。内容分别包括：样本阅读历史通俗读物的情况，及对历史通俗读物和专业历史书籍的看法，并且分析市场上历史通俗读物质量态度，以及历史通俗读物创作的重要性问题等。

表8　　　　　　　　　　对通俗史学的认知

问题	选项	频数	百分比（%）
您是否阅读过历史通俗读物，如《明朝那些事儿》等？（N=646）	是	476	73.7
	否	170	26.3
您认为历史通俗读物与专业历史书籍相比何者对普及历史知识的作用更大？（N=641）	历史通俗读物	412	64.3
	专业历史书籍	108	16.8
	二者一样大	121	18.9
您认为当今市场上的历史通俗读物质量如何？（N=647）	质量普遍很高	16	2.5
	质量很差	76	11.7
	良莠不齐	555	85.8

续表

问题	选项	频数	百分比（%）
您认为历史通俗读物创作最重要的是什么？（N=629）	语言通俗易懂	192	30.5
	故事离奇动人	27	4.3
	事实真实无误	356	56.6
	思想积极向上	54	8.6
在您看来，哪部分人创作历史通俗读物效果更好？（N=644）	专业学者	465	72.2
	草根写手	53	8.2
	无所谓	126	19.6
合计		648	100

【分析】从表8可知，超过七成样本均阅读过历史通俗读物；对历史通俗读物与专业历史书籍对比时，有64.3%的样本认为历史通俗读物作用更大；对于当前市场上历史通俗读物质量情况，样本中有85.8%表示质量良莠不齐。历史通俗读物重要特点上，有近六成样本认为事实真实无误最为重要，同时还有三成样本认为语言通俗易懂很重要。最后，样本认为专业学者创作历史通俗读物效果相对较好，选择比例约为七成。

1. 您认为这类书籍吸引您的原因是什么？

表9　　　　　　　　　历史通俗读物的特点

选项	频数	百分比
语言幽默风趣	336	70.7%
故事轻松活泼	314	66.1%
情节曲折动人	201	42.3%
其他	46	9.7%

【分析】从表9可知：对于相关通俗历史书籍吸引力上，语言幽默风趣、故事轻松活泼这两项是重要吸引因素，选择比例均高于六成。

2. 您认为当下历史通俗读物创作出现热潮的原因是？

表10　　　　　　　　历史通俗读物热销的原因

选项	频数	百分比
历史通俗读物深受读者喜爱、市场广阔	464	71.6%
专业历史书籍枯燥难懂	413	63.7%
人们经济生活改善、文化需求急需满足	398	61.4%
盲目跟风，片面追求经济效益	187	28.9%
其他	16	2.5%

【分析】从表10可知：针对历史通俗读物出现热潮的原因上，历史通俗读物深受读者喜爱、市场广阔，专业历史书籍枯燥难懂，人们经济生活改善、文化需求急需满足，这三项均为重要原因，选择比例均高于六成。

3. 您认为当前历史通俗读物主要存在哪些问题？

表11　　　　　　　　历史通俗读物与主要问题

选项	频数	百分比
过度娱乐化	529	84.4%
史实舛讹	463	73.8%
内容庸俗	307	49.0%
史观错误	288	45.9%
其他	25	4.0%

【分析】从表11可知：对于当前历史通俗读物创作存在的问题上，过度娱乐化、史实舛讹，这两项被认为是重大问题，选择比例均高于七成。同时内容庸俗、史观错误这两项的选择比例也均高于四成。

第五部分　影像史学认知情况

本部分分析样本对于影像史学的认知态度情况。内容分别包括：

样本对影像史学的接触，对百家讲坛的看法，以及编剧应该具有的专业知识背景，并且分析当前历史剧真实与虚构之间的关系处理问题等。

表12　　　　　　　　　　　　　对影像史学的认知

问题	选项	频数	百分比（%）
您是否观看过CCTV科教频道、上海纪实频道等一些电视频道推出的历史纪实类节目？（N=638）	没有	246	38.6
	有	392	61.4
您对当下比较受欢迎的《百家讲坛》类讲史节目持什么态度？（N=636）	支持	366	57.5
	不支持	68	10.7
	不关心	202	31.8
您觉得历史剧或历史纪录片的编剧应当具有专业历史背景还是影视制作相关背景？（N=641）	专业历史背景	106	16.5
	影视制作相关背景	21	3.3
	两者均应具有	499	77.8
	无所谓	15	2.3
您觉得历史剧应当如何处理求真实与虚构之间的关系？（N=641）	完全按照历史事实（历史背景、人物、事实都有依据）	78	12.2
	存在部分虚构成分，但是整体应当符合历史真实	537	83.8
	只要拥有历史背景的就算历史剧	8	1.2
	不清楚	18	2.8
合计		648	100

【分析】从表12可知，约六成样本观看过CCTV相关的历史纪实类节目，同时约六成样本对于百家讲坛表现出支持的态度；对于编剧是否应该具有专业历史背景知识情况来看，有约八成样本认为除了需要专业历史背景，还需要影视制作相关背景。以及超过八成样本认为历史剧会存在部分虚构，但整体应该符合历史真实。

1. 您觉得下列哪些属于影像史学的呈现形式？

表13　　　　　　　　　　　影像史学的表现形式

选项	频数	百分比
历史纪录片	590	91.2%
历史题材的电影、电视剧	467	72.2%
图像作品（如绘画、照片等）	383	59.2%
雕塑	111	17.2%

【分析】从表13可知：对于影像史学的呈现形式上，九成样本选择为历史纪录片，同时历史题材影视、图像作品这两项的选择比例均接近或者高于六成。

2. 您觉得这类节目存在哪些问题？

表14　　　　　　　　　　　影像史学节目的特点

选项	频数	百分比
制作者水平参差不齐	231	70.4%
缺乏学术严谨性	189	57.6%
纯粹娱乐消费历史	95	29.0%
史实错误过多	64	19.5%
其他	15	4.6%

【分析】从表14可知：对于当前影像史学节目存在问题上，学者水平参差不齐，缺乏学术严谨性这两项的选择比例均高于五成。

第六部分　口述史学认知情况

本部分分析样本对于口述史学的认知态度。内容分别包括：口述史学纪录片的性质判断、口述史学读物的阅读情况、名人传记的性质判断态度，以及选择口述史学课程的意愿；并且分析样本从事口述史学相关工作的意愿等。

表15　　　　　　　　　　　口述史学的认知

问题	选项	频数	百分比（%）
您觉得口述史纪录片属于影像史学的内容还是口述史学的内容？（N=643）	口述史学	367	57.2
	影视史学	145	22.5
	不清楚	131	20.3
您是否读过口述史学读物，例如《唐德刚：张学良口述历史》等？（N=643）	是	214	33.3
	否	429	66.7
您认为名人传记如《胡适口述自传》，是否算作口述历史著作？（N=637）	是	374	58.7
	不是	263	41.3
若高校开设口述史学相关课程，您是否有意愿选课？（N=644）	有	481	75.5
	没有	163	25.6
您是否有意愿将来从事有关口述史的工作？（N=644）	有	128	19.9
	没有	298	46.3
	不确定	218	33.9
合计		648	100

【分析】从表15可知，57.2%的样本认为口述史学纪录片属于口述史学，同时66.7%的样本并没有读过口述史学类读物；以及名人传记是否属于口述历史著作上，四成样本认为不是；对于口述史学课程的选课意愿上，75.5%的样本表现出愿意的态度。最后，部分样本并不愿意从事口述史方面的工作，比例是46.3%，仅两成样本愿意人事口述史相关工作。

第七部分　文化遗产保护认知情况

本针对文化遗产保护认知情况进行分析。内容分别包括：史学的应用普及是否会对传统史学研究造成冲击，以及文化遗产是否需要史学专业人员介入，并且分析史志书写人员态度情况等。

表16　　　　　　　　　　文化遗产保护的认知

问题	选项	频数	百分比（%）
您觉得史学在社会领域的应用与普及是否会对传统史学的研究造成冲击？（N=646）	会	206	31.9
	不会	351	54.3
	不清楚	89	13.8
您觉得文化遗产开发保护中需要史学专业人员的介入吗？（N=646）	需要	618	95.7
	不需要	28	4.3
您觉得地方史志应该由专业公共（公众）史学家书写还是政府人员书写？（N=645）	专业公共（公众）史学家	410	63.6
	政府人员	15	2.3
	都需要	220	34.1
合计		648	100

【分析】从表16可知：超过五成样本认为史学应用普及并不会对传统史学造成冲击，对于文化遗产保护是否需要史学专业人员介入这一问题，几乎所有样本均表现出认可的态度。同时超过六成样本认为地方史志应该由专业公共史学家进行书写。

您觉得史学可以应用于哪些社会领域？

表17　　　　　　　　　　史学可以应用的领域

选项	频数	百分比
历史遗址的开发和保护	593	91.9%
城市规划的建言献策	483	74.9%
历史剧剧务	473	73.3%
公司史、家族史的撰写	472	73.2%

【分析】从表17可知：关于史学应用的社会领域方面，历史遗址的开发和保护，城市规划的建言献策，历史剧剧务，和公司史、家族史的撰写这四项均有涉及，尤其是历史遗址开发和保护，样本选择比例高于九成。

第八部分 就业倾向

本部分针对就业倾向情况进行分析。内容分别包括：样本对历史学专业的就业形势，是否考虑从事历史专业相关工作，发展前景，历史学课程设置是否需要面向市场等。

表18　　　　　　　　　　　历史学专业毕业生就业趋势

问题	选项	频数	百分比（%）
您认为历史学研究应该多关注表17所述领域吗？（N=644）	应该	558	86.6
	不应该	28	4.3
	无所谓	58	9.0
您觉得历史学专业将来的就业形势如何？（N=645）	良好	81	12.6
	严峻	265	41.1
	一般	299	46.4
您有考虑过从事历史专业相关工作吗？（N=643）	有	381	59.3
	没有	262	40.7
您觉得表17所述行业当前发展现状如何？（N=642）	非常好	26	4.0
	较好	224	34.9
	一般	320	49.8
	很差	27	4.2
	不关心	45	7.0
您觉得当前历史学课程设置有必要面向有市场需求的行业吗？（N=643）	有	441	68.6
	没有	146	22.7
	不关心	56	8.7
基于以上问题，您觉得公共（公众）史学未来在国内发展前景如何？（N=643）	非常好	43	6.7
	较好	326	50.7
	一般	217	33.7
	较差	26	4.0
	不关心	31	4.8
合计		648	100

【分析】从表18可知：对于历史学研究应该关注的领域来看，绝大多数样本表现出认可的态度；同时从历史学专业的就业形势上看，

样本表现出不乐观的态度,有四成样本认为就业形势严峻。同时针对从事历史专业相关工作的态度上,近六成样本考虑过,但四成样本并没有考虑过从事历史相关工作。对于相关行业的就业现状来看,样本整体上认为一般。对于历史学是否应该面向市场需求这一问题,近七成样本表现出认可的态度。最后对于公共史学未来的发展前景上,样本整体上表现出较高的信心。

1. 您毕业之后倾向于从事何种工作?

表 19　　　　　　　　历史学专业毕业生的就业选择

选项	频数	百分比
在高校等科研机构从事学术研究	319	49.6%
进入文化出版行业	288	44.8%
考取公务员	199	30.9%
进入企业	169	26.3%
其他	103	16.0%

【分析】从表 19 可知:从毕业后从事的工作上看,在高校等科研机构从事学术研究,进入文化出版行业这两项的选择比例均高于四成。

2. 您未考虑过表 17 所述相关行业的原因有哪些?

表 20　　　　　　　　就业选择的原因

选项	频数	百分比
缺乏相关行业的专业知识	115	41.5%
不能实现自身价值	102	36.8%
工资待遇过低	50	18.1%
相关单位机构不太愿意接受历史学专业毕业生	44	15.9%
其他	38	13.7%
不认为这些行业需要历史学专业人才	33	11.9%

【分析】从表 20 可知：样本从事相关行业的原因来看，缺乏相关行业的专业知识，不能实现自身价值这两项是主要原因。

三 卡方分析

本部分利用卡方分析，研究不同背景的人群，比如不同学校、不同年级人群，他们对历史学科的认知态度，对公共史学的认知程度，对通俗史学的认知情况，对影像史学的认知情况，对口述史学的认知情况，对文化遗产保护的认知情况，就业倾向等方面涉及相关题项的态度上是否呈现出差异性，如果呈现出显著性差异，具体差异情况如何等，并且在分析完成后进行总结，本部分共分为 15 部分。

9.1 不同学校历史学科认知态度卡方分析

表 21 不同学校历史学科认知态度

问题	选项	学校 北京	学校 长三角	合计	χ^2	P
您在上大学之前，经常接触历史学（历史书籍、杂志、影视作品等）吗？	总是	82（21.1）	25（18.8）	107（20.5）	5.887	0.208
	经常	128（33.0）	57（42.9）	185（35.5）		
	一般	130（33.5）	38（28.6）	168（32.2）		
	偶尔	42（10.8）	13（9.8）	55（10.6）		
	从不	6（1.5）	0（0.0）	6（1.2）		
合计		388（100.0）	133（100.0）	521（100.0）		
您选择历史专业的原因是？	兴趣爱好	189（50.5）	100（75.2）	289（57.0）	32.569**	0.000
	高考调剂	146（39.0）	24（18.0）	170（33.5）		
	家长、老师推荐	14（3.7）	2（1.5）	16（3.2）		
	有自己喜欢的老师	4（1.1）	5（3.8）	9（1.8）		
	其他	21（5.6）	2（1.5）	23（4.5）		
合计		374（100.0）	133（100.0）	507（100.0）		

续表

问题	选项	学校 北京	学校 长三角	合计	χ^2	P
您经过目前的大学学习,对历史专业的感觉如何?	非常喜欢	154（39.7）	72（54.1）	226（43.4）	12.219**	0.007
	一般	218（56.2）	61（45.9）	279（53.6）		
	非常讨厌	11（2.8）	0（0.0）	11（2.1）		
	没有想过	5（1.3）	0（0.0）	5（1.0）		
合计		388（100.0）	133（100.0）	521（100.0）		
您觉得当前自己学校历史专业的课程设置合理吗?	很合理	32（8.2）	5（3.8）	37（7.1）	12.650*	0.013
	较合理	185（47.7）	74（55.6）	259（49.7）		
	一般	111（28.6）	45（33.8）	156（29.9）		
	不合理	43（11.1）	9（6.8）	52（10.0）		
	没想过	17（4.4）	0（0.0）	17（3.3）		
合计		388（100.0）	133（100.0）	521（100.0）		
您认为当前国内历史学学术研究及评价机制合理吗?	很合理	9（2.3）	3（2.3）	12（2.3）	8.657	0.070
	较合理	142（36.8）	44（33.1）	186（35.8）		
	一般	126（32.6）	61（45.9）	187（36.0）		
	不合理	49（12.7）	12（9.0）	61（11.8）		
	没想过	60（15.5）	13（9.8）	73（14.1）		
合计		386（100.0）	133（100.0）	519（100.0）		

*P<0.05 **P<0.01

利用卡方分析研究不同学校样本人群历史学科认知态度涉及总共5个题项的差异情况,从表21可知,不同学校人群对于"您选择历史专业的原因是?""您经过目前的大学学习,对历史专业的感觉如何?""您觉得当前自己学校历史专业的课程设置合理吗?"三个题项呈现出显著差异:

相对来看,长三角学校人群更多出于兴趣爱好选择历史专业,而北京学校人群更可能是由于高考调剂选择历史专业。同时对于历史专业的感觉上,北京样本的喜欢度低于长三角学校样本人群。针对历史专业课程设置合理性方面,北京高校样本认为相对更不合理。

9.2 不同学校公共史学认知程度卡方分析

表22　　　　　　　　　　不同学校公共史学认知程度

问题	选项	学校 北京	学校 长三角	合计	χ^2	P
您听说过公共（公众）史学吗？	听说过且了解具体内容	28 (7.2)	26 (19.5)	54 (10.4)	41.201**	0.000
	听说过且能说出大概	89 (23.0)	49 (36.8)	138 (26.5)		
	听说过但不清楚	188 (48.6)	53 (39.8)	241 (46.3)		
	从没听说过	82 (21.2)	5 (3.8)	87 (16.7)		
合计		387 (100.0)	133 (100.0)	520 (100.0)		
您认为公共（公众）史学是否等同于让广大民众来书写历史？	是	19 (4.9)	7 (5.3)	26 (5.0)	2.152	0.341
	否	331 (85.8)	119 (89.5)	450 (86.7)		
	不清楚	36 (9.3)	7 (5.3)	43 (8.3)		
合计		386 (100.0)	133 (100.0)	519 (100.0)		
您认为史学家更需要潜心书斋还是面向社会？	潜心书斋	96 (25.3)	46 (34.6)	142 (27.7)	4.281	0.118
	面向社会	231 (60.8)	71 (53.4)	302 (58.9)		
	不清楚	53 (13.9)	16 (12.0)	69 (13.5)		
合计		380 (100.0)	133 (100.0)	513 (100.0)		

*$P<0.05$　　**$P<0.01$

从表22可知，不同学校人群对于"您听说过公共（公众）史学吗？"呈现出显著差异：北京样本人群从来没有听说过公共史学的比例明显高于长三角高校样本人群。

9.3 不同学校通俗史学认知情况卡方分析

表23　　　　　　　　　　不同学校通俗史学认知情况

问题	选项	学校 北京	学校 长三角	合计	χ^2	P
您是否阅读过历史通俗读物,如《明朝那些事儿》等?	是	293（75.7）	89（66.9）	382（73.5）	3.926*	0.048
	否	94（24.3）	44（33.1）	138（26.5）		
	合计	387（100.0）	133（100.0）	520（100.0）		
您认为历史通俗读物与专业历史书籍相比何者对普及历史知识的作用更大?	历史通俗读物	248（64.8）	84（63.2）	332（64.3）	0.113	0.945
	专业历史书籍	64（16.7）	23（17.3）	87（16.9）		
	二者一样大	71（18.5）	26（19.5）	97（18.8）		
	合计	383（100.0）	133（100.0）	516（100.0）		
您认为当今市场上的历史通俗读物质量如何?	质量普遍很高	11（2.8）	1（0.8）	12（2.3）	2.745	0.253
	质量很差	43（11.1）	19（14.3）	62（11.9）		
	良莠不齐	335（86.1）	113（85.0）	448（85.8）		
	合计	389（100.0）	133（100.0）	522（100.0）		
您认为历史通俗读物创作最重要的是什么?	语言通俗易懂	119（32.1）	30（22.7）	149（29.6）	7.982*	0.046
	故事离奇动人	21（5.7）	3（2.3）	24（4.8）		
	事实真实无误	200（53.9）	88（66.7）	288（57.3）		
	思想积极向上	31（8.4）	11（8.3）	42（8.3）		
	合计	371（100.0）	132（100.0）	503（100.0）		
在您看来,哪部分人创作历史通俗读物效果更好?	专业学者	275（71.4）	97（72.9）	372（71.8）	0.233	0.890
	草根写手	34（8.8）	10（7.5）	44（8.5）		
	无所谓	76（19.7）	26（19.5）	102（19.7）		
	合计	385（100.0）	133（100.0）	518（100.0）		

*$P<0.05$　**$P<0.01$

从表 23 可知，不同学校人群对于"您是否阅读过历史通俗读物，如《明朝那些事儿》等？""您认为历史通俗读物创作最重要的是什么？"两题项呈现出显著差异：

针对历史通俗读物的阅读上，北京样本人群读过的比例明显更高。同时对于历史通俗读物创业的重要性上，北京样本更重视语言的通俗易懂，长三角样本则更重视事实的真实无误。

9.4 不同学校影像史学认知情况卡方分析

表 24　　　　　　　　不同学校影像史学认知情况

问题	选项	学校 北京	学校 长三角	合计	χ^2	P
您是否观看过CCTV科教频道、上海纪实频道等一些电视频道推出的历史纪实类节目？	没有	157（41.2）	47（35.3）	204（39.7）	1.419	0.234
	有	224（58.8）	86（64.7）	310（60.3）		
	合计	381（100.0）	133（100.0）	514（100.0）		
您对当下比较受欢迎的《百家讲坛》类讲史节目持什么态度？	支持	198（52.0）	78（59.1）	276（53.8）	4.549	0.103
	不支持	51（13.4）	9（6.8）	60（11.7）		
	不关心	132（34.6）	45（34.1）	177（34.5）		
	合计	381（100.0）	132（100.0）	513（100.0）		
您觉得历史剧或历史纪录片的编剧应当具有专业历史背景还是影视制作相关背景？	专业历史背景	64（16.7）	24（18.0）	88（17.0）	6.778	0.079
	影视制作相关背景	16（4.2）	1（0.8）	17（3.3）		
	两者均应具有	290（75.5）	107（80.5）	397（76.8）		
	无所谓	14（3.6）	1（0.8）	15（2.9）		
	合计	384（100.0）	133（100.0）	517（100.0）		

续表

问题	选项	学校 北京	学校 长三角	合计	χ^2	P
您觉得历史剧应当如何处理求真与虚构之间的关系？	完全按照历史事实（历史背景、人物、事实都有依据）	48（12.5）	14（10.6）	62（12.0）	9.616*	0.022
	存在部分虚构成分，但是整体应当符合历史真实	318（82.6）	114（86.4）	432（83.6）		
	只要拥有历史背景的就算历史剧	3（0.8）	4（3.0）	7（1.4）		
	不清楚	16（4.2）	0（0.0）	16（3.1）		
合计		385（100.0）	132（100.0）	517（100.0）		

* P<0.05　** P<0.01

从表24可知，不同学校人群对于"您觉得历史剧应当如何处理求真与虚构之间的关系？"呈现出显著差异：对于历史剧处理求真与虚构的关系上，北京样本中更可能表现出无态度。

9.5　不同学校口述史学认知情况卡方分析

表25　　　　　　　　不同学校口述史学认知情况

问题	选项	学校 北京	学校 长三角	合计	χ^2	P
您觉得口述史纪录片属于影像史学的内容还是口述史学的内容？	口述史学	211（54.8）	86（64.7）	297（57.3）	3.926	0.140
	影视史学	89（23.1）	24（18.0）	113（21.8）		
	不清楚	85（22.1）	23（17.3）	108（20.8）		
合计		385（100.0）	133（100.0）	518（100.0）		

续表

问题	选项	学校 北京	学校 长三角	合计	χ^2	P
您是否读过口述史学读物，例如《唐德刚：张学良口述历史》等？	是	97（25.1）	69（51.9）	166（32.0）	32.537**	0.000
	否	289（74.9）	64（48.1）	353（68.0）		
	合计	386（100.0）	133（100.0）	519（100.0）		
您认为名人传记如《胡适口述自传》，是否算作口述历史著作？	是	217（56.8）	81（61.4）	298（58.0）	0.836	0.360
	不是	165（43.2）	51（38.6）	216（42.0）		
	合计	382（100.0）	132（100.0）	514（100.0）		
若高校开设口述史学相关课程，您是否有意愿选课？	有	267（69.2）	108（81.2）	375（72.3）	7.143**	0.008
	没有	119（30.8）	25（18.8）	144（27.7）		
	合计	386（100.0）	133（100.0）	519（100.0）		
您是否有意愿将来从事有关口述史的工作？	有	57（14.8）	30（22.6）	87（16.8）	5.290	0.071
	没有	189（49.0）	65（48.9）	254（48.9）		
	不确定	140（36.3）	38（28.6）	178（34.3）		
	合计	386（100.0）	133（100.0）	519（100.0）		

* $P<0.05$ ** $P<0.01$

从表25可知，不同学校人群对于"您是否读过口述史学读物，例如《唐德刚：张学良口述历史》等？""若高校开设口述史学相关课程，您是否有意愿选课？"两题项呈现出显著差异：

对于口述史学读物的阅读上，长三角高校样本阅读过的比例明显高于北京；同时对于口述史学课程的选择意愿上，长三角学校样本愿意选课的比例也明显更高。

9.6 不同学校文化遗产保护认知情况卡方分析

表26　　　　　　　　不同学校文化遗产保护认知情况

问题	选项	学校 北京	学校 长三角	合计	χ^2	P
您觉得史学在社会领域的应用与普及是否会对传统史学的研究造成冲击？	会	114（29.4）	49（36.8）	163（31.3）	3.802	0.149
	不会	216（55.7）	71（53.4）	287（55.1）		
	不清楚	58（14.9）	13（9.8）	71（13.6）		
合计		388（100.0）	133（100.0）	521（100.0）		
您觉得文化遗产开发保护中需要史学专业人员的介入吗？	需要	365（94.1）	133（100.0）	498（95.6）	8.248**	0.004
	不需要	23（5.9）	0（0.0）	23（4.4）		
合计		388（100.0）	133（100.0）	521（100.0）		
您觉得地方史志应该由专业公共（公众）史学家书写还是政府人员书写？	专业公共（公众）史学家	238（61.5）	93（69.9）	331（63.7）	4.369	0.113
	政府人员	12（3.1）	1（0.8）	13（2.5）		
	都需要	137（35.4）	39（29.3）	176（33.8）		
合计		387（100.0）	133（100.0）	520（100.0）		

*P＜0.05　　**P＜0.01

从表26可知，不同学校人群对于"您觉得文化遗产开发保护中需要史学专业人员的介入吗？"呈现出显著差异：相对来看，北京样本可能认为文化遗产开发保护不需要史学专业人员介入，但长三角高校人群认为一定需要史学专业人员介入。

9.7 不同学校就业倾向卡方分析

表27　　　　　　　　　　不同学校就业倾向

问题	选项	学校 北京	学校 长三角	合计	χ^2	P
您认为历史学研究应该多关注上述领域吗？	应该	334（86.3）	110（82.7）	444（85.4）	1.086	0.581
	不应该	17（4.4）	8（6.0）	25（4.8）		
	无所谓	36（9.3）	15（11.3）	51（9.8）		
	合计	387（100.0）	133（100.0）	520（100.0）		
您觉得历史学专业将来的就业形势如何？	良好	57（14.7）	12（9.0）	69（13.2）	5.097	0.078
	严峻	146（37.6）	63（47.4）	209（40.1）		
	一般	185（47.7）	58（43.6）	243（46.6）		
	合计	388（100.0）	133（100.0）	521（100.0）		
您有考虑过从事以下历史专业相关工作吗？	有	218（56.5）	80（60.2）	298（57.4）	0.546	0.460
	没有	168（43.5）	53（39.8）	221（42.6）		
	合计	386（100.0）	133（100.0）	519（100.0）		
您觉得上述行业当前发展现状如何？	非常好	16（4.2）	3（2.3）	19（3.7）	8.006	0.091
	较好	145（37.7）	36（27.3）	181（35.0）		
	一般	181（47.0）	78（59.1）	259（50.1）		
	很差	15（3.9）	3（2.3）	18（3.5）		
	不关心	28（7.3）	12（9.1）	40（7.7）		
	合计	385（100.0）	132（100.0）	517（100.0）		
您觉得当前历史学课程设置有必要面向这些有市场需求的行业吗？	有	261（67.6）	82（62.1）	343（66.2）	1.531	0.465
	没有	91（23.6）	38（28.8）	129（24.9）		
	不关心	34（8.8）	12（9.1）	46（8.9）		
	合计	386（100.0）	132（100.0）	518（100.0）		

续表

问题	选项	学校 北京	学校 长三角	合计	χ^2	P
基于以上问题,您觉得公共(公众)史学未来在国内发展前景如何?	非常好	24 (6.2)	8 (6.1)	32 (6.2)	5.425	0.246
	较好	200 (51.8)	57 (43.2)	257 (49.6)		
	一般	127 (32.9)	58 (43.9)	185 (35.7)		
	较差	12 (3.1)	3 (2.3)	15 (2.9)		
	不关心	23 (6.0)	6 (4.5)	29 (5.6)		
合计		386 (100.0)	132 (100.0)	518 (100.0)		

*$P<0.05$　**$P<0.01$

从表27可知,不同学校人群对于就业倾向相关题项未表现出差异,说明不同学校人群对于就业倾向态度一致。

9.8　不同学校历史学科认知态度卡方分析

表28　　　　　　　　　不同学校历史学科认知态度

问题	选项	大一	大二	大三	大四	硕博	合计	χ^2	P
您在上大学之前,经常接触历史学(历史书籍、杂志、影视作品等)吗?	总是	35 (23.5)	26 (23.9)	32 (20.0)	5 (8.1)	38 (25.2)	136 (21.6)	32.137**	0.010
	经常	57 (38.3)	38 (34.9)	65 (40.6)	19 (30.6)	55 (36.4)	234 (37.1)		
	一般	41 (27.5)	37 (33.9)	50 (31.3)	22 (35.5)	46 (30.5)	196 (31.1)		
	偶尔	16 (10.7)	6 (5.5)	13 (8.1)	14 (22.6)	10 (6.6)	59 (9.4)		
	从不	0 (0.0)	2 (1.8)	0 (0.0)	2 (3.2)	2 (1.3)	6 (1.0)		
合计		149 (100.0)	109 (100.0)	160 (100.0)	62 (100.0)	151 (100.0)	631 (100.0)		

续表

问题	选项	大一	大二	大三	大四	硕博	合计	χ^2	P
您选择历史专业的原因是？	兴趣爱好	82 (59.0)	61 (56.5)	88 (55.0)	31 (50.0)	105 (71.4)	367 (59.6)	53.177**	0.000
	高考调剂	34 (24.5)	37 (34.3)	53 (33.1)	29 (46.8)	33 (22.4)	186 (30.2)		
	家长、老师推荐	1 (0.7)	4 (3.7)	8 (5.0)	2 (3.2)	6 (4.1)	21 (3.4)		
	有自己喜欢的老师	2 (1.4)	2 (1.9)	4 (2.5)	0 (0.0)	1 (0.7)	9 (1.5)		
	其他	20 (14.4)	4 (3.7)	7 (4.4)	0 (0.0)	2 (1.4)	33 (5.4)		
合计		139 (100.0)	108 (100.0)	160 (100.0)	62 (100.0)	147 (100.0)	616 (100.0)		
您经过目前的大学学习，对历史专业的感觉如何？	非常喜欢	78 (52.3)	52 (47.7)	61 (38.1)	24 (38.7)	75 (49.7)	290 (46.0)	26.369**	0.010
	一般	68 (45.6)	53 (48.6)	92 (57.5)	35 (56.5)	76 (50.3)	324 (51.3)		
	非常讨厌	0 (0.0)	4 (3.7)	6 (3.8)	1 (1.6)	0 (0.0)	11 (1.7)		
	没有想过	3 (2.0)	0 (0.0)	1 (0.6)	2 (3.2)	0 (0.0)	6 (1.0)		
合计		149 (100.0)	109 (100.0)	160 (100.0)	62 (100.0)	151 (100.0)	631 (100.0)		
您觉得当前自己学校历史专业的课程设置合理吗？	很合理	19 (12.8)	2 (1.8)	10 (6.3)	1 (1.6)	8 (5.3)	40 (6.3)	56.094**	0.000
	较合理	86 (57.7)	47 (43.1)	66 (41.3)	32 (51.6)	74 (49.0)	305 (48.3)		
	一般	30 (20.1)	41 (37.6)	53 (33.1)	23 (37.1)	48 (31.8)	195 (30.9)		
	不合理	5 (3.4)	19 (17.4)	24 (15.0)	4 (6.5)	20 (13.2)	72 (11.4)		
	没想过	9 (6.0)	0 (0.0)	7 (4.4)	2 (3.2)	1 (0.7)	19 (3.0)		
合计		149 (100.0)	109 (100.0)	160 (100.0)	62 (100.0)	151 (100.0)	631 (100.0)		

续表

问题	选项	年级					合计	χ^2	P
		大一	大二	大三	大四	硕博			
您认为当前国内历史学学术研究及评价机制合理吗？	很合理	5 (3.4)	3 (2.8)	2 (1.3)	0 (0.0)	4 (2.6)	14 (2.2)	58.226**	0.000
	较合理	53 (36.3)	33 (30.3)	57 (35.8)	25 (40.3)	57 (37.5)	225 (35.8)		
	一般	43 (29.5)	46 (42.2)	62 (39.0)	23 (37.1)	53 (34.9)	227 (36.1)		
	不合理	7 (4.8)	12 (11.0)	18 (11.3)	7 (11.3)	34 (22.4)	78 (12.4)		
	没想过	38 (26.0)	15 (13.8)	20 (12.6)	7 (11.3)	4 (2.6)	84 (13.4)		
合计		146 (100.0)	109 (100.0)	159 (100.0)	62 (100.0)	152 (100.0)	628 (100.0)		

* $P<0.05$ ** $P<0.01$

从表28可知，不同年级人群对于历史学科认知态度涉及全部5个题项均呈现出显著差异：

针对历史学接触情况来看，大一、大二以及硕博样本人群上大学前接触历史学的可能性明显更高。对于选择历史专业的原因上，硕博人群更可能是出于兴趣爱好而选择历史专业。同时对于目前就读历史专业的感觉上，大二或者大三样本更可能表现出讨厌的态度；同时对于当前历史专业课程设置合理性上，大二、大三或者硕博人群更可能认为不合理，大一样本认为相对最为合理。对于历史学学术研究评价机制合理性上，硕博人群更可能认为不合理。

9.9 不同年级公共史学认知程度卡方分析

表29　　　　　　　　不同年级公共史学认知程度

问题	选项	年级					合计	χ^2	P
		大一	大二	大三	大四	硕博			
您听说过公共（公众）史学吗？	听说过且了解具体内容	10 (6.7)	8 (7.4)	20 (12.5)	7 (11.3)	23 (15.2)	68 (10.8)	20.233	0.063
	听说过且能说出大概	41 (27.5)	29 (26.9)	42 (26.3)	19 (30.6)	51 (33.8)	182 (28.9)		
	听说过但不清楚	69 (46.3)	57 (52.8)	63 (39.4)	29 (46.8)	60 (39.7)	278 (44.1)		
	从没听说过	29 (19.5)	14 (13.0)	35 (21.9)	7 (11.3)	17 (11.3)	102 (16.2)		
合计		149 (100.0)	108 (100.0)	160 (100.0)	62 (100.0)	151 (100.0)	630 (100.0)		
您认为公共（公众）史学是否等同于让广大民众来书写历史？	是	4 (2.7)	4 (3.7)	11 (6.9)	4 (6.5)	7 (4.6)	30 (4.8)	8.556	0.381
	否	133 (89.9)	92 (85.2)	136 (85.0)	50 (80.6)	136 (90.1)	547 (87.0)		
	不清楚	11 (7.4)	12 (11.1)	13 (8.1)	8 (12.9)	8 (5.3)	52 (8.3)		
合计		148 (100.0)	108 (100.0)	160 (100.0)	62 (100.0)	151 (100.0)	629 (100.0)		
您认为史学家更需要潜心书斋还是面向社会？	潜心书斋	36 (25.0)	24 (22.2)	41 (25.6)	18 (29.0)	50 (33.6)	169 (27.1)	17.574*	0.025
	面向社会	99 (68.8)	62 (57.4)	98 (61.3)	38 (61.3)	78 (52.3)	375 (60.2)		
	不清楚	9 (6.3)	22 (20.4)	21 (13.1)	6 (9.7)	21 (14.1)	79 (12.7)		
合计		144 (100.0)	108 (100.0)	160 (100.0)	62 (100.0)	149 (100.0)	623 (100.0)		

*P＜0.05　**P＜0.01

从表29可知，不同年级人群对于"您认为史学家更需要潜心书斋还是面向社会？"呈现出显著差异：硕博样本人群认为史学家更应该潜心书斋。

9.10 不同年级通俗史学认知情况卡方分析

表30　　　　　　　　不同年级通俗史学认知情况

问题	选项	大一	大二	大三	大四	硕博	合计	χ^2	P
您是否阅读过历史通俗读物，如《明朝那些事儿》等？	是	118 (79.2)	73 (67.0)	124 (78.0)	43 (69.4)	106 (70.2)	464 (73.7)	7.922	0.094
	否	31 (20.8)	36 (33.0)	35 (22.0)	19 (30.6)	45 (29.8)	166 (26.3)		
	合计	149 (100.0)	109 (100.0)	159 (100.0)	62 (100.0)	151 (100.0)	630 (100.0)		
您认为历史通俗读物与专业历史书籍相比何者对普及历史知识的作用更大？	历史通俗读物	104 (70.3)	60 (55.6)	103 (65.2)	39 (62.9)	95 (63.8)	401 (64.2)	8.988	0.343
	专业历史书籍	18 (12.2)	22 (20.4)	31 (19.6)	10 (16.1)	23 (15.4)	104 (16.6)		
	二者一样大	26 (17.6)	26 (24.1)	24 (15.2)	13 (21.0)	31 (20.8)	120 (19.2)		
	合计	148 (100.0)	108 (100.0)	158 (100.0)	62 (100.0)	149 (100.0)	625 (100.0)		
您认为当今市场上的历史通俗读物质量如何？	质量普遍很高	4 (2.7)	6 (5.5)	3 (1.9)	2 (3.2)	1 (0.7)	16 (2.5)	20.457**	0.009
	质量很差	5 (3.4)	15 (13.8)	20 (12.6)	8 (12.9)	25 (16.4)	73 (11.6)		
	良莠不齐	140 (94.0)	88 (80.7)	136 (85.5)	52 (83.9)	126 (82.9)	542 (85.9)		
	合计	149 (100.0)	109 (100.0)	159 (100.0)	62 (100.0)	152 (100.0)	631 (100.0)		

续表

问题	选项	大一	大二	大三	大四	硕博	合计	χ^2	P
您认为历史通俗读物创作最重要的是什么？	语言通俗易懂	39 (28.1)	29 (26.9)	48 (30.4)	18 (29.0)	52 (35.6)	186 (30.3)	7.049	0.854
	故事离奇动人	4 (2.9)	6 (5.6)	5 (3.2)	4 (6.5)	7 (4.8)	26 (4.2)		
	事实真实无误	82 (59.0)	63 (58.3)	95 (60.1)	34 (54.8)	76 (52.1)	350 (57.1)		
	思想积极向上	14 (10.1)	10 (9.3)	10 (6.3)	6 (9.7)	11 (7.5)	51 (8.3)		
	合计	139 (100.0)	108 (100.0)	158 (100.0)	62 (100.0)	146 (100.0)	613 (100.0)		
在您看来，哪部分人创作历史通俗读物效果更好？	专业学者	116 (78.9)	67 (61.5)	109 (68.6)	53 (85.5)	109 (72.2)	454 (72.3)	18.441*	0.018
	草根写手	9 (6.1)	9 (8.3)	16 (10.1)	2 (3.2)	14 (9.3)	50 (8.0)		
	无所谓	22 (15.0)	33 (30.3)	34 (21.4)	7 (11.3)	28 (18.5)	124 (19.7)		
	合计	147 (100.0)	109 (100.0)	159 (100.0)	62 (100.0)	151 (100.0)	628 (100.0)		

*P＜0.05　**P＜0.01

从表30可知，不同年级人群对于"您认为当今市场上的历史通俗读物质量如何？""在您看来，哪部分人创作历史通俗读物效果更好？"两题项呈现出显著差异：

对于当前历史读物质量上，硕博人群认为质量很差的比例最高；对于创作历史通俗读物效果上，大二样本更可能表现出无所谓的态度。

9.11 不同年级影像史学认知情况卡方分析

表31　　　　　　　　　　不同年级影像史学认知情况

问题	选项	年级					合计	χ^2	P
		大一	大二	大三	大四	硕博			
您是否观看过CCTV科教频道、上海纪实频道等一些电视频道推出的历史纪实类节目？	没有	51 (35.2)	35 (32.1)	63 (39.9)	26 (42.6)	63 (42.3)	238 (38.3)	4.016	0.404
	有	94 (64.8)	74 (67.9)	95 (60.1)	35 (57.4)	86 (57.7)	384 (61.7)		
合计		145 (100.0)	109 (100.0)	158 (100.0)	61 (100.0)	149 (100.0)	622 (100.0)		
您对当下比较受欢迎的《百家讲坛》类讲史节目持什么态度？	支持	94 (63.9)	58 (53.7)	85 (54.8)	39 (62.9)	81 (54.4)	357 (57.5)	10.529	0.230
	不支持	16 (10.9)	17 (15.7)	14 (9.0)	3 (4.8)	16 (10.7)	66 (10.6)		
	不关心	37 (25.2)	33 (30.6)	56 (36.1)	20 (32.3)	52 (34.9)	198 (31.9)		
合计		147 (100.0)	108 (100.0)	155 (100.0)	62 (100.0)	149 (100.0)	621 (100.0)		
您觉得历史剧或历史纪录片的编剧应当具有专业历史背景还是影视制作相关背景？	专业历史背景	23 (15.6)	18 (16.5)	30 (18.9)	7 (11.3)	25 (16.9)	103 (16.5)	16.982	0.150
	影视制作相关背景	5 (3.4)	5 (4.6)	5 (3.1)	1 (1.6)	4 (2.7)	20 (3.2)		
	两者均应具有	116 (78.9)	79 (72.5)	124 (78.0)	51 (82.3)	117 (79.1)	487 (77.9)		
	无所谓	3 (2.0)	7 (6.4)	0 (0.0)	3 (4.8)	2 (1.4)	15 (2.4)		
合计		147 (100.0)	109 (100.0)	159 (100.0)	62 (100.0)	148 (100.0)	625 (100.0)		

续表

问题	选项	大一	大二	大三	大四	硕博	合计	χ^2	P
您觉得历史剧应当如何处理求真与虚构之间的关系？	完全按照历史事实（历史背景、人物、事实都有依据）	18 (12.2)	12 (11.1)	22 (13.9)	4 (6.5)	21 (14.0)	77 (12.3)	19.903	0.069
	存在部分虚构成分，但是整体应当符合历史真实	128 (87.1)	89 (82.4)	131 (82.9)	55 (88.7)	120 (80.0)	523 (83.7)		
	只要拥有历史背景的就算历史剧。	0 (0.0)	0 (0.0)	1 (0.6)	2 (3.2)	4 (2.7)	7 (1.1)		
	不清楚	1 (0.7)	7 (6.5)	4 (2.5)	1 (1.6)	5 (3.3)	18 (2.9)		
合计		147 (100.0)	108 (100.0)	158 (100.0)	62 (100.0)	150 (100.0)	625 (100.0)		

* $P<0.05$ ** $P<0.01$

从表31可知，不同年级人群对于影像史学认知相关题项上不会表现出差异性，也即说明不同年级人群对于影像史学认知上表现出一致性态度。

9.12 不同年级口述史学认知情况卡方分析

表32　　　　　　　　不同年级口述史学认知情况

问题	选项	年级					合计	χ^2	P
		大一	大二	大三	大四	硕博			
您觉得口述史纪录片属于影像史学的内容还是口述史学的内容？	口述史学	76 (51.7)	55 (50.5)	105 (66.0)	33 (53.2)	91 (60.7)	360 (57.4)	12.877	0.116
	影视史学	35 (23.8)	24 (22.0)	32 (20.1)	16 (25.8)	32 (21.3)	139 (22.2)		
	不清楚	36 (24.5)	30 (27.5)	22 (13.8)	13 (21.0)	27 (18.0)	128 (20.4)		
合计		147 (100.0)	109 (100.0)	159 (100.0)	62 (100.0)	150 (100.0)	627 (100.0)		
您是否读过口述史学读物，例如《唐德刚：张学良口述历史》等？	是	31 (20.9)	27 (24.8)	56 (35.4)	24 (38.7)	69 (46.0)	207 (33.0)	25.865**	0.000
	否	117 (79.1)	82 (75.2)	102 (64.6)	38 (61.3)	81 (54.0)	420 (67.0)		
合计		148 (100.0)	109 (100.0)	158 (100.0)	62 (100.0)	150 (100.0)	627 (100.0)		
您认为名人传记如《胡适口述自传》，是否算作口述历史著作？	是	74 (50.7)	63 (57.8)	101 (64.7)	35 (56.5)	92 (62.2)	365 (58.8)	7.119	0.130
	不是	72 (49.3)	46 (42.2)	55 (35.3)	27 (43.5)	56 (37.8)	256 (41.2)		
合计		146 (100.0)	109 (100.0)	156 (100.0)	62 (100.0)	148 (100.0)	621 (100.0)		
若高校开设口述史学相关课程，您是否有意愿选课？	有	113 (76.4)	82 (75.2)	126 (79.2)	51 (82.3)	98 (65.3)	470 (74.8)	10.839*	0.028
	没有	35 (23.6)	27 (24.8)	33 (20.8)	11 (17.7)	52 (34.7)	158 (25.2)		
合计		148 (100.0)	109 (100.0)	159 (100.0)	62 (100.0)	150 (100.0)	628 (100.0)		

续表

问题	选项	年级					合计	χ^2	P
		大一	大二	大三	大四	硕博			
您是否有意愿将来从事有关口述史的工作？	有	18 (12.2)	22 (20.2)	35 (22.0)	16 (25.8)	30 (20.0)	121 (19.3)	12.062	0.148
	没有	79 (53.4)	43 (39.4)	75 (47.2)	30 (48.4)	66 (44.0)	293 (46.7)		
	不确定	51 (34.5)	44 (40.4)	49 (30.8)	16 (25.8)	54 (36.0)	214 (34.1)		
合计		148 (100.0)	109 (100.0)	159 (100.0)	62 (100.0)	150 (100.0)	628 (100.0)		

*P<0.05　**P<0.01

从表32可知，不同年级人群对于"您是否读过口述史学读物，例如《唐德刚：张学良口述历史》等？""若高校开设口述史学相关课程，您是否有意愿选课？"两题项呈现出显著差异：

对于口述史学读物的阅读上，硕博人群阅读过口述史学读物的可能性明显更高，同时对于口述史学选课意愿上，硕博样本人群的选课意愿明显最低。

9.13　不同年级文化遗产保护认知情况卡方分析

表33　　　　　　　　不同年级文化遗产保护认知情况

问题	选项	年级					合计	χ^2	P
		大一	大二	大三	大四	硕博			
您觉得史学在社会领域的应用与普及是否会对传统史学的研究造成冲击？	会	54 (36.2)	42 (38.5)	49 (30.8)	13 (21.0)	43 (28.5)	201 (31.9)	14.260	0.075
	不会	81 (54.4)	48 (44.0)	87 (54.7)	36 (58.1)	90 (59.6)	342 (54.3)		
	不清楚	14 (9.4)	19 (17.4)	23 (14.5)	13 (21.0)	18 (11.9)	87 (13.8)		
合计		149 (100.0)	109 (100.0)	159 (100.0)	62 (100.0)	151 (100.0)	630 (100.0)		

续表

问题	选项	年级					合计	χ^2	P
		大一	大二	大三	大四	硕博			
您觉得文化遗产开发保护中需要史学专业人员的介入吗？	需要	146 (98.0)	98 (89.9)	158 (99.4)	60 (96.8)	143 (94.7)	605 (96.0)	17.662**	0.001
	不需要	3 (2.0)	11 (10.1)	1 (0.6)	2 (3.2)	8 (5.3)	25 (4.0)		
	合计	149 (100.0)	109 (100.0)	159 (100.0)	62 (100.0)	151 (100.0)	630 (100.0)		
您觉得地方史志应该由专业公共（公众）史学家书写还是政府人员书写？	专业公共（公众）史学家	92 (61.7)	63 (57.8)	98 (61.6)	43 (69.4)	103 (68.7)	399 (63.4)	6.208	0.624
	政府人员	2 (1.3)	4 (3.7)	4 (2.5)	1 (1.6)	4 (2.7)	15 (2.4)		
	都需要	55 (36.9)	42 (38.5)	57 (35.8)	18 (29.0)	43 (28.7)	215 (34.2)		
	合计	149 (100.0)	109 (100.0)	159 (100.0)	62 (100.0)	150 (100.0)	629 (100.0)		

* $P<0.05$ ** $P<0.01$

从表33可知，不同年级人群对于"您觉得文化遗产开发保护中需要史学专业人员的介入吗？"呈现出显著差异：硕博人群，他们更可能认为文化遗产开发保护并不需要史学专业人员介入。

9.14 不同年级就业倾向卡方分析

表34　　　　　　　不同年级就业倾向

问题	选项	年级					合计	χ^2	P
		大一	大二	大三	大四	硕博			
您认为历史学研究应该多关注上述领域吗？	应该	137 (92.6)	91 (83.5)	138 (86.8)	53 (85.5)	125 (83.3)	544 (86.6)	12.698	0.123
	不应该	4 (2.7)	2 (1.8)	8 (5.0)	4 (6.5)	9 (6.0)	27 (4.3)		
	无所谓	7 (4.7)	16 (14.7)	13 (8.2)	5 (8.1)	16 (10.7)	57 (9.1)		
	合计	148 (100.0)	109 (100.0)	159 (100.0)	62 (100.0)	150 (100.0)	628 (100.0)		

续表

问题	选项	大一	大二	大三	大四	硕博	合计	χ^2	P
您觉得历史学专业将来的就业形势如何？	良好	31 (20.8)	18 (16.5)	8 (5.1)	5 (8.1)	15 (9.9)	77 (12.2)	36.364**	0.000
	严峻	36 (24.2)	46 (42.2)	78 (49.4)	30 (48.4)	68 (45.0)	258 (41.0)		
	一般	82 (55.0)	45 (41.3)	72 (45.6)	27 (43.5)	68 (45.0)	294 (46.7)		
合计		149 (100.0)	109 (100.0)	158 (100.0)	62 (100.0)	151 (100.0)	629 (100.0)		
您有考虑过从事以下历史专业相关工作吗？	有	86 (57.7)	68 (62.4)	89 (56.7)	33 (53.2)	95 (63.3)	371 (59.2)	2.980	0.561
	没有	63 (42.3)	41 (37.6)	68 (43.3)	29 (46.8)	55 (36.7)	256 (40.8)		
合计		149 (100.0)	109 (100.0)	157 (100.0)	62 (100.0)	150 (100.0)	627 (100.0)		
您觉得上述行业当前发展现状如何？	非常好	10 (6.7)	2 (1.9)	3 (1.9)	1 (1.6)	5 (3.3)	21 (3.4)	30.170*	0.017
	较好	58 (38.9)	46 (42.6)	50 (31.8)	18 (29.0)	49 (32.7)	221 (35.3)		
	一般	65 (43.6)	40 (37.0)	84 (53.5)	39 (62.9)	86 (57.3)	314 (50.2)		
	很差	5 (3.4)	7 (6.5)	7 (4.5)	1 (1.6)	5 (3.3)	25 (4.0)		
	不关心	11 (7.4)	13 (12.0)	13 (8.3)	3 (4.8)	5 (3.3)	45 (7.2)		
合计		149 (100.0)	108 (100.0)	157 (100.0)	62 (100.0)	150 (100.0)	626 (100.0)		
您觉得当前历史学课程设置有必要面向这些有市场需求的行业吗？	有	109 (73.2)	67 (61.5)	107 (68.6)	47 (75.8)	101 (66.9)	431 (68.7)	15.897*	0.044
	没有	29 (19.5)	25 (22.9)	33 (21.2)	12 (19.4)	43 (28.5)	142 (22.6)		
	不关心	11 (7.4)	17 (15.6)	16 (10.3)	3 (4.8)	7 (4.6)	54 (8.6)		
合计		149 (100.0)	109 (100.0)	156 (100.0)	62 (100.0)	151 (100.0)	627 (100.0)		

续表

问题	选项	大一	大二	大三	大四	硕博	合计	χ^2	P
基于以上问题，您觉得公共（公众）史学未来在国内发展前景如何？	非常好	12 (8.1)	7 (6.4)	7 (4.5)	3 (4.8)	10 (6.6)	39 (6.2)	10.857	0.818
	较好	78 (52.3)	61 (56.0)	80 (51.3)	32 (51.6)	69 (45.7)	320 (51.0)		
	一般	48 (32.2)	29 (26.6)	52 (33.3)	22 (35.5)	61 (40.4)	212 (33.8)		
	较差	5 (3.4)	5 (4.6)	9 (5.8)	1 (1.6)	5 (3.3)	25 (4.0)		
	不关心	6 (4.0)	7 (6.4)	8 (5.1)	4 (6.5)	6 (4.0)	31 (4.9)		
合计		149 (100.0)	109 (100.0)	156 (100.0)	62 (100.0)	151 (100.0)	627 (100.0)		

* $P<0.05$ ** $P<0.01$

从表34可知，不同年级人群对于"您觉得历史学专业将来的就业形势如何？""您觉得上述行业当前发展现状如何？""您觉得当前历史学课程设置有必要面向这些有市场需求的行业吗？"三题项呈现出显著差异：

针对历史学专业就业形势上，大一样本表现出最为乐观的态度，以及对于相关行业发展现状上，大一样本也表现出最为乐观的态度。同时针对历史学课程设置面向市场必要性上，硕博人群的认可度最低。

9.15 结论

通过上述分析可知：针对不同地区高校的比较，长三角学校人群更多出于兴趣爱好选择历史专业，而北京学校人群更可能是由于高考调剂选择历史专业。同时对于历史专业的感觉上，北京样本的喜爱程度会低于长三角学校样本人群。针对历史专业课程设置合理性上，北京高校样本认为相对更不合理。北京样本人群从来没有听说过公共史学的比例明显高于长三角高校样本人群。针对历史通俗读物的阅读上，北京样本人群读过的比例明显更高。同时对于历史通俗读物创作的重要性上，北京样本更重视语言通俗易懂，长三角样本人群则更重视史实的真实无误。对于口述史学读物的阅读上，长三角高校样本阅读过的比例明显高于北京样本；同时对于口述史学课程的选择意愿上，长三角学校样本愿意选课的比例也明显更高。北京样本人群认为文化遗产开发保护不需要史学专业人员介入，但长三角高校人群认为一定需要史学专业人员介入。

针对不同年级样本的对比：就接触历史学的情况来看，大一、大二硕博样本人群上大学前接触历史学的可能性明显更高。对于选择历史专业的原因上，硕博人群更可能是出于兴趣爱好而选择历史专业。同时对于目前选择历史专业的感觉上，大二或者大三样本更可能表现出讨厌的态度；同时对于当前历史专业课程设置合理性上，大二、大三或者硕博人群更可能认为不合理，大一样本认为相对最为合理。对于历史学学术研究评价机制合理性上，硕博人群更可能认为不合理。硕博样本人群认为史学家更应该潜心书斋。对于当前历史读物质量上，硕博人群认为质量很差的比例最高；对于创作历史通俗读物效果上，大二样本更可能表现出无所谓的态度。对于口述史学读物的阅读上，硕博人群阅读过口述史学读物的可能性明显更高，同时对于口述史学选课意愿上，硕博样本人群的选课意愿明显更低。针对历史学专业就业形势上，大一样本表现出最为乐观的态度，对于相关行业发展现状上，大一样本也表现出最为乐观的态度。同时针对历史学课程设置面向市场必要性上，硕博人群的认可度最低。

The Survey on "The Cognition of the College Students of History to the Public History"

Survey Profile：

After the "Survey on Public History's Development in China" was established in June 2015 as a National Project for Undergraduate Innovative Experiments（Instructed by Jiang Meng and Zhao Yunze）, the team members have been conducting a questionnaire survey on 8 different schools for approximately one year. These schools are Beijing University, Renmin University of China, Beijing Normal University, East China Normal University, Fudan University, Zhejiang University, Ningbo University, Shandong University and more than 670 valid questionnaires were collected. The subjects of the survey were mainly undergraduate students majoring in history and a small number of master students and PHD students. This selection of this survey subjects are relatively representative, includes not only the current four "First-Class Disciplines" development units for Chinese history, but also three famous historical centers in Shandong University, East China Normal University and Zhejiang University, and a local university in a developed area.

资料整理

中国当代历史通俗读物书目汇编
（2005—2018）

编撰者：徐雷鹏：中国人民大学历史学院2013级本科生，中国人民大学新闻学院2017级硕士生；

审订者：姜萌：中国人民大学历史学院副教授。

编撰说明

1. 本书目汇编目前只完成了2005年至2018年7月时段的整理，2005年之前的尚待今后续补。

2. 书目主要源自当当网历史类图书类目下历史普及读物部分和世界史部分[①]，另外也有历史类其他栏目的图书。选择当当网信息原因有二，一是当当网是国内网上图书销售最早最主要平台之一，二是当当网提供的图书信息有利于判断图书是否属于历史通俗读物类或面向大众的图书。

3. 本汇编自2015年秋即着手，后屡有增补修订。2005年、2006年篇目比较少的原因有二，一是当时历史通俗读物的产出比较少，二是当时网络购书刚刚起步，数据比较少。今后将依据相关资料进一步

[①] http：//category.dangdang.com/cp01.36.01.00.00.00；srsort_default.html，http：//category.dangdang.com/cp01.36.05.00.00.00.html。

补充。

4. 本书目选编标准有二：按照图书上架建议，若为"历史普及读物"，则编入其中；依据书目简介从图书内容、创作目的、面向人群、语言风格等方面将之与学术著作区分。

5. 由于书目内容较多，为便于读者了解中国面向人民大众的历史知识生产与传播情形，特将书目分成"中国史部分"和"世界史部分"。

6. 一些畅销历史通俗读物由于再版次数非常多，虽尽量将不同版本收录，但仍然存在不完整的问题。另外，由于能力有限，编选中存在遗漏及编选标准不一的情况，还望宽谅指正。

7. 本篇目汇编系徐雷鹏同学在姜萌的指导下编纂，姜萌进行了最后的增补、审订，如有错讹，一概由姜萌承担全部责任。

中国史部分

2005 年

1. 杨善群、郑嘉融：《话说中国》，上海文艺出版社，2005 年 3 月。

2. 蔡东藩：《中国历代通俗演义》，上海科学技术文献出版社，2005 年 8 月。

2006 年

3. 张宏杰：《大明王朝的七张面孔》，广西师范大学出版社，2006 年 1 月。

4. 阎崇年：《正说清朝十二帝》，中华书局，2006 年 4 月。

5. 张军、宋凯：《蒋介石五大主力兴亡录》，湖北人民出版社，2006 年 7 月。

6. 易中天：《品三国》，上海文艺出版社，2006 年 7 月。

7. 金性尧：《三国谈心录》，中国人民大学出版社，2006 年 8 月。

8. 林汉达：《东周列国故事》，文汇出版社，2006 年 8 月。

2007 年

9. 张金奎：《匈奴帝国传奇》，中国国际广播出版社，2007 年 2 月。

10. 赵卫东：《二十四史名句赏析》，湖北辞书出版社，2007 年 2 月。

11. 蔡东藩：《中国历代通俗演义》（插图本），华夏出版社，2007 年 2 月。

12. 蔡东藩：《中国历代通俗演义》（绣像本），中国社会科学出版社，2007 年 3 月。

13. 黎东方：《黎东方讲史（全九册）》，上海人民出版社，2007 年 5 月。

14. 雷颐：《历史的裂缝：近代中国与幽暗人性》，广西师范大学出版社，2007 年 5 月。

15. 孙秀玲：《一口气读完大唐史》，京华出版社，2007 年 7 月。

16. 朱良楠、姜波编：《中华上下五千年（全四册）》，北方文艺出版社，2007 年 7 月。

17. 端木赐香：《那一次我们挨打了：中英第一次鸦片战争全景解读》，山西人民出版社，2007 年 12 月。

18. 阎崇年：《明亡清兴六十年》，中华书局，2007 年 12 月。

2008 年

19. 蔡东藩：《中国历代通俗演义》，吉林出版集团有限责任公司，2008 年 1 月。

20. 汪中求、王筱宇：《1750—1950 的中国》，新世界出版社，2008 年 1 月。

21. 承天：《契丹帝国传奇》，中国国际广播出版社，2008 年 1 月。

22. 宋宜昌、倪建中：《风暴帝国：解读世界历史上版图最大的蒙古帝国》，中国社会出版社，2008 年 2 月。

23. 纪连海：《历史上的李莲英》，中国民主法治出版社有限公司，2008年3月。

24. 孟宪实：《唐高宗的真相》，北京大学出版社，2008年4月。

25. 阎崇年：《康熙大帝》，中华书局，2008年5月。

26. 高天流云：《如果这是宋史（全四册）》，上海文艺出版社，2008年5月。

27. 蔡东藩：《中国历代通俗演义》，中央编译出版社，2008年5月。

28. 骆玉明：《历史上的大阴谋》，上海古籍出版社，2008年6月。

29. 韩文宁、刘晓宁：《话说民国》，凤凰出版社，2008年7月。

30. 徐世平：《扒着门缝看历史》，九州出版社，2008年9月。

31. 杨柳、刘博：《66个改变历史进程的转折点》，当代世界出版社，2008年9月。

32. 孙秀玲：《一口气读完大宋史》，京华出版社，2008年9月。

33. 林越：《帝国的崛起与没落》，中国社会出版社，2008年10月。

34. 尹绍亭：《远去的山火》，云南人民出版社，2008年10月。

35. 梅毅：《华丽血时代：两晋南北朝的另类历史》，华艺出版社，2008年11月。

36. 梅毅：《纵欲时代：大明朝的另类史》，华艺出版社，2008年11月。

37. 梅毅：《亡天下：南明痛史》，华艺出版社，2008年11月。

38. 梅毅：《帝国如风：元朝的另类历史》，华艺出版社，2008年11月。

39. 梅毅：《刀锋上的文明：宋辽金西夏的另类历史》，华艺出版社，2008年11月。

40. 梅毅：《帝国的正午：隋唐五代的另类史》，华艺出版社，2008年11月。

41. 梅毅：《极乐诱惑：太平天国的兴亡》，华艺出版社，2008

年 11 月。

2009 年

42. 黎东方：《我们的根：简说五千年中国文明史》，上海人民出版社，2009 年 1 月。

43. 唐浩明：《曾国藩（全三册）》，春风文艺出版社，2009 年 1 月。

44. 张清华：《一口气读完上古史》，京华出版社，2009 年 1 月。

45. 罗三洋：《柔然帝国传奇》，中国国际广播出版社，2009 年 1 月。

46. 孙昊、杨军：《女真帝国传奇》，中国国际广播出版社，2009 年 1 月。

47. 严耀中：《中国历史：两晋南北朝史》，人民出版社，2009 年 4 月。

48. 孙秀玲：《一口气读完大元史》，京华出版社，2009 年 4 月。

49. 当年明月：《明朝那些事儿（全七册）》，中国海关出版社，2009 年 4 月。

50. 方木铎：《发现：博物馆里的历史》，哈尔滨出版社，2009 年 5 月。

51. 李颖：《共和国历史的细节》，人民出版社，2009 年 6 月。

52. 章东磐：《父亲的战场》，陕西人民出版社，2009 年 7 月。

53. 贾志刚：《贾志刚说春秋》，广西师范大学出版社，2009 年 7 月。

54. 宋露霞：《盛宣怀家族》，上海科技文献出版社，2009 年 8 月。

55. 司马志：《读史悟人生》，中国纺织出版社，2009 年 8 月。

56. 王重旭：《历史不是那么回事儿》，中国传媒大学出版社，2009 年 9 月。

57. 蔡东藩：《中国历代通俗演义》，知识出版社，2009 年 10 月。

58. 蔡东藩：《中国历代通俗演义》，中州古籍出版社，2009 年

10 月。

59. 梅世雄：《与鬼子玩命》，新华出版社，2009 年 12 月。

2010 年

60. 张志君：《历史不是那么回事儿 2》，中国传媒大学出版社，2010 年 1 月。

61. 王楚英、陈远湘：《亲历者讲述：受降内幕》，中国文史出版社，2010 年 1 月。

62. 尹家民：《两岸惊涛中的毛泽东和蒋介石》，百花洲文艺出版社，2010 年 1 月。

63. 邓加荣：《揭开甲午海战的黑匣子》，文汇出版社，2010 年 1 月。

64. 司马路：《汉朝的密码：从秦始皇到汉武帝的帝国记忆》，陕西人民出版社，2010 年 1 月。

65. 程万军：《逆淘汰：中国历史上的毁人游戏》，广西师范大学出版社，2010 年 1 月。

66. 雾满拦江：《清朝其实很有趣儿》，工人出版社，2010 年 1 月。

67. 《蒙曼说唐·长恨歌》，陕西师范大学出版社，2010 年 1 月。

68. 赤军：《西辽帝国传奇》，中国国际广播出版社，2010 年 1 月。

69. 郭漫：《消失的世界》，航空工业出版社，2010 年 2 月。

70. 雪珥：《国运 1909：清帝国的改革突围》，陕西师范大学出版社，2010 年 2 月。

71. 杨帆：《国民党去台高官大结局》，华文出版社，2010 年 2 月。

72. 蔡东藩：《中国历代通俗演义》，安徽人民出版社，2010 年 4 月。

73. 张鸣：《北洋裂变：军阀与五四》，广西师范大学出版社，2010 年 4 月。

74. 王鸿儒：《夜郎王国传奇》，中国国际广播出版社，2010年4月。

75. 王天有：《明朝十六帝》，紫禁城出版社，2010年4月。

76. 刘小童：《驼峰航线：抗战中中国的一条生命通道》，广西师范大学出版社，2010年5月。

77. 胡益安：《天下桂系：李宗仁、白崇禧成败录》，东方出版社，2010年5月。

78. 淳于南：《明朝正德年间的囧人囧事》，湖南美术出版社，2010年6月。

79. 马啸天、汪曼云遗稿，黄美真整理：《我所知道的汪伪特工内幕》，东方出版社，2010年6月。

80. 黄美真、石元华、姜义华：《汪伪"七十六号"特工总部》，团结出版社，2010年6月。

81. 陈秉安：《大逃港》，广东人民出版社，2010年7月。

82. 龚书铎、刘德麟主编：《话说中国历史（全十册）》，吉林出版集团有限责任公司，2012年7月。

83. 阎崇年：《清朝十二帝》，人民出版社，2010年7月。

84. 邓荣栋：《挑灯看清朝》，崇文书局，2010年8月。

85. 关河五十州：《正面抗日战场第一部·我的家在松花江上》，武汉出版社，2010年8月。

86. 方志远：《大明嘉靖往事》，现代教育出版社，2010年8月。

87. 徐焰：《中南海往事追踪报告》，中央文献出版社，2010年8月。

88. 孙秀玲：《一口气读完大汉史》，京华出版社，2010年8月。

89. 雾满拦江：《别笑，这是大清正史》，武汉出版社，2010年8月。

90. 蔡东藩：《中国历代通俗演义》，辽海出版社，2010年8月。

91. 蔡东藩：《中国历代通俗演义》，九州出版社，2010年9月。

92. 田闻一：《与鬼为邻：蒋介石与汪精卫的八年生死战》，台海出版社，2010年9月。

93. 阎明：《往事不忍成历史：一个四野后代的亲历与见闻》，文化艺术出版社，2010年9月。

94. 时攀、朱韫：《中统档案》，中国友谊出版公司，2010年9月。

95. 巫解：《女人们的历史脱口秀》，甘肃人民美术出版社，2010年9月。

96. 王永平：《一本书读懂唐朝》，中华书局，2010年9月。

97. 刘强：《竹林七贤》，中国青年出版社，2010年10月。

98. 雪珥：《绝版恭亲王》，文汇出版社，2010年10月。

99. 鹤阑珊：《天朝的狂欢：义和团运动兴衰史》，广西师范大学出版社，2010年10月。

100. 张鸣：《无所畏与无所谓：历史的空白处》，重庆出版社，2010年10月。

101. 王玉伟：《正儿八经说隋唐：历史挑山工》，中国社会出版社，2010年11月。

102. 张寄谦：《联大长征》，新星出版社，2010年11月。

103. 汪衍振：《李鸿章发迹史》，上海世纪出版股份有限公司发行中心，2010年11月。

104. 魏新：《东汉开国》，人民文学出版社，2010年11月。

105. 聂茂、厉雷：《蒋介石与张学良的恩怨情仇》，东方出版社，2010年12月。

106. 李军：《繁华散尽：四大家族的后人们》，东方出版社，2010年12月。

107. 樱雪丸：《日本明治维新：富国强兵》，凤凰出版社，2010年12月。

2011年

108. 蔡东藩：《蔡东藩说中国史》，工人出版社，2011年1月。

109. 蔡东藩：《中国历代通俗演义》，吉林大学出版社，2011年1月。

110. 梅毅：《1911：革命与宿命》，九州出版社，2011年1月。

111. 杨潜：《北洋将军轶事》，山东画报出版社，2011年1月。

112. 林桶法：《1949大撤退》，九州出版社，2011年1月。

113. 岳南：《南渡北归》，湖南文艺出版社，2011年1月。

114. 龙也、木白：《曹操不是传说》，金城出版社，2011年1月。

115. 汪衍振：《左宗棠发迹史》，上海文艺出版集团发行有限公司，2011年1月。

116. 中石：《和珅》，中国财富出版社，2011年1月。

117. 刘兴雨：《追问历史》，华龄出版社，2011年1月。

118. 许倬云：《许倬云看历史系列（全四册）》，广西师范大学出版社，2011年1月。

119. 洪维扬：《日本战国风云录上：群雄纷起》，广西师范大学出版社，2011年1月。

120. 陈杰：《明治维新：改革日本的五十年》，陕西人民出版社，2011年1月。

121. 姜建强：《另类日本史》，上海交通大学出版社，2011年1月。

122. 唐荣尧：《西夏帝国传奇》，中国国际广播出版社，2011年2月。

123. 张嵚：《不容青史尽成灰》，苏州古吴轩出版有限公司，2011年2月。

124. 龙翔、泉明：《最后的皇族：大清十二家"铁帽子王"轶事》，北京大学出版社，2011年2月。

125. 张宏杰：《曾国藩的正面与侧面》，国际文化出版公司，2011年2月。

126. 邵勇：《一本书读懂中国近代史》，中华书局，2011年3月。

127. 汤余：《权谋曾国藩》，华文出版社，2011年3月。

128. 邢群麟、聂晓晴编：《历史不忍细看》，新世界出版社，2011年4月。

129. 陶短房：《这个天国不太平》，中华书局，2011年4月。

130. 黄继树：《败兵成匪：1949—1952年的剿匪往事》，文化艺术出版社，2011年4月。

131. 顾居：《朝秦暮楚·民国汉奸粉墨春秋》，团结出版社，2011年4月。

132. 苦乡：《嘉靖与严嵩：是非君臣》，浙江大学出版社，2011年4月。

133. 周水琴：《细说大唐》，中国华侨出版社，2011年4月。

134. 李翠香：《细说大清》，中国华侨出版社，2011年4月。

135. 马勇：《1898年那场未遂政变》，江苏人民出版社，2011年5月。

136. 杨帆：《中国军阀的最后结局》，华文出版社，2010年10月。

137. 张远鹏：《太平天国史话》，社会科学文献出版社，2011年5月。

138. 阿龙：《战国那些事》，华夏出版社，2011年5月。

139. 姚胜祥：《818疯狂魏晋的牛人》，万卷出版公司，2011年5月。

140. 李清泉：《英雄项羽》，江西人民出版社，2011年5月。

141. 姜若木：《清朝那些新鲜事儿》，中国文史出版社，2011年5月。

142. 宗承灏：《官家定律》，百花洲文艺出版社，2011年6月。

143. 金满楼：《辛亥残梦：帝国崩溃的前夜》，湖南人民出版社，2011年6月。

144. 易强：《帝国即将溃败：西方视角下的晚清图景》，中国书店出版社，2011年6月。

145. 雪珥：《大国海盗：浪尖上的中华先锋》，山西人民出版社，2011年6月。

146. 孙昊：《日本武士史》，陕西人民出版社，2011年6月。

147. 墨香满楼：《唐朝到底是怎么回事》，武汉出版社，2011年6月。

148. 波音：《透过钱眼看中国历史》，北京航空航天大学出版社，2011年6月。

149. 蔡东藩：《中国历代通俗演义》，文化艺术出版社，2011年6月。

150. 雾满拦江：《民国就是这么生猛》，江苏文艺出版社，2011年7月。

151. 朱汉国、宋亚文：《一本书读懂民国》，中华书局，2011年7月。

152. 落尘：《民国的底气》，中央广播电视大学出版社，2011年7月。

153. 梅毅：《鲜为人知的杨家将》，江西人民出版社，2011年7月。

154. 《蒙曼说隋：隋文帝杨坚》，江西人民出版社，2011年7月。

155. 李争平：《一本书精通欧洲史》，朝华出版社，2011年7月。

156. 司徒朔：《北大在1919：九零后的崛起》，中国发展出版社，2011年8月。

157. 蒋胜男：《历史的模样1·夏商周》，中国民主法治出版有限公司，2011年8月。

158. 张锐强：《名将之死》，中国友谊出版社，2011年8月。

159. 郑永安：《中国历代帝王》，2011年8月。

160. 吴钩：《隐权力2·中国传统社会的运行游戏》，复旦大学出版社，2011年8月。

161. 张大生、张建华、王文清编：《毛泽东点评二十四史解析版》，红旗出版社，2011年8月。

162. 吴碧涵：《吴姐姐讲历史故事》，新世界出版社，2011年8月。

163. 潘荣、魏又行：《北洋政府史话》，社会科学文献出版社，2011年8月。

164. 王巍、范晓军：《大清国是怎么没的》，新华出版社，2011

年8月。

165. 马洪武：《革命根据地史话》，社会科学文献出版社，2011年8月。

166. 胡为雄：《帝制的终结：甲午之殇、辛亥天变》，当代中国出版社，2011年8月。

167. 凤凰卫视出版中心：《远乡：蒋氏父子和他的台湾子民》，重庆出版社，2011年8月。

168. 杨雪舞：《民国总统档案》，人民日报出版社，2011年8月。

169. 祝勇：《辛亥年》，生活·读书·新知三联书店，2011年8月。

170. 宋国涛：《民国总理档案》，人民日报出版社，2011年8月。

171. 庄秋水：《三百年来伤国乱》，湖南文艺出版社，2011年8月。

172. 杨红林、安言：《历史悬案大全集》，中国华侨出版社，2011年9月。

173. 程思远：《我的回忆百年中国风云实录》，北方文艺出版社，2011年9月。

174. 程思远：《李宗仁先生晚年》，北方文艺出版社，2011年9月。

175. 张程：《辛亥革命始末》，红旗出版社，2011年9月。

176. 叶健君、李万青：《大结局：43名国民党战犯命运纪实》，湖南人民出版社，2011年9月。

177. 关河五十州：《一寸河山一寸血》，武汉出版社，2011年9月。

178. 程思远：《政海秘辛》，北方文艺出版社，2011年9月。

179. 蒋浊文：《民国四大家族丛书》，华文出版社，2011年9月。

180. 张鸣：《民国的角落：嬉笑怒骂民国人，闲言碎语大历史》，红旗出版社，2011年9月。

181. 落尘：《民国的气质》，中央广播电视大学出版社，2011年9月。

182. 宗承灏：《灰色生存：中国历史中的生存游戏和权力博弈》，重庆出版社，2011年9月。

183. 符文军主编：《中华上下五千年》，时事出版社，2011年9月。

184. 韩毓海：《五百年来谁著史》，九州出版社，2011年10月。

185. 欧阳军喜：《共和大业：聚焦1911》，人民出版社，2011年10月。

186. 王海林：《民国第一帮会：揭秘上海滩的黑色历史》，哈尔滨出版社，2011年10月。

187. 陈一枪、秦川：《花城出版社》，2011年10月。

188. 张同新、何仲山：《从南京到台北：蒋介石败退台湾真相始末》，武汉出版社，2011年10月。

189. 李立：《台海风云》，九州出版社，2011年10月。

190. 徐百柯：《民国风度》，九州出版社，2011年10月。

191. 唐海龙：《唐朝的风情》，山西人民出版社，2011年10月。

192. 李山：《李山讲春秋五霸》，江西人民出版社，2011年10月。

193. 方志远：《万历兴亡录》，商务印书馆，2011年10月。

194. 杨建强：《中国往事：上海风云》，江苏文艺出版社，2011年11月。

195. 张天笑：《权力野兽朱元璋》，上海文艺出版社，2011年11月。

196. 柏杨：《柏杨曰》，人民文学出版社，2011年11月。

197. 高天流云：《如果这是宋史（全七册）》，辽宁教育出版社，2011年12月。

198. 或跃在渊：《契丹人》，云南人民出版社，2011年12月。

199. 当年明月：《明朝那些事儿（全9册）》，北京联合出版社，2011年12月。

200. 当年明月：《明朝那些事儿（全7册）》，浙江人民出版社，2011年12月。

201. 程瑛、顾佳赟、张欣：《周记1911：亚洲一个共和国开年微历史》，中国长安出版社，2011年12月。

202. 司马路：《最三国最枭雄：汉末五十年的风云往事》，浙江大学出版社，2011年12月。

2012 年

203. 忆江南：《历史老师没教过的历史》，浙江大学出版社，2012年1月。

204. 袁腾飞：《两宋风云》，陕西师范大学出版社，2012年1月。

205. 王龙：《国运拐点：中西精英大对决》，华文出版社，2012年1月。

206. 高敬：《读点民国史》，红旗出版社，2012年1月。

207. 新京报社：《辛亥风云：100人在1911》，山西人民出版社发行部，2012年1月。

208. 郭厚英：《那一世的风情：民国才子情事》，浙江大学出版社，2012年1月。

209. 刘仰东：《去趟民国：1912—1949年间的私人生活》，生活·读书·新知三联书店，2012年1月。

210. 《我的抗战》节目组：《我的抗战2》，中国友谊出版公司，2012年1月。

211. 肖勇革：《三国绝对很邪乎》，北京联合出版公司，2012年1月。

212. 樵子：《忍无可忍再忍一次：雍正是这么干的》，北京联合出版公司，2012年1月。

213. 安坤：《我是彪悍民国史》，团结出版社，2012年2月。

214. 黄一鹤：《微历史：1911—1949民国圈子》，湖南文艺出版社，2012年2月。

215. 马谧挺：《鸦片战争的正面与侧面》，团结出版社，2012年2月。

216. 谌旭彬：《汉朝：被掩盖的真相》，江苏人民出版社，2012

年2月。

217. 廖彦博：《三国和你想的不一样》，中国少年儿童出版社，2012年2月。

218. 王玉伟：《正儿八经说隋唐（全二册）》，中国社会出版社，2012年2月。

219. 韩佳媛：《历史是什么玩意儿大全集》，中国华侨出版社，2012年3月。

220. 梅毅：《帝国灰飞：辛亥革命真史》，海天出版社，2012年3月。

221. 梅毅：《帝国斜阳：南明真史》，海天出版社，2012年3月。

222. 梅毅：《帝国明辉：明朝真史》，海天出版社，2012年3月。

223. 梅毅：《帝国大涅槃：两晋南北朝真史》，海天出版社，2012年3月。

224. 李国文：《中国文人的非正常死亡》，人民文学出版社，2012年3月。

225. 曾仕强：《曾仕强点评三国之道：论三国智慧》，陕西师范大学出版社，2012年4月。

226. 宋长河：《历史的真相大全集》，外文出版社，2012年4月。

227. 李洁：《1912—1928：文武北洋》，浙江人民出版社，2012年4月。

228. 豆子：《唐朝从来不淡定》，中国华侨出版社，2012年4月。

229. 宋长河：《历史的真相》，外文出版社，2012年4月。

230. 文芳：《民国青楼秘史》，中国文史出版社，2012年5月。

231. 周海滨：《失落的巅峰：六位中共前主要负责人亲属口述历史》，人民出版社，2012年5月。

232. 张晨怡：《教科书里没有的民国史》，中华书局，2012年5月。

233. 端木赐香：《真假袁世凯辨别》，金城出版社，2012年5月。

234. 伊永文：《明代衣食住行》，中华书局，2012年5月。

235. 秦涛：《老谋子司马懿》，重庆出版社，2012年5月。

236. 朱永嘉：《论曹操：读〈三国志·魏书·武帝纪〉》，上海科学院出版社，2012年5月。

237. 萨苏：《可怜的将军》，西苑出版社，2012年5月。

238. 姜鹏：《汉武帝的三张面孔》，华东师范大学出版社，2012年6月。

239. 赵炎：《就在历史拐弯处》，中国华侨出版社，2012年6月。

240. 刘杰：《黑白袁世凯》，中国书店出版社，2012年6月。

241. 安长青：《民国史话》，金城出版社，2012年6月。

242. 高华：《革命年代》，广东人民出版社，2012年6月。

243. 卢广伟：《不忍细读：微历史下的民国记录》，江苏文艺出版社，2012年6月。

244. 马旭东：《洛阳城那些事儿》，华艺出版社，2012年6月。

245. 《蒙曼说隋：隋炀帝杨广》，长江文艺出版社，2012年6月。

246. 袁腾飞：《这个历史挺靠谱（全三册）》，湖南人民出版社，2012年6月。

247. 许卿绫：《史上最淡定的女主：卫子夫》，苏州古吴轩出版社有限公司，2012年6月。

248. 徐哲身：《汉朝宫廷秘史》，三秦出版社，2012年6月。

249. 杨师群：《中国历史的教训》，浙江大学出版社，2012年6月。

250. 邢超：《国民党那个时代》，中国文史出版社，2012年7月。

251. 秦风：《岁月台湾》，广西师范大学出版社，2012年7月。

252. 宁公子：《一本书讲透民国幕僚真相》，国际文化出版公司，2012年7月。

253. 伍立杨：《史谈》，春风文艺出版社，2012年7月。

254. 凤凰周刊：《大沉浮：大时代人物的命运》，中国发展出版社，2012年7月。

255. 曹金洪：《细说明朝风云人物》，中国纺织出版社，2012年7月。

256. 吕思勉：《中国大历史》，武汉出版社，2012年7月。

257. 老猫：《历史就是请客吃饭》，北京理工大学出版社，2012年7月。

258. 中国社会科学院历史研究所《简明中国历史读本》编写组：《简明中国历史读本》，中国社会科学出版社，2012年7月。

259. 龚书铎、刘德麟主编：《三国、两晋、南北朝：动荡纷争四百年》，北京联合出版公司，2012年7月。

260. 《图说天下·探索发现系列》编委会：《后宫秘史》，北京联合出版公司，2012年7月。

261. 王恩山：《散落的历史》，新星出版社，2012年8月。

262. 颜浩：《可以触摸的民国》，陕西人民出版社，2012年8月。

263. 李书纬：《微历史·纷繁民国》，中国纺织出版社，2012年8月。

264. 杨帆：《国民党高官败逃台湾真相》，人民日报出版社，2012年8月。

265. 张程：《民国说明书》，浙江大学出版社，2012年8月。

266. 刘澍：《麻辣近代史：1840—1885》，浙江大学出版社，2012年8月。

267. 《先生》编写组：《先生》，中信出版社，2012年8月。

268. 西门小刀：《读历史，你伤不起》，凤凰出版社，2012年8月。

269. 雾满拦江：《三国一点儿也不靠谱》，工人出版社，2012年8月。

270. 邙山野人：《胡霸天下：五胡十六国风云》，新世界出版社，2012年8月。

271. 蔡东藩：《中国历代通俗演义》，中国书店出版社，2012年8月。

272. 王立群：《汉武大帝》，大象出版社，2012年9月。

273. 张宏杰：《饥饿的盛世：乾隆时代的得与失》，湖南人民出版社，2012年9月。

274. 魏风华：《抗日战争中的细节》，江苏文艺出版社，2012年9月。

275. 赫兰希：《大国的疤痕：为您打开中国边界问题的诸多谜团》，群言出版社，2012年9月。

276. 马振犊：《国民党特务活动史》，九州出版社，2012年9月。

277. 魏风华：《抗日战争的细节》，江苏文艺出版社，2012年9月。

278. 范胜利：《大清十二帝》，中国文史出版社，2012年9月。

279. 张鸣：《五光十色说历史》，线装书局，2012年9月。

280. 许慕曦：《宋朝宫廷秘史》，三秦出版社，2012年9月。

281. 陈楠：《图说大汉帝国》，武汉出版社，2012年9月。

282. 陈楠：《图说大秦帝国》，武汉出版社，2012年9月。

283. 陈楠：《图说大唐帝国》，武汉出版社，2012年9月。

284. 陈楠：《图说大清帝国》，武汉出版社，2012年9月。

285. 李庆、根志优：《蒋介石初上台湾岛》，山西人民出版社发行部，2012年10月。

286. 雪珥：《帝国政改》，线装书局，2012年10月。

287. 张宏杰：《坐天下很累：中国式权力的九种滋味》，吉林出版集团有限责任公司，2012年10月。

288. 金满楼：《北洋军阀秘史》，中国旅游出版社，2012年10月。

289. 陈漱渝：《民国那些事》，漓江出版社，2012年10月。

290. ［日］陈舜臣：《长安之梦》，陈巍译，漓江出版社，2012年10月。

291. 陆令仪、朱莉：《资治通鉴故事：中华经典故事》，中华书局，2012年10月。

292. 朱文叔：《中华经典故事：左传故事》，中华书局，2012年10月。

293. 许啸天：《清朝宫廷秘史》，三秦出版社，2012年11月。

294. 高晓松：《晓说》，北京联合出版公司，2012年11月。

295．尹剑翔主编：《女人的私房历史书·民国篇》，北京邮电大学出版社有限公司，2012年11月。

296．公隋：《微历史：世界名人860个经典段子》，北京理工大学出版社，2012年11月。

297．孙玥洋：《蒙古帝国空前绝后四百年2》，重庆出版社，2012年11月。

298．邢晓群：《我们曾经历经沧桑》，浙江人民出版社，2012年11月。

299．森林鹿：《唐朝穿越指南：长安及各地人民生活手册》，北京联合出版公司，2012年12月。

2013年

300．蔡东藩：《中国历代通俗演义》，金盾出版社，2013年1月。

301．宗民：《顾维钧在九一八》，人民文学出版社，2013年1月。

302．江山入砚：《一战＆二战：1900—1945》，天津社会科学院出版社，2013年1月。

303．张平：《一本书读完历代趣闻轶事》，中国华侨出版社，2013年1月。

304．胡平：《海角旗影：台湾五十年代的红色革命与白色恐怖》，二十一世纪出版社，2013年1月。

305．王牧：《微历史：1840—1949百年家族》，湖南文艺出版社，2013年1月。

306．萨沙：《民国秘史》，北京联合出版公司，2013年1月。

307．金满楼：《门槛上的民国》，新星出版社，2013年1月。

308．雾满拦江：《对手：大清擂台上的权力游戏》，浙江大学出版社，2013年1月。

309．磨剑：《关云长不是传说》，中国法制出版社，2013年1月。

310．谢海金：《缺失的历史课：那些容易被人忽略的常识》，苏州古吴轩出版社有限公司，2013年1月。

311．于赓哲：《狄仁杰真相》，陕西师范大学出版社，2013年

1月。

312. 石不易：《我来剥历史的皮》，贵州人民出版社，2013年1月。

313. 路卫兵：《大开眼界：1368—1644明朝性情》，江苏文艺出版社，2013年1月。

314. 文芳：《民国烟毒秘档》，中国文史出版社，2013年2月。

315. 闻湜：《民国江湖风云》，中国文史出版社，2013年2月。

316. 陶菊隐：《北洋军阀统治时期史话》，山西人民出版社发行部，2013年2月。

317. 丁振宇：《微历史：宋朝就是如此有趣》，台海出版社，2013年2月。

318. 江上苇：《可以触摸的民国：近代史上的西南军阀》，陕西人民出版社，2013年3月。

319. 舒二林：《帝王的力量》，北京燕山出版社，2013年3月。

320. 景点：《汉朝那些人》，中国华侨出版社，2013年3月。

321. 乔公玄重：《每天读一点中国史》，武汉出版社，2013年3月。

322. 张宏杰：《大明王朝的七张面孔》，天津人民出版社，2013年4月。

323. 王觉仁：《血腥的盛唐》，凤凰出版社，2013年4月。

324. 纪连海：《纪连海点评史记》，漓江出版社，2013年4月。

325. 《袁腾飞讲二战》，湖南人民出版社，2013年4月。

326. 隋丽娟：《说慈禧》，中华书局，2013年4月。

327. 萨苏：《史客1204·四海》，金城出版社，2013年4月。

328. 牟婵娟：《一口气读懂明朝24悬案》，民主与建设出版社，2013年4月。

329. 黄晓楼：《一口气读完宦官那些事》，民主与建设出版社，2013年4月

330. 孙旭宏：《一口气读懂唐宋史》，民主与建设出版社，2013年4月。

331. 侯磊：《唐诗中的唐朝》，安徽人民出版社，2013年5月。
332. 侯磊：《宋词中的大宋》，安徽人民出版社，2013年5月。
333. 钱文忠：《玄奘西游记》，上海三联书店，2013年5月。
334. 杨雨：《魂兮归来：听杨雨讲屈原》，中华书局，2013年5月。
335. 滕昕云：《铁血荡寇：昆仑关作战》，武汉大学出版社，2013年5月。
336. 叶曙明：《国会现场：1911—1928》，浙江人民出版社，2013年5月。
337. 韩昇：《盛唐的背影》，北京出版社，2013年5月。
338. 漓玉：《历史不忍细看》，中国华侨出版社，2013年5月。
339. 环球时报社：《史海回眸：影响全球走势的那些人那些事》，科学出版社，2013年6月。
340. 史文：《国民党首要战犯改造秘档》，台海出版社，2013年6月。
341. 奕伶：《一口气读完明末四大名妓》，民主与建设出版社，2013年6月。
342. 黑留袖：《"幽默"世说新语》，现代出版社，2013年6月。
343. ［日］陈舜臣：《陈舜臣十八史略：兴亡无常》，廖为智译，广西师范大学出版社，2013年6月。
344. 路卫兵：《民国乱象》，工人出版社，2013年7月。
345. 王尧：《蒋介石与大国的恩恩怨怨》，台海出版社，2013年7月。
346. 叶克飞：《民国 style》，浙江大学出版社，2013年7月。
347. 祝勇：《民国的忧伤》，东方出版社，2013年7月。
348. 西南联大《除夕副刊》主编：《联大八年》，新星出版社，2013年7月。
349. 俞晓红：《三国人物攻略：曹操》，黄山书社，2013年7月。
350. 苗棣：《庸人治国：大太监魏忠贤与明帝国的末路》，新世纪出版社，2013年7月。

351. 三十从军：《三国的谎言》，人民日报出版社，2013年7月。

352. 飘雪楼主：《汉朝那些事儿（全八册）》，工人出版社，2013年7月。

353. 袁腾飞：《这个历史挺靠谱（全三册）》，湖南人民出版社，2013年7月。

354. 《漫说中国历史》编委会：《盘古开天地》，中航出版传媒有限责任公司，2013年7月。

355. 秦风老照片馆编，李佳达撰文：《日俄战争与中国的命运》，广西师范大学出版社，2013年7月。

356. 易中天：《易中天中华史：青春志》，浙江文艺出版社，2013年8月。

357. 小学生阿萌：《世纪最猛列强BOSS干仗史》，河南文艺出版社，2013年8月。

358. 郭晓晔：《东方大审判：审判侵华日军战犯纪实》，中国青年出版社，2013年8月。

359. 袁腾飞：《塞北三朝》，电子工业出版社，2013年8月。

360. 曾业英：《追寻真实的民国》，九州出版社，2013年9月。

361. 吴玉才：《悬崖边的王朝：蒋家王朝的前世今生》，台海出版社，2013年9月。

362. 张胜：《从战争中走来》，生活·读书·新知三联书店，2013年9月。

363. 冯八飞：《谁杀了岳飞》，人民文学出版社，2013年9月。

364. 程步：《真秦始皇》，青岛出版社，2013年9月。

365. 麻直生：《天下英雄谁敌手：孙权》，工人出版社，2013年9月。

366. 樱雪丸：《中日恩怨两千年》，人民日报出版社，2013年9月。

367. 祝勇：《盛世的疼痛：中国历史中的蝴蝶效应》，东方出版社，2013年9月。

368. 董郁青：《清末民初历史演义（全五册）》，上海三联书店，

2013年9月。

369. 何楚舞、凤鸣、陆宏宇：《寒冷的冬天3：血战长津湖》，重庆出版社，2013年10月。

370. 杨英健：《民国就是这么当官》，中共党史出版社，2013年10月。

371. 秦涛：《黑白曹操》，中国民主法制出版社，2013年10月。

372. 陈广旭：《收服天下心：刘备》，工人出版社，2013年10月。

373. 《袁腾飞讲成吉思汗》，湖南人民出版社，2013年10月。

374. 陆运高：《看版图学中国历史》，中国地图出版社，2013年10月。

375. 樱雪丸：《中日恩怨两千年2：万历抗日援朝》，人民日报出版社，2013年11月。

376. 安子：《回头看中国：光怪陆离的晚清众生相》，九州出版社，2013年11月。

377. 《环球人物杂志》社编：《往事如烟：民国政要后代回忆实录》，人民出版社，2013年11月。

378. 《张鸣说民国：军阀余荫和五四传统》，工人出版社，2013年11月。

379. 化夷：《国民党去台高官大结局》，中国青年出版社，2013年11月。

380. 黄治军：《大清灭亡启示录》，花城出版社，2013年11月。

381. 龙镇：《其实我们一直活在春秋战国》，江苏文艺出版社，2013年11月。

382. 《王立群百家讲坛读史系列套装》，大象出版社，2013年12月。

383. 马勇：《中国历史的侧面》，光明日报出版社，2013年12月。

384. 顾伯冲：《倾覆与重构：中国古代农民起义大起底》，中国财政经济出版社，2013年12月。

385. 林汉达：《上下五千年：一套故事化的历史读物》，上海人民出版社，2013年12月。

386. 黎东方等：《黎东方讲史（全九卷）》，上海人民出版社，2013年12月。

2014 年

387. 苏山：《还原16个著名的古战场》，北京工业大学出版社，2014年1月。

388. 苏山：《还原18个消失的古王国》，北京工业大学出版社，2014年1月。

389. 上官人：《大国推手：历史就是这样改变的》，广东人民出版社，2014年1月。

390. 晓箭：《甲午海战的前世今生》，华夏出版社，2014年1月。

391. 周守高：《民国八大总统》，台海出版社，2014年1月。

392. 王盾：《湘军史》，岳麓书社，2014年1月。

393. 冯学荣：《原来如此》，中国文史出版社，2014年1月。

394. 私家野史：《挖历史》，华文出版社，2014年1月。

395. 潇水：《先秦很可爱》，清华大学出版社，2014年1月。

396. 雾满拦江：《识时务的阴谋家：刘邦》，厦门大学出版社，2014年1月。

397. 雾满拦江：《笨人的成圣之道：曾国藩》，厦门大学出版社，2014年1月。

398. 李寅：《雍正和他的甄嬛们》，工人出版社，2014年1月。

399. 陈寅恪著，万绳楠整理：《陈寅恪魏晋南北朝史讲实录》，贵州人民出版社，2014年1月。

400. 度阴山：《帝王师：刘伯温》，江苏文艺出版社，2014年1月。

401. 于赓哲：《巾帼宰相上官婉儿》：陕西师范大学出版社，2014年1月。

402. 醉罢君山：《血战天下：战国全史》，现代出版社，2014年

1月。

403. 蔡东藩：《中国历代通俗演义》，金城出版社，2014年1月。

404. 蔡东藩：《中国历代通俗演义》，中国文史出版社，2014年1月。

405. 蔡东藩：《中国历代通俗演义》，北京理工大学出版社，2014年2月。

406. 冯学荣：《原来如此：清同治以后150年中国底本》，中国文史出版社，2014年2月。

407. 月映长河：《决战甲午（1894—1895）：尘封120年的细节与真相》，中国青年出版社，2014年2月。

408. 郭厚英、刘燕君：《两个女人一个清朝：落日余晖与慈禧太后》，中国社会出版社，2014年2月。

409. 蓝弋丰：《橡皮推翻了满清》，广东旅游出版社，2014年3月。

410. 蒋蓝：《一个晚清提督的踪迹史》，云南人民出版社，2014年3月。

411. 鲁东观察使：《一千年前的中国》，河南文艺出版社，2014年3月。

412. 云淡心远：《彪悍南北朝之铁血后三国》，现代出版社，2014年4月。

413. 王晓磊：《卑鄙的圣人：曹操》，江苏文艺出版社，2014年4月。

414. 盛文林：《极易误读的历史常识》，北京工业大学出版社，2014年4月。

415. 龚学刚：《轻松读二十四史》，人民邮电出版社，2014年4月。

416. 于赓哲：《大唐英雄传》，清华大学出版社，2014年4月。

417. 魏风华：《抗日战争的细节》，人民日报出版社，2014年5月。

418. 宋毅：《战争事典》，中国长安出版社，2014年5月。

419. 周海燕：《原来历史学这么有趣》，化学工业出版社，2014年5月。

420. 萨苏：《我们从沙场归来》，东方出版社，2014年5月。

421. 国晶：《宋朝游历指南》，中国画报出版社，2014年5月。

422. 胡坚：《帅气逼人的历史》，中国友谊出版公司，2014年5月。

423. 月望东山：《这里曾经是汉朝（全6册）》，湖北教育出版社，2014年5月。

424. 《袁腾飞讲汉末三国》，电子工业出版社，2014年5月。

425. 张宏杰：《曾国藩的正面和侧面》，民主与建设出版社，2014年5月。

426. 昊天牧云：《秦朝那些事儿》，工人出版社，2014年6月。

427. 马昊辰：《中国古代野史》，线装书局，2014年6月。

428. 端木赐香：《老佛爷不高兴》，光明日报出版社，2014年6月。

429. 李强：《大宋谜案》，电子工业出版社，2014年6月。

430. 孙桂辉：《中华宫廷秘史》，线装书局，2014年6月。

431. 张发财：《历史就这七八样》，广西师范大学出版社，2014年6月。

432. 蔡东藩：《中国历代通俗演义》，中国画报出版社，2014年6月。

433. 李涵：《档案解密：历史第一现场》，北京时代华文书局，2014年7月。

434. 黄治军：《大清灭亡启示录》，花城出版社，2014年7月。

435. 刘香成：《壹玖壹壹：从鸦片战争到军阀混战的百年影像史》，世界图书出版公司，2014年7月。

436. 吕峥：《中国误会了袁世凯》，北京日报出版社，2014年7月。

437. 忆江南：《历史老师没教过的历史2》，浙江大学出版社，2014年7月。

438. 森林鹿：《唐朝定居指南》，北京联合出版公司，2014年7月。

439. 度阴山：《知行合一王阳明（1472—1529）》，北京联合出版公司，2014年7月。

440. 森林鹿：《大唐穿越攻略》，北京联合出版有限责任公司，2014年7月。

441. 陈钦：《北洋大时代》，长江文艺出版社，2014年8月。

442. 张鸣：《张鸣说历史：重说中国国民性》，天津人民出版社，2014年8月。

443. 张宏杰：《张宏杰讲乾隆成败》，民主与建设出版社，2014年8月。

444. 姜鹏：《姜鹏品读〈资治通鉴〉》，西苑出版社，2014年8月。

445. 程万军：《谁主东洋》，广西师范大学出版社，2014年9月。

446. 张克群：《东周列国是怎样一锅粥》，机械工业出版社，2014年9月。

447. 张鸣：《张鸣说历史：朝堂上的戏法》，天津人民出版社，2014年9月。

448. 唐翼明：《中华的另一种可能：魏晋风流》，民主与建设出版社，2014年9月。

449. 诸葛文：《三天读懂中国五千年趣味传说》，中国法制出版社，2014年9月。

450. 霍晨昕：《后宫秘史》，吉林出版集团有限责任公司，2014年9月。

451. 《线装经典》编委会：《中国那些事儿·春秋战国》，云南出版集团公司晨光出版社，2014年9月。

452. 胡杨：《历代帝陵全档案》，工人出版社，2014年9月。

453. 方北辰：《三国名将》，北京大学出版社，2014年9月

454. 李师江：《和珅：帝王心腹》，北京联合出版公司，2014年9月。

455. 文若愚：《历史悬案》，中国华侨出版社，2014年10月。

456. 马勇：《青梅煮酒论英雄》，江西人民出版社，2014年10月。

457.《蔡东藩中华史白话版》，北京联合出版公司，2014年10月。

458. 江城：《历史深处的民国》，华文出版社，2014年10月。

459. 梁志宾：《风雅宋：宋朝生活图志》，中国财经出版社，2014年10月。

460. 姜狼：《柴荣是个好皇帝》，现代出版社，2014年10月。

461. 小马连环：《大国的游戏》，吉林文史出版社，2014年10月。

462. 丁振宇：《中华上下五千年》，北京工业大学出版社，2014年10月。

463. 易中天：《帝国的终结》，浙江文艺出版社，2014年10月。

464. 曲昌春：《唐史并不如烟系列（全6册）》，中国文史出版社，2014年10月。

465. 端木赐香：《暗香袭人：历史的吊诡与幽昧》，中国发展出版社，2014年11月。

466. 怀旧船长：《智谋观止：史上高参那些招儿》，北京联合出版公司，2014年11月。

467. 江晓兴：《一代雄主汉武大帝》，中国言实出版社，2014年11月。

468. 陈书媛：《清朝十二帝》，中国言实出版社，2014年11月。

469. 李亚平：《帝国政界往事：大清是如何拿下天下的》，天津人民出版社，2014年11月。

470. 易中天：《帝国的惆怅》，浙江文艺出版社，2014年11月。

471. 文若愚：《中外历史悬念》，北京联合出版社公司，2014年12月。

472. 许倬云：《这个世界病了吗》，上海文化出版社，2014年12月。

473. 吴军：《文明之光》，人民邮电出版社，2014年12月。

474. 陈瓷：《三国：五张面孔的局》，河南文艺出版社，2014年12月。

475. 王贵水：《一本书读懂中国历史》，北京工业大学出版社，2014年12月。

2015 年

476. 蔡东藩：《中国历代通俗演义》，万卷出版公司，2015年1月。

477. 谢维衡：《草民的抗战：国共两党地方武装鲜为人知的抗日真相》，中国文史出版社，2015年1月。

478. 贾英华：《末代皇族》，人民文学出版社，2015年1月。

479. 还是定风波：《盐铁往事：两千年前的货币战争》，重庆出版社，2015年1月。

480. 还是定风波：《百家争鸣：春秋战国擂台赛》，重庆出版社，2015年1月。

481. 文若愚：《历史悬案》，中国华侨出版社，2015年1月。

482. 刘晓磊：《历史的反光镜》，广东人民出版社，2015年1月。

483. 宋清玉：《历史是什么玩意》，北方妇女儿童出版社，2015年1月。

484. 梁宏达：《老梁论成败》，重庆出版社，2015年1月。

485. 罗斌：《精装国学馆：中华上下五千年》，吉林出版集团有限责任公司，2015年1月。

486. 马舒：《南北朝故事新编》，华夏出版社，2015年1月。

487. 剑眉枉凝：《刘备不是传说》，九州出版社，2015年1月。

488. 《袁腾飞讲先秦·上古春秋》，电子工业出版社，2015年1月。

489. 《袁腾飞讲先秦·战国纵横》，电子工业出版社，2015年1月。

490. ［美］罗伯特·芬雷：《青花瓷的故事：中国瓷的时代》，

郑明萱译，海南出版社，2015年1月。

491. 冬雪心境：《唐朝那些事儿（全七册）》，工人出版社，2015年1月。

492. 张宏杰：《给曾国藩算算账：一个清代高官的收与支》，中华书局，2015年1月。

493. 梁宏达：《老梁解史力作》，重庆出版社，2015年1月。

494. 雾满拦江：《三国真英雄曹操》，民主与建设出版社，2015年1月。

495.《张鸣说历史：重说中国古代史》，群言出版社，2015年1月。

496. 李学勤、郭志坤主编：《细讲中国历史丛书》，上海人民出版社，2015年1月。

497. 吴晗：《中国历史常识》，华东师范大学出版社，2015年1月。

498. 池子华：《咸丰十一年》，中国社会科学出版社，2015年2月。

499. 曾纪鑫：《历史的刀锋：11个人的中国史》，九州出版社，2015年2月。

500. 相生金水：《趣说西汉》，北京时代华文书局，2015年2月。

501.《马伯庸笑翻中国简史》，北京联合出版公司，2015年2月。

502.《大风歌：王立群讲高祖刘邦》，北京联合出版公司，2015年2月。

503. 李亚平：《帝国政界往事：公元1127年大宋实录》，天津人民出版社，2015年3月。

504. 刘德增：《秦汉衣食住行（插图珍藏本）》，中华书局，2015年3月。

505. 王承帝：《民国风范》，北京联合出版公司，2015年3月。

506. 吴东峰：《开国战将》，当代中国出版社，2015年3月。

507. 高岳：《幸运之家：一个华裔美国家庭的百年传奇》，商务印书馆，2015 年 3 月。

508. 凤凰书品：《他们送走了一个朝代：晚清五大名人》，现代出版社，2015 年 3 月。

509. 吴东峰：《开国战将：让尘封的历史成为新闻》，当代中国出版社，2015 年 3 月。

510. 魏新：《来自星星的古代人》，译林出版社，2015 年 3 月。

511. 于赓哲：《她世纪：隋唐的那些女性》，陕西师范大学出版社，2015 年 3 月。

512. 刘德智：《秦汉衣食住行》，中华书局，2015 年 3 月。

513. 柳馥：《先秦穿越生存手册》，中国长安出版社，2015 年 4 月。

514. 纪连海：《历史十讲：走进王朝深处》，东方出版社，2015 年 4 月。

515. 吕世浩：《秦始皇：穿越现实与历史的思辨之旅》，接力出版社，2015 年 4 月。

516. 王学斌：《杂拌儿民国》，福建教育图书公司，2015 年 4 月。

517. ［英］拉纳·米特：《中国：被遗忘的盟友》，蒋永强等译，新世界出版社，2015 年 4 月。

518. 黄仁宇：《我相信中国的前途》，中华书局，2015 年 4 月。

519. 薛晋蓉：《皇帝秘史》，北京联合出版公司，2015 年 5 月。

520. 吴越、王剑冰等：《历史枕边书：非常史客（全 3 册）》，河南文艺出版社，2015 年 5 月。

521. 《坐天下：张宏杰解读中国帝王》，人民文学出版社，2015 年 5 月。

522. 《千年悖论：张宏杰读史与论人》，人民文学出版社，2015 年 5 月。

523. 度阴山：《成吉思汗：意志征服世界》，北京联合出版公司，2015 年 5 月。

524. 易中天：《易中天中华史》，浙江文艺出版社，2015 年 5 月。

525. 吕思勉：《三国史话》，民主与建设出版社，2015 年 5 月。

526. 蒙曼：《武则天》，广西师范大学出版社，2015年5月。

527. 祈莫昕：《皇帝秘史》，北京联合出版公司，2015年5月。

528. 李漓：《历史不忍细看》，中国华侨出版社，2015年5月。

529. 白鹿鸣：《99%的人不知道的历史真相》，北京联合出版公司，2015年5月。

530. 黄建伟、曹露：《知识界的抗争》，江苏人民出版社，2015年5月。

531. 陶短房：《1856：纠结的大清、天国与列强》，化学工业出版社，2015年5月。

532. 蔡东藩：《中国历代通俗演义（少年版）》，明天出版社，2015年5月。

533. 滕征辉：《民国大人物》，民主与建设出版社，2015年6月。

534. 唐博：《清案探秘·朝廷轶事》，广西师范大学出版社，2015年6月。

535. 裴涛：《将进酒：中国历史上一百个酒局》，上海社科院出版社，2015年6月。

536. 傅小凡：《大明疑案》，电子工业出版社，2015年6月。

537. 向斯：《紫禁城帝王生活》，工人出版社，2015年6月。

538. 邓云乡：《清代八股文》，中华书局，2015年6月。

539. 萧乾：《一个中国记者看二战》，上海人民出版社，2015年6月。

540. 潘光：《艰苦岁月的难忘记忆》，时事出版社，2015年6月。

541. ［美］约翰·弗朗斯：《危机四伏的荣耀》，李崇华、吴斯雅译，新世界出版社，2015年6月。

542. 黄玲娣：《战乱中的坚韧》，西南交通大学出版社，2015年6月。

543. 黄朝琴：《广源轮案》，中国书店出版社，2015年6月。

544. 朱同芳：《百将团的故事》，中图进出口公司，2015年6月。

545. 蔡东藩：《中国历代通俗演义》，新华出版社，2015年6月。

546. 蔡东藩：《中国历代通俗演义》，中华书局，2015年7月。

547. 黎东方：《细说元朝》，商务印书馆，2015 年 7 月。
548. 黎东方：《细说明朝》，商务印书馆，2015 年 7 月。
549. 黎东方：《细说清朝》，商务印书馆，2015 年 7 月。
550. 黎东方：《细说民国》，商务印书馆，2015 年 7 月。
551. 孟国祥：《烽火薪传：抗战时期文化机构大迁移》，商务印书馆，2015 年 7 月。
552. 钱斌：《宋慈洗冤》，商务印书馆，2015 年 7 月。
553. 文渊：《历史的教训：你不可不知的历史典故》，红旗出版社，2015 年 7 月。
554. 十二叔：《圈子段子之唐宋官员博弈实录》，西南财经大学出版社，2015 年 7 月。
555. 度阴山：《知行合一王阳明 2：四句话读懂阳明心学》，北京时代华文书局，2015 年 7 月。
556. 高晓松：《晓松奇谈》，江苏文艺出版社，2015 年 7 月。
557. 小马连环：《霸主的崛起》，吉林文史出版社，2015 年 7 月。
558. 张守广：《筚路蓝缕：抗战时期厂矿企业大迁移》，商务印书馆，2015 年 7 月。
559. 黄尧、黄惠：《南侨机工：南洋华侨机工回国抗战纪实》，云南人民出版社，2015 年 7 月。
560. 王红曼：《伏线千里：抗战时期金融机构大迁移》，2015 年 7 月。
561. 林志捷：《半壁民国一碗粉》，中国民族摄影艺术出版社，2015 年 8 月。
562. 中共北京市委党史研究室：《永远的丰碑：北平抗战英雄谱》，北京燕山出版社，2015 年 8 月。
563. 周敬青：《解读林彪》，上海人民出版社，2015 年 8 月。
564. 中共河南省委党史研究室：《中原国魂：23 位河南籍抗战英烈谱》，大象出版社，2015 年 8 月。
565. 钟兆云、胡兆才：《铁将军叶飞》，山西人民出版社，2015 年 8 月。

566. 金满楼：《武夫治国：北洋枭雄的发达往事》，山西人民出版社，2015年8月。

567. 于俊道：《聂荣臻交往纪实》，中国社会科学出版社，2015年8月。

568. 糜果才：《烽烟平型关》，人民出版社，2015年8月。

569. 于俊道：《贺龙交往纪实》，中国社会科学出版社，2015年8月。

570. 于俊道：《叶剑英交往纪实》，中国社会科学出版社，2015年8月。

571. 于俊道：《彭德怀交往纪实》，中国社会科学出版社，2015年8月。

572. 于俊道：《刘伯承交往纪实》，中国社会科学出版社，2015年8月。

573. 于俊道：《陈毅交往纪实》，中国社会科学出版社，2015年8月。

574. 于俊道：《徐向前交往纪实》，中国社会科学出版社，2015年8月。

575. 于俊道：《罗荣桓交往纪实》，中国社会科学出版社，2015年8月。

576. 王伟：《浴血长天：抗日战争英雄的故事》，五洲传播出版社，2015年8月。

577. 糜果才：《烽烟平型关》，人民出版社，2015年8月。

578. 阿班：《我的中国岁月》，译林出版社，2015年8月。

579. 金满楼：《武夫治国：北洋枭雄的发达往事》，山西人民出版社发行部，2015年8月。

580. 《小康》杂志社：《小康中国故事·被误读的中国历史》，华中科技大学出版社，2015年8月。

581. 张程：《明清大案揭秘》，译林出版社，2015年8月。

582. 马伯庸等：《继承者们》，中信出版社，2015年8月。

583. 周思源：《风云南北朝之苻坚》，清华大学出版社，2015年

8月。

584. 高晓松：《鱼羊野史》，湖南文艺出版社，2015年8月。

585. 张平：《一本书读完历代趣闻轶事》，北京联合出版公司，2015年8月。

586. 诸葛文：《三天读懂五千年惊人巧合》，中国法制出版社，2015年9月。

587. 张伟：《风起青萍：近代中国都市文化圈》，福建教育出版社，2015年9月。

588. 聂莉莉：《伤痕：中国常德民众的细菌战记忆》，中国社会科学出版社，2015年9月。

589. 柳一兵：《乡国履痕：蒋介石日记乡情寻踪》，宁波出版社，2015年9月。

590. 萨苏：《日军眼中的中共抗战》，解放军出版社，2015年9月。

591. 程中原、夏杏珍：《历史转折中的人和事》，四川人民出版社，2015年9月。

592. 李学通、高士华、金以林：《海外稀见抗战影像集》，山西人民出版社，2015年9月。

593. 侯杰、王小蕾：《1896：李鸿章的世界之旅》，工人出版社，2015年10月。

594. 刘仰东：《去趟民国》，三联书店，2015年10月。

595. 吕玻：《淞沪会战》，北京联合出版公司，2015年11月。

596. 曲香昆、赵菊梅、程亚娟：《张作霖故事与传说》，辽宁教育出版社，2015年11月。

597. 关河五十州：《一寸河山一寸血》，浙江人民出版社，2015年11月。

598. 陈碧：《大时代的小爱情：民国闽都名媛》，福建教育出版社，2015年12月。

599. 黎国威：《孙中山台湾足迹》，广东人民出版社，2015年12月。

600. 王海勇：《以报为证：老报刊见证中国抗战丛书（全3册）》，浙江大学出版社，2015年12月。

601. 晋旅：《历史人物：山西故事》，陕西人民出版社，2015年12月。

2016 年

602. 古熙：《关公故里》，山西人民出版社，2016年1月。

603. 童超：《春秋争霸：图说中国历史》，吉林出版集团有限责任公司，2016年1月。

604. 王瑞国：《铁马秋风：光武大帝》，湖北人民出版社，2016年1月。

605. 王烁：《大卫·柯鲁克镜头里的中国（1938—1948）》，中国民族摄影艺术出版社，2016年1月。

606. 屈庆璋：《战后中日关系断章》，华文出版社，2016年1月。

607. 李元江：《朝鲜战争的文化解读》，中国文联出版社，2016年1月。

608. 何立波、宋凤英：《英雄与国家记忆：抗战英烈肖像》，首都经济贸易大学出版社，2016年1月。

609. 周旭：《华侨抗日故事》，北京时代华文书局，2016年1月。

610. 沈迦：《一条开往中国的船：赴华传教士的家国回忆》，新星出版社，2016年1月。

611. 王海晨：《孤独百年：张学良的思想人生》，当代中国出版社，2016年1月。

612. 羽戈：《帝王学的迷津：杨度与近代中国》，福建教育图书公司，2016年1月。

613. 《张宏杰讲明清反腐：中国历史的教训》，中国方正出版社，2016年1月。

614. 杨萍：《人生这场盛宴：十八位民国大男人的爱恋往事》，山东画报出版社，2016年1月。

615. 金铁木：《中国古兵器大揭秘·对决篇》，陕西人民出版社，

2016年1月。

616. 金铁木：《中国古兵器大揭秘·军团篇》，陕西人民出版社，2016年1月。

617. 张宏杰：《大明王朝的七张面孔》，广东人民出版社，2016年1月。

618. 崔艳：《民国男闺蜜》，广东人民出版社，2016年2月。

619. 杨大路：《震惊后世的骇人天灾》，江西教育出版社，2016年2月。

620. 杨大路：《耸人听闻的神秘咒语》，江西教育出版社，2016年2月。

621. 杨大路：《开创未来的晨曦曙光》，江西教育出版社，2016年2月。

622. 杨大路：《撼动世界的雄心壮志》，江西教育出版社，2016年2月。

623. 杨大路：《动荡世界的超级阴谋》，江西教育出版社，2016年2月。

624. 陈宁骏：《民国政要最后的全家福》，浙江大学出版社，2016年2月。

625. 编委会：《喜忧参半的宋朝演义》，中国铁道出版社，2016年2月。

626. 编委会：《信史·黑历史》，长安出版社，2016年2月。

627. 赵征：《历史知识大博览》，线装书局，2016年3月。

628. 孙朦：《史记中那些值得铭记的故事》，吉林出版集团有限责任公司，2016年3月。

629. 张宏杰：《顽疾：中国历史上的腐败与反腐败》，人民出版社，2016年3月。

630. 张宏杰：《饥饿的盛世：乾隆时代的得与失》，重庆出版社，2016年3月。

631. 王雷：《犀利说民国》，贵州人民出版社，2016年3月。

632. 石不易：《麻辣评说之我来剥历史的皮》，贵州人民出版社，

2016年3月。

633. 金纲：《大宋帝国三百年：真宗赵恒》，江苏文艺出版社，2016年3月。

634. ［日］中村邦彦：《中国的故事：一个日本人眼中的中国历史》，李青译，中国友谊出版社，2016年3月。

635. ［日］水野俊平：《韩国的故事：一个日本人眼中的韩国历史》，李景珉等译，中国友谊出版社，2016年3月。

636. 程门立雪：《每天一堂北大历史课》，人民邮电出版社，2016年3月。

637. 徐天成：《我们香港这些年》，中信出版社，2016年3月。

638. 指文烽火工作室：《透过镜头看历史》，吉林文史出版社，2016年3月。

639. 杨国成、恽永忠、杨汉平：《浴血重生》，中共党史出版社，2016年3月。

640. 唐浩明：《大清权臣张之洞（全4册）》，北京联合出版公司，2016年3月。

641. 刘凤翰：《蒋纬国口述自传》，中国大百科全书出版社，2016年4月。

642. 傅国涌：《大商人：影响中国的近代实业家们》，鹭江出版社，2016年4月。

643. 孙晓青：《腾冲！腾冲！——中国远征军生死战》，广东人民出版社，2016年4月。

644. 何宗光：《1950—1953我在朝鲜战场》，长江出版社，2016年4月。

645. 古月：《贞观长歌：唐盛唐衰》，中国铁道出版社，2016年4月。

646. 宋晓宇：《武则天秘史》，中国法制出版社，2016年4月。

647. 徐兆奎：《中国地名史话》，中国国际广播出版社，2016年4月。

648. 老猫：《历史的角落》，译林出版社，2016年4月。

649. 古月：《唐盛唐衰（全5册）》，中国铁道出版社，2016年4月。

650. 赵耀东：《税事原来很精彩》，远方出版社，2016年4月。

651. 邢群麟：《中国历史全知道》，京华出版社，2016年4月。

652. 李义彬：《西安事变史略》，社会科学文献出版社，2016年5月。

653. 张宏杰：《朱元璋传》，广东人民出版社，2016年5月。

654. 鹿鼎公子：《大清风云》，中国法制出版社，2016年5月。

655. 王平客：《后赵称雄：风起云涌十六国》，知识产权出版社，2016年5月。

656. ［日］博学坚持俱乐部：《历史大爆炸：世界遗产告诉你教科书里没有的真相》，郑舜珑译，中信出版社，2016年5月。

657. 艾齐：《了解点中国历史》，黑龙江科学技术出版社，2016年5月。

658. 张钦：《大明帝国日常生活直播》，西南财经大学出版社，2016年5月。

659. 许倬云：《大国霸业的兴废》，浙江人民出版社，2016年5月。

660. 许倬云：《现代文明的成坏》，浙江人民出版社，2016年5月。

661. 宋毅：《隋唐战争故事》，贵州教育出版社，2016年6月。

662. 诸葛文：《中国皇帝全记录》，中国法制出版社，2016年6月。

663. 田越英：《还我河山：大抗战》，九州出版社，2016年6月。

664. 闫达：《戏诸侯：把历史活成段子的春秋狂人们》，中国友谊出版公司，2016年6月。

665. 晏如：《春秋战争故事》，贵州教育出版社，2016年6月。

666. 黄如一：《五代辽宋夏金战争故事》，贵州教育出版社，2016年6月。

667. 亢霖：《一本书读懂台湾史》，九州出版社，2016年6月。

668. 余耀华：《这才是北宋史》，中古书籍出版社，2016年6月。

669. 朱纪华：《上海的俄罗斯记忆》，上海书店，2016年6月。

670. 陈雄：《历史轻阅读》，黄山书社，2016年6月。

671. 张程：《明清大案揭秘》，译林出版社，2016年6月。

672. 黄如一：《钓鱼城保卫战》，贵州教育出版社，2016年6月。

673. 袁灿兴：《军机处》，贵州教育出版社，2016年6月。

674. 张俊：《魏晋南北朝战争故事》，贵州教育出版社，2016年6月。

675. 方言：《胡雪岩：做天下人的生意》，华文出版社，2016年6月。

676. 粲金居士：《李叔同：在爱和自由中行走》，华文出版社，2016年6月。

677. 文真明：《曾国藩：一个人的朝圣路》，华文出版社，2016年6月。

678. 张在军：《发现乐山：被遗忘的抗战文化中心》，福建教育出版社，2016年6月。

679. 喻晓：《上海老街》，上海三联书店，2016年6月。

680. 孙佷工：《沦陷区惨状记：日军侵华暴行录》，中国文史出版社，2016年6月。

681. 《李国文说清》，万卷出版公司，2016年6月。

682. 陶短房：《说天国·洪秀全真相》，中华书局，2016年6月。

683. 陶短房：《说天国·从杨秀清到李秀成》，中华书局，2016年6月。

684. 陶短房：《说天国·从石达开到陈玉成》，中华书局，2016年6月。

685. 齐红：《目送芳尘：民国知识女性的生命寻踪》，广东人民出版社，2016年6月。

686. 徐凤文：《民国风物志》，花山文艺出版社，2016年6月。

687. 陈柏生：《近代维新先驱陈宝箴》，暨南大学出版社，2016年6月。

688. 唐浩明：《曾国藩（全3册）》，北京联合出版公司，2016年6月。

689. 宿伟东：《侵华日军东宁要塞群揭秘》，中国文史出版社，2016年7月。

690. 郑瑛、傅强：《斜窗疏影：民国文人故居》，上海辞书出版社，2016年7月。

691. 岳南：《那时的先生：1940—1946中国文化的根在李庄》，湖南文艺出版社，2016年7月。

692. 秦江：《谁能领导左宗棠》，当代世界出版社，2016年7月。

693. 刘平、李国庆：《民国底色：国民党与帮会的恩恩怨怨》，山东画报出版社，2016年7月。

694. 陈涛涛：《让你爱不释手的极简秦朝史》，中国法制出版社，2016年7月。

695. 白丽洁：《让你爱不释手的极简汉朝史》，中国法制出版社，2016年7月。

696. 池墨：《图说五千年中国史》，中国法制出版社，2016年7月。

697. 墨香满楼：《顺治：这是大清开国史》，中国铁道出版社，2016年7月。

698. 墨香满楼：《皇太极：这是大清开国史》，中国铁道出版社，2016年7月。

699. 吴天牧云：《三国那些事儿》，中国工人出版社，2016年7月。

700. 张虹珉：《宋朝果然很有料》，中国工人出版社，2016年7月。

701. 墨香满楼：《影响中国历史的帝王》，中国铁道出版社，2016年7月。

702. 墨香满楼：《影响中国历史的将相》，中国铁道出版社，2016年7月。

703. 墨香满楼：《影响中国历史的女人》，中国铁道出版社，

2016年7月。

704. 张国刚：《〈资治通鉴〉与家国兴衰》，中华书局，2016年8月。

705. 胡菊蓉：《中国战区受降始末》，南京出版社，2016年8月。

706. 蒋丰：《说说十大日本侵华人物》，上海交通大学出版社，2016年8月。

707. 赵刚：《左眼台湾：重读陈映真》，北京大学出版社，2016年8月。

708. 李亚平：《帝国政界往事》，天津人民出版社，2016年8月。

709. 沈逸千：《抗战记忆》，上海科学技术文献出版社，2016年8月。

710. 班惠英：《一看就懂的上古史》，中国法制出版社，2016年8月。

711. 刘刚：《一看就懂的夏商西周史》，中国法制出版社，2016年8月。

712. 王维俊：《一看就懂的春秋史》，中国法制出版社，2016年8月。

713. 陈长连：《一看就懂的战国史》，中国法制出版社，2016年8月。

714. 胡岳潭：《一看就懂的大秦史》，中国法制出版社，2016年8月。

715. 朱真：《一看就懂的大汉史》，中国法制出版社，2016年8月。

716. 张梅华：《一看就懂的魏晋史》，中国法制出版社，2016年8月。

717. 魏婷：《一看就懂的大隋史》，中国法制出版社，2016年8月。

718. 刘翠清：《一看就懂的大唐史》，中国法制出版社，2016年8月。

719. 陈忠海：《套牢中国：大清国亡于经济战》，中国发展出版社，2016年8月。

720. 程子衿：《天子的书房》，紫禁城出版社，2016年8月。

721. 杜君立：《历史的细节》，上海三联书店，2016年8月。

722. 张炜晨：《战场决胜者：史上最不可思议的战役复盘》，台海出版社，2016年8月。

723. 李拯：《历史不糊涂》，中信出版社，2016年8月。

724. 杜君立：《历史的细节》，上海三联出版社，2016年8月。

725. 陈锡璋：《细说北洋》，商务印书馆，2016年8月。

726. 许倬云：《中西文明的对照》，浙江人民出版社，2016年8月。

727. 武汉市中山舰博物馆：《名舰传奇：孙中山和中山舰的故事》，中国和平出版社，2016年9月。

728. 王丰：《蒋介石心传之蓝鲸行动之谜》，现代出版社，2016年9月。

729. 张鸣：《重说近代史》，台海出版社，2016年9月。

730. 公孙策：《夕阳红：百位三国人物勾勒成败兴衰》，海南出版社，2016年9月。

731. 《郦波评说明朝四名臣》，工人出版社，2016年9月。

732. 张晓生：《走进大内》，学苑出版社，2016年9月。

733. 胡杨：《历代战争全档案》，中国工人出版社，2016年9月。

734. 胡杨：《消逝古国全档案》，中国工人出版社，2016年9月。

735. 胡杨：《历代帝陵全档案》，中国工人出版社，2016年9月。

736. 蒙曼：《唐明皇》，新星出版社，2016年9月。

737. 唐浩明：《大清智囊杨度（壹）：书生抱负》，北京联合出版公司，2016年9月。

738. 唐浩明：《大清智囊杨度（贰）：帝国末路》，北京联合出版公司，2016年9月。

739. 邱勇：《榜样：古今中外名人廉洁故事》，广东人民出版社，2016年9月。

740. 陈华胜：《一起去看宋朝的活色生香》，新世界出版社，

2016年9月。

741. 吴钩：《原来你是这样的宋朝》，长江文艺出版社，2016年9月。

742. 陈湘华：《一看就懂的大明史》，中国法制出版社，2016年9月。

743. 牟彦秋：《一看就懂的五代十国史》，中国法制出版社，2016年9月。

744. 赵恺：《苍狼逐鹿：蒙宋百年战争史》，团结出版社，2016年9月。

745. 波音：《王朝的家底：从经济学角度看中国历史》，群言出版社，2016年9月。

746. 唐浩明：《大清智囊杨度（叁）：枭雄幕后》，北京联合出版公司，2016年10月。

747. 汤浩方：《三国是怎样炼成的》，广西师范大学出版社，2016年10月。

748. 李寅：《皮影皇帝：李寅评说同治帝》，中国工人出版社，2016年10月。

749. 熊召政：《明朝大悲咒》，陕西师范大学出版社，2016年10月。

750. 孙一民：《江门长堤历史街区》，华南理工大学出版社，2016年10月。

751. 刘啸虎：《叱咤北洋》，团结出版社，2016年10月。

752. 侯全亮：《血凝长河：抗战中的黄河记忆》，黄河水利出版社，2016年10月。

753. 陈虎山：《长征精神代代传》，安徽教育出版社，2016年10月。

754. 陈舜臣：《三国史秘本》，花山文艺出版社，2016年10月。

755. 张军：《遥远帝国：两晋十六国风云录》，海南出版社，2016年10月。

756. 孙钦柱：《一看就懂的大元史》，中国法制出版社，2016年

10 月。

757. 吕世浩：《帝国崛起：王道、霸道与强道的取舍》，接力出版社，2016 年 10 月。

758. 李春香：《一看就懂的大清史》，中国法制出版社，2016 年 10 月。

759. 张晓林：《宋真宗的朝野》，现代出版社，2016 年 10 月。

760. 苏乐澎：《唐末发生了什么》，华文出版社，2016 年 10 月。

761. 梁满仓：《隋文帝大传》，中华书局，2016 年 10 月。

762. 醉罢君山：《夏商周原来是这样的》，现代出版社，2016 年 10 月。

763. 许倬云：《文明变局的关口》，浙江人民出版社，2016 年 10 月。

764. 填下乌贼：《金庸笔下真实的大历史》，西南财经大学出版社，2016 年 11 月。

765. 墨香满楼：《万历首辅：张居正》，中国铁道出版社，2016 年 11 月。

766. 唐浩明：《大清智囊杨度：江山不老》，北京联合出版公司，2016 年 11 月。

767. 墨竹：《不忍细看的大汉史》，台海出版社，2016 年 11 月。

768. 谢国计：《不忍细看的大唐史》，台海出版社，2016 年 11 月。

769. 墨竹：《不忍细看的大明史》，台海出版社，2016 年 11 月。

770. 墨香满楼：《变法名相：王安石》，中国铁道出版社，2016 年 11 月。

771. 宋燕：《宋朝短信：一手的大宋生活指南》，作家出版社，2016 年 11 月。

772. 寒江独钓：《铁血帝王：雍正》，中国铁道出版社，2016 年 11 月。

773. 梅毅：《宋辽金夏：不朽的斑斓时代》，中信出版社，2016 年 11 月。

774. 韩明辉：《这些年，我们还在相信的历史谣言》，浙江大学出版社，2016 年 11 月。

775. 弘亿：《至简中国史：大数据讲述中国大历史》，中国法制出版社，2016 年 11 月。

776. 青禾：《大唐中兴宰相裴度》，中国华侨出版社，2016 年 11 月。

777. 《张鸣说历史：角落里的民国》，陕西师范大学出版社，2016 年 12 月。

778. 魏风华：《抗日战争的细节 4》，人民日报出版社，2016 年 12 月。

779. 诸葛文：《三天读懂中华五千年神话传说》，中国法制出版社，2016 年 12 月。

780. 马平安：《大抉择：大变局中的袁世凯》，浙江大学出版社，2016 年 12 月。

781. 朱小阳、丁修真：《无徽不镇》，安徽师范大学出版社，2016 年 12 月。

782. 谭健锹：《他们都有病：中国历史大人物的身体隐情》，现代出版社，2016 年 12 月。

783. 寒山客：《大清首辅张廷玉》，广东人民出版社，2016 年 12 月。

784. 张宏杰：《曾国藩的正面与侧面 2》，岳麓书社，2016 年 12 月。

785. 许倬云：《台湾四百年》，浙江人民出版社，2016 年 12 月。

2017 年

786. 李伯重：《火枪与账簿：早期经济全球化时代的中国与东亚世界》，生活·读书·新知三联书店，2017 年 1 月。

787. 李娟娟：《让你爱不释手的极简明朝史》，中国法制出版社，2017 年 1 月。

788. 赵云田：《大清帝国的得与失》，江西人民出版社，2017 年

1月。

789. 李维励：《谁动了我的皇冠》，漓江出版社，2017年1月。

790. 明轩公子：《玉树流光：南陈帝国兴亡录》，当代世界出版社，2017年1月。

791. 邢莉：《寻味仿古三千年》，北京中商图书出版发行有限责任公司，2017年1月。

792. 草军书：《刘宋末路：南朝大争霸》，京华出版社，2017年1月。

793. 谭雄飞、谭爱梅：《被遗忘的年代》，新星出版社，2017年1月。

794. 度阴山：《曾国藩：又笨又慢平天下》，江苏文艺出版社，2017年1月。

795. 谷园：《这才是战国》，天地出版社，2017年1月。

796. 池墨：《武则天》，中国法制出版社，2017年1月。

797. 徐锋华：《补天术：大变局中的李鸿章》，浙江大学出版社，2017年1月。

798. 张晓珉：《宋朝果然很有料》，工人出版社，2017年1月。

799. 南门太守：《司马懿》，陕西师范大学出版社，2017年1月。

800. 罗泰琪：《清宫戏班纪事》，团结出版社，2017年1月。

801. 赵英兰：《秦汉生活史话》，东北大学出版社，2017年1月。

802. 韩世明：《辽金生活史话》，东北大学出版社，2017年1月。

803. 王凯旋：《明清生活史话》，东北大学出版社，2017年1月。

804. 焦润明：《晚晴生活史话》，东北大学出版社，2017年1月。

805. 赵英兰：《民国生活史话》，东北大学出版社，2017年1月。

806. 潘彦明：《世家的天下：魏晋豪门与皇帝的争权之路》，现代出版社，2017年1月。

807. 张文华：《帝国护卫：晚清中兴四名臣》，中国工人出版社，2017年1月。

808. 青海煮酒：《铤而走险：太平洋战争》，现代出版社，2017年1月。

809. 朱小平：《历史脸谱：晚清民国风云人物》，工人出版社，2017年1月。

810. 余耀华：《魏征：和皇帝讲道理》，华文出版社，2017年1月。

811. 吴闲云：《霸王的春秋》，电子工业出版社，2017年1月。

812. 弘亿：《至简中国史》，中国法制出版社，2017年1月。

813. 吴钩：《妙趣横生的宋朝》，长江文艺出版社，2017年1月。

814. 云淡心远：《彪悍南北朝之铁血双雄会》，现代出版社，2017年1月。

815. 韩明辉：《战国时报》，浙江大学出版社，2017年1月。

816. 韩明辉：《楚汉时报》，浙江大学出版社，2017年1月。

817. 韩明辉：《三国时报》，浙江大学出版社，2017年1月。

818. 《蔡东藩说中国史》，化学工业出版社，2017年1月。

819. 蔡东藩：《中国历代通俗演义》，民主与建设出版社，2017年2月。

820. 姜越：《铁腕柔情吕太后》，辽宁人民出版社，2017年2月。

821. 姜越：《独断朝纲窦漪房》，辽宁人民出版社，2017年2月。

822. 姜越：《彪炳千秋冯太后》，辽宁人民出版社，2017年2月。

823. 姜越：《睿智贤德独孤伽罗》，辽宁人民出版社，2017年2月。

824. 姜越：《盛世流芳：长孙皇后》，辽宁人民出版社，2017年2月。

825. 姜越：《一代天骄武则天》，辽宁人民出版社，2017年2月。

826. 姜越：《巾帼豪杰萧太后》，辽宁人民出版社，2017年2月。

827. 姜越：《旷世奇才孝庄太后》，辽宁人民出版社，2017年2月。

828. 姜越：《风华绝代慈禧太后》，辽宁人民出版社，2017年2月。

829. 杨光正：《大运河的传说》，江苏人民出版社，2017年2月。

830. 陶红亮：《海上丝绸之路》，海洋出版社，2017年2月。

831. 王伟:《从诸侯到帝国》,北京出版社,2017年2月。

832. 金满楼:《晚清原来是这样》,现代出版社,2017年2月。

833. 陈益民:《七七事变真相》,江苏人民出版社,2017年2月。

834. 杨智友:《晚清海关》,江苏人民出版社,2017年2月。

835. 滕征辉:《民国大人物·文人卷》,台海出版社,2017年2月。

836. 邢文军、陈树君:《甘博的中国影像》,长江文艺出版社,2017年3月。

837. 岳南:《南渡北归3:再现》,湖南文艺出版社,2017年3月。

838. 李飞:《明朝绝对很有趣》,天津人民出版社,2017年3月。

839. 史海渔夫:《不可一世的大清帝国》,中国铁道出版社,2017年3月。

840. 李兵:《血榜:中国科举疑案》,中国民主法治出版社,2017年3月。

841. 余耀华:《刘晏:大唐财相和他的国富论》,华文出版社,2017年3月。

842. 赵望晓:《闲聊六朝皇家女人》,南京出版社,2017年3月。

843. 史海渔夫:《华夏第一相:管仲》,中国铁道出版社,2017年3月。

844. 柳馥:《唐玄宗背后的女人们》,台海出版社,2017年3月。

845. 史海渔夫:《喜忧参半的两宋风云》,中国铁道出版社,2017年3月。

846. 史海渔夫:《独树一帜的元朝秘史》,中国铁道出版社,2017年3月。

847. 王兰兰:《开放的大唐·海晏河清》,西安出版社,2017年4月。

848. 薛平拴:《开放的大唐·仓丰廪实》,西安出版社,2017年4月。

849. 潘明娟:《开放的大唐·盛世繁华》,西安出版社,2017年

4月。

850. 拜根兴：《开放的大唐·万国来朝》，西安出版社，2017年4月。

851. 贾志刚：《开放的大唐·气象万千》，西安出版社，2017年4月。

852. 付婷：《开放的大唐·物阜民丰》，西安出版社，2017年4月。

853. 二混子：《半小时漫画中国史》，江苏文艺出版社，2017年4月。

854. 海棠栖露：《我的春秋我做主》，现代出版社，2017年4月。

855. 姜狼：《五代十国原来是这样》，现代出版社，2017年4月。

856. 张嵚：《战国原来是这样的》，现代出版社，2017年4月。

857. 丁振宇：《微历史·汉朝其实很有料》，北京工业大学出版社，2017年4月。

858. 丁振宇：《微历史·三国其实很有料》，北京工业大学出版社，2017年4月。

859. 丁振宇：《微历史·宋朝其实很有料》，北京工业大学出版社，2017年4月。

860. 丁振宇：《微历史·明朝其实很有料》，北京工业大学出版社，2017年4月。

861. 丁振宇：《微历史·清朝其实很有料》，北京工业大学出版社，2017年4月。

862. 郭建龙：《中央帝国的财政密码》，鹭江出版社，2017年4月。

863. 姚东明、黄海卿：《清官杨涟》，中国方正出版社，2017年5月。

864. 胡忆红、许陈静：《告诉你真实的后宫女性》，中国纺织出版社，2017年5月。

865. 度阴山：《知行合一王阳明2》，江苏凤凰文艺出版社，2017年5月。

866. 李开元：《秦谜：重新发现秦始皇》，中信出版社，2017年6月。

867. 灵犀：《最风流：生活在魏晋南北朝》，北京联合出版有限公司，2017年6月。

868. 张伟：《传说时代：从三万英尺俯瞰中国历史》，中国电影出版社，2017年6月。

869. 马庆忠：《肝胆相照的战友：孙中山和黄兴》，广东高等教育出版社，2017年7月。

870. 赵奎：《五代十国》，江西教育出版社，2017年7月。

871. 陈舜臣：《陈舜臣说史记》，北京联合出版有限公司，2017年7月。

872. 橘玄雅：《清朝穿越指南》，重庆出版社，2017年7月。

873. 顾成甫：《话说中国》，上海人民出版社，2017年7月。

874. 徐百柯：《民国风度》，九州出版社，2017年7月。

875. 唐浩明：《曾国藩（全3册）》，民主与建设出版社，2017年7月。

876. 唐浩明：《杨度（全3册）》，民主与建设出版社，2017年7月。

877. 张犇：《1950年上海大轰炸》，上海社会科学院出版社，2017年8月。

878. 张文献：《美国画报上的中国》，北京大学出版社，2017年8月。

879. 柯胜雨：《万历东征》，清华大学出版社，2017年8月。

880. 侯德云：《天鼓：从甲午战争到戊戌变法》，上海科学院出版社，2017年8月。

881. 张军：《遥远的帝国：两晋十六国风云录》，海南出版社有限公司，2017年9月。

882. 丁中江：《北洋军阀史话》，商务印书馆，2017年9月。

883. 余耀华：《大汉使臣张骞》，中国书籍出版社，2017年9月。

884. 章学锋：《秦商史话》，太白文艺出版社，2017年9月。

885. 金满楼：《漏网之鱼：1840—1949 中国小历史》，江苏人民出版社，2017 年 9 月。

886. 燕山刀客：《四哥的胜利：绝代帝国》，民主与建设出版社，2017 年 9 月。

887. 王题：《历史的盲肠》，紫禁城出版社，2017 年 9 月。

888. 罗三洋：《袁本初密码》，台海出版社，2017 年 9 月。

889. 杨益：《凤舞九天：楚国风云八百年》，华中科技大学出版社，2017 年 9 月。

890. 刘浏：《一本书读完中国皇帝后妃史》，万卷出版公司，2017 年 9 月。

891. 李寅：《清十二帝疑案》，工人出版社，2017 年 9 月。

892. 郭舒：《戊戌记事》，商务印书馆，2017 年 10 月。

893. 谢友祥：《南汉国传奇》，广东人民出版社，2017 年 10 月。

894. 刘亚玲：《正说大明十六帝》，当代世界出版社，2017 年 10 月。

895. 柏杨：《皇后之死》，人民文学出版社，2017 年 10 月。

896. 杜车别：《大明王朝是被谁干掉的》，世界知识出版社，2017 年 10 月。

897. 狄飞惊：《说不尽的宋朝》，北京联合出版有限公司，2017 年 10 月。

898. 李金海：《皇帝身边的人》，台海出版社，2017 年 10 月。

899. 罗华彤、陈虎：《司马懿真相》，中华书局，2017 年 10 月。

900. 吴蔚：《江宁织造》，中国民主法制出版社，2017 年 10 月。

901. 刘亚玲：《正说大唐廿一帝》，当代世界出版社，2017 年 10 月。

902. 李林楠：《朱元璋的正面与侧面》，台海出版社，2017 年 10 月。

903. 明轩公子：《三国之神州陆沉》，辽宁人民出版社，2017 年 11 月。

904. 宿巍：《三国之天下三分》，辽宁人民出版社，2017 年

11月。

905. 宿巍：《三国之决战中原》，辽宁人民出版社，2017年11月。

906. 宿巍：《三国之三国鼎立》，辽宁人民出版社，2017年11月。

907. 宿巍：《三国之群雄逐鹿》，辽宁人民出版社，2017年11月。

908. 宿巍：《三国之三国归晋》，辽宁人民出版社，2017年11月。

909. 宿巍、明轩公子：《三国之英雄联盟》，辽宁人民出版社，2017年11月。

910. 明轩公子：《三国之狼觊天下》，辽宁人民出版社，2017年11月。

911. 李新烽：《非洲踏寻郑和路》，中国社会科学出版社，2017年11月。

912. 祥子：《给孩子读的史记故事》，岳麓书社，2017年11月。

913. 蔡东藩：《中国历代通俗演义》，四川人民出版社，2017年11月。

914. 岳朗：《古代落榜青年的奋斗》，煤炭工业出版社，2017年11月。

915. 文茜：《青词宰相》，广东人民出版社，2017年11月。

916. 林乾：《雍正十三年》，中信出版社，2017年11月。

917. 白晨光：《大明水师三百年》，台海出版社，2017年12月。

918. 谢海金：《缺失的历史课》，古吴轩出版社，2017年12月。

919. 李国俊：《日本侵华甲午大屠杀全纪录》，中国文史出版社，2017年12月。

920. 王学理：《秦始皇帝陵史话》，社会科学文献出版社，2017年12月。

921. 宗承灏：《滴血的大朝代》，北京新华先锋出版科技有限公司，2017年12月。

922. 赵文彤：《中国宰相传》，中国华侨出版社，2017年12月。

923. 刘光保：《发现夏朝》，中国发展出版社，2017年12月。

924. 李清秋：《大宋词人那些事》，中国华侨出版社，2017年12月。

925. 不朽如梦：《失控的藩镇》，台海出版社，2017年12月。

926. 魏风华：《被封印的唐史》，现代出版社，2017年12月。

927. 赵文彤：《中国后妃传》，中国华侨出版社，2017年12月。

928. 李清秋：《大唐诗人那些事》，中国华侨出版社，2017年12月。

929. 郭晓光：《和珅传奇》，北京联合出版有限公司，2017年12月。

930. 醉罢君山：《汉朝原来是这样》，现代出版社，2017年12月。

931. 于迈：《五代十国：最乱的乱世》，长江文艺出版社，2017年12月。

932. 黎东方：《细说三国》，商务印书馆，2017年12月。

2018年

933. 朱东安：《曾国藩幕府》，辽宁人民出版社，2018年1月。

934. 廖少军：《西域英雄传》，三辰影库音像出版社，2018年1月。

935. 马平安：《大秦帝国启示录》，新世界出版社有限责任公司，2018年1月。

936. 舒云：《从西柏坡到中南海》，长征出版社，2018年1月。

937. 赵志超：《中国历史：揭秘那些被演义的历史》，2018年1月。

938. 薛观澜：《袁世凯的开场与收场》，当代中国出版社，2018年1月。

939. 刘鸿亮：《中英火炮与鸦片战争》，科学出版社，2018年1月。

940. 张炳如：《我所知道的伪华北政权》，中国文史出版社，2018年1月。

941. 曹乃谦：《清风三叹》，人民文学出版社，2018年1月。

942. 魏风华：《被封印的唐史》，现代出版社，2018年1月。

943. 谭汉生：《春秋韬略》，崇文书局，2018年1月。

944. 赵国华：《战国韬略》，崇文书局，2018年1月。

945. 罗运环、刘海燕、陈继东：《秦汉韬略》，崇文书局，2018年1月。

946. 何德章、杨洪权、柳春新：《魏晋南北朝韬略》，崇文书局，2018年1月。

947. 董恩林、章雪峰：《隋唐韬略》，崇文书局，2018年1月。

948. 刘韶军：《宋元韬略》，崇文书局，2018年1月。

949. 段超：《明代韬略》，崇文书局，2018年1月。

950. 张建民、闫富东：《清代韬略》，崇文书局，2018年1月。

951. 曲昌春：《唐史并不如烟（全6册）》，中国文史出版社，2018年1月。

952. 呼志娜：《史记趣读》，中国文史出版社，2018年1月。

953. 叶之秋：《宋史其实很有趣》，太白文艺出版社，2018年1月。

954. 胡丹：《大明那些九千岁》，太白文艺出版社，2018年1月。

955. 马逍遥：《残唐五代尽英雄》，太白文艺出版社，2018年1月。

956. 雪珥：《天子脚下：晚清政局与天津特区》，中国青年出版社，2018年1月。

957. 雪珥：《绝版恭亲王》，中国青年出版社，2018年1月。

958. 孙峰、孙艺真：《南北朝风云》，中国文史出版社，2018年1月。

959. 关河五十州：《鸦片战争》，现代出版社，2018年1月。

960. 谷园：《这才是秦汉》，天地出版社，2018年1月。

961. 关河五十州：《湘军崛起》，现代出版社，2018年1月。

962. 刘敬堂、余凤兰：《风流总被雨打风吹去：辛弃疾传》，中国文史出版社，2018年1月。

963. 邓汉祥：《我所知道的段祺瑞》，中国文史出版社，2018年1月。

964. 杨雪：《宋氏三姐妹之间的恩怨纠葛》，中国文史出版社，2018年1月。

965. 雾满拦江：《淡定，这里是三国》，台海出版社，2018年1月。

966. 盛巽昌：《天国演义》，上海书店出版社，2018年1月。

967. 当年明月：《明朝伪君子》，中国友谊出版公司，2018年1月。

968. 王一樵：《紫禁城里很有事》，中信出版社，2018年1月。

969. 孙自筠：《中华状元逸闻》，黄山书社，2018年2月。

970. 梅毅：《秦汉：帝国的崩溃与新生》，天地出版社，2018年3月。

971. 梅毅：《两晋南北朝：迷乱狂欢三百年》，天地出版社，2018年3月。

972. 梅毅：《隋唐：盛极而衰的黄金时代》，天地出版社，2018年3月。

973. 梅毅：《宋辽金夏：刀锋上的文明》，天地出版社，2018年3月。

974. 梅毅：《元：铁血、杀戮与融合》，天地出版社，2018年2月。

975. 梅毅：《明：繁华与崩溃》，天地出版社，2018年2月。

976. 梅毅：《南明：流亡的悲歌》，天地出版社，2018年2月。

977. 梅毅：《清：矛盾重重的王朝》，天地出版社，2018年2月。

978. 梅毅：《太平天国：理想的幻梦》，天地出版社，2018年2月。

979. 梅毅：《辛亥革命：启蒙、光荣与梦想》，天地出版社，2018年2月。

980. 张宏杰：《乾隆：政治、爱情与性格》，人民文学出版社，2018年2月。

981. 汤伟康：《老上海风景》，上海人民美术出版社，2018年3月。

982. 黄漫：《历史为什么是这样》，九州出版社，2018年3月。

983. 寒川子：《鬼谷子的局》，长江文艺出版社，2018年3月。

984. 马文蕊：《写给青少年的极简日本史》，华龄出版社，2018年3月。

985. 李旭东：《刀锋上的唐帝国》，百花洲文艺出版社，2018年3月。

986. 夏咸淳：《中国智慧全书》，上海社会科学院出版社，2018年3月。

987. 吕凯丽：《写给青少年的极简古罗马史》，华龄出版社，2018年3月。

988. 刘建：《胡雪岩全传》，中国经济出版社，2018年3月。

989. 李飞：《汉朝绝对很有趣》，天津人民出版社，2018年4月。

990. 廖信忠：《我们台湾这些年》，台海出版社，2018年4月。

991. 柏杨：《帝王之死》，人民文学出版社，2018年4月。

992. 士承东林：《这个唐朝太有意思了》，台海出版社，2018年4月。

993. 张玮：《历史的温度》，中信出版社，2018年4月。

994. 李克：《鲁迅与那个时代的战争》，北京燕山出版社，2018年5月。

995. 毛帅：《活在大清》，四川人民出版社，2018年5月。

996. 《张鸣说历史》，陕西师范大学出版社，2018年5月。

997. 漓玉主编：《不忍细看的中国历史》，中国华侨出版社，2018年5月。

998. 张经纬：《四夷居中国：东亚大陆人类简史》，中华书局，2018年5月。

999. 张宏杰：《曾国藩的正面与侧面3》，岳麓书社，2018年

5月。

1000. 刘强：《竹林七贤》，中国青年出版社，2018年6月。

1001. 刘强：《魏晋风流》，中国青年出版社，2018年6月。

1002. 文若愚：《历史悬案》，江西美术出版社，2018年6月。

1003. 肖公子：《王阳明和他的对手们》，天津人民出版社，2018年6月。

1004. 云淡心远：《彪悍南北朝之十六国风云》，现代出版社，2018年6月。

1005. 云淡心远：《彪悍南北朝之铁血双雄会》，现代出版社，2018年6月。

1006. 云淡心远：《彪悍南北朝之铁血后三国》，现代出版社，2018年6月。

1007. 袁银波、安菲：《后三国演义》，广东人民出版社，2018年6月。

1008. 中国国家博物馆：《儿童历史百科绘本》，人民邮电出版社，2018年6月。

1009. 何忆：《历史的底牌》，台海出版社，2018年6月。

1010. 江城：《历史深处的民国》，华文出版社，2018年6月。

1011. 唐浩明：《曾国藩》，东南大学出版社，2018年6月。

1012. 张嵚：《不容青史尽成灰》，天津古籍出版社，2018年6月。

1013. 草军书：《南朝大争霸（全五册）》，天津人民出版社，2018年7月。

1014. 仲英涛：《一书通识中国五千年历史悬案》，中国法制出版社，2018年7月。

1015. 陈磊：《半小时漫画中国史》，海南出版社，2018年7月。

1016. 忆江南：《语文老师没教过的三国》，吉林摄影出版社，2018年7月。

世界史部分

2005 年

1. 杨会军：《一口气读完二战史》，京华出版社，2005 年 1 月。
2. 张耀：《伊斯坦布尔》，上海外语教育出版社，2005 年 3 月。
3. 杨会军：《一口气读完美国史》，京华出版社，2005 年 5 月。
4. 孙仁宗：《日本：速兴骤亡的帝国》，三秦出版社，2005 年 5 月。
5. 朱少华、周正舒：《第二次世界大战史画》，蓝天出版社，2005 年 5 月。
6. 陈书方主编：《二战大海战：战略举兵》，长安出版社，2005 年 6 月。
7. 陈仲丹、钱澄：《画中历史》，福建人民出版社，2005 年 6 月。
8. 赤军：《宛如梦幻：日本战国乱世中的"菊与刀"》，陕西师范大学出版社，2005 年 8 月。
9. 《环球时报》编：《往事千年》，世界知识出版社，2005 年 8 月。

2006 年

10. 孙秀玲：《一口气读完日本史》，京华出版社，2006 年 5 月。
11. 矢作川：《幕府大将军》，中国友谊出版公司，2006 年 8 月。

2007 年

12. 唐晋：《大国崛起》，人民出版社，2007 年 1 月。
13. 王璠：《消失的王国》，工人出版社，2007 年 1 月。
14. 白海军：《海盗帝国》，中国友谊出版社，2007 年 4 月。
15. 汪为华：《一口气读完欧洲史》，京华出版社，2007 年 6 月。
16. 电影频道节目中心《世界历史》制作组：《话说世界历史（全 4 册）》，现代出版社，2007 年 10 月。

17. 林昌华：《黄金时代：一个荷兰船长的亚洲冒险》，岳麓书社，2007年9月。

18. 郭春辉：《早期文明的背景：地图上的故事·神权时代》，湖北少儿出版社，2007年10月。

2008年

19. 月明日：《神秘消失的古国》，中原农民出版社，2008年1月。

20. 任浩之：《世界历史全知道》，当代世界出版社，2008年1月。

21. 《图说天下·世界历史系列》编委会编：《帝国时代古罗马》，吉林出版社，2008年5月。

22. ［美］艾伦·韦恩斯坦、大卫·卢布尔：《彩色美国史》，胡炜、余世燕译，中国友谊出版公司，2008年6月。

2009年

23. 王云龙、苍松：《1917年俄罗斯纪事》，北京大学出版社，2009年1月。

24. 谢丰斋：《世界中古史：公元5—15世纪的古代世界》，世界知识出版社，2009年4月。

25. 文裁缝：《绝版文明：废墟掩盖的古文明》，九州出版社，2009年5月。

26. 文聘元：《话说西方》，上海社会科学院出版社，2009年5月。

27. ［印］僧伽厉悦：《周末读完印度史》，李燕、张曜译，上海交通大学出版社，2009年6月。

28. ［美］丹尼尔·J.麦肯纳尼：《周末读完美国史》，张笑天等译，上海交通大学出版社，2009年6月。

29. 孙琳、不戒：《日本战国物语》，中国友谊出版公司，2009年7月。

30. 王其钧：《拜占庭的故事》，机械工业出版社，2009年8月。

31. 徐杭：《泡菜韩史》，九州出版社，2009年11月。

32. 陈杰：《日本战国史》，陕西人民出版社，2009年12月。

2010年

33. 倪世光：《铁血浪漫：中世纪骑士》，北京大学出版社2010年1月。

34. 陈海宏、吴倩：《欧陆烽烟：五百年欧洲陆军战争》，北京大学出版社，2010年1月。

35. 魏凤莲：《罗马军团》，北京大学出版社，2010年1月。

36. 吴伟：《格拉布街：英国新闻业往事》，北京大学出版社，2010年1月。

37. 京虎子：《人人爱看的美国史》，文汇出版社，2010年1月。

38. 陈春峰：《恒河的神性：古印度的诱惑》，中国画报出版社，2010年2月。

39. 刘明轩等：《知道点世界历史》，文化艺术出版社，2010年3月。

40. 李颜伟：《美国改革的故事》，北京大学出版社，2010年4月。

41. 张建乐：《第三只眼看海盗》，哈尔滨出版社，2010年5月。

42. 杨白劳：《老大的英帝国》，现代出版社有限公司，2010年6月。

43. 郭方：《话说世界历史》，吉林出版集团有限责任公司，2010年6月。

44. 元坤：《神与王的聚会》，中央编译出版社，2010年7月。

45. 杨白劳：《罗马帝国睡着了》，现代出版社有限公司，2010年7月。

46. 郭晓青：《海盗传说与秘密宝藏》，外文出版社，2010年7月。

47. 张克编：《美国那些事儿》，当代世界出版社，2010年7月。

48. 龚勋主编：《世界上下五千年（全3册）》，云南教育出版社，2010年8月。

49. 樱雪丸：《日本明治维新：维新之岚》，凤凰出版社，2010年9月。

50. 樱雪丸：《日本明治维新：幕末风云》，凤凰出版社，2010年9月。

51. 黄龙主编：《图说新读世界通史》，北京燕山出版社，2010年9月。

52. 孙兆辉编：《世界历史实用百科（全3册）》，万卷出版公司，2010年9月。

53. 朱亚娥主编：《世界通史》，中国华侨出版社，2010年10月。

54. 李津编：《世界上下五千年》，北京联合出版公司，2010年11月。

55. 翟文明编：《世界上下五千年》，中国华侨出版社，2010年12月。

56. 李志敏编：《世界通史》，北京联合出版公司，2010年12月。

57. 贾娟、黎娜主编：《世界通史》，中国华侨出版社，2010年12月。

2011 年

58. 杨白劳：《德意志是铁打的》，现代出版社有限公司，2011年1月。

59. 曲飞：《逐陆记：世界史上的洲际争霸》，陕西人民出版社，2011年1月。

60. 萧西之水：《谁说日本没有战国》，中国铁道出版社，2011年1月。

61. 姜守明：《世界尽头的发现：大航海时代的欧洲水手》，北京大学出版社，2011年1月。

62. 洪维扬：《日本战国风云录（上）：群雄纷起》，广西师范大学出版社，2011年1月。

63. 洪维扬：《日本战国风云录（下）：归于一统》，广西师范大学出版社，2011年1月。

64. 陈杰：《明治维新：改变日本的五十年》，陕西人民出版社，2011年1月。

65. 哈全安、周术情：《哈里发国家的浮沉》，北京大学出版社，2011年1月。

66. 张炜：《大国之道：船舰与海权》，北京大学出版社，2011年1月。

67. 王红生、[印] B. 辛格：《尼赫鲁家族与印度政治》，北京大学出版社，2011年1月。

68. 李安山：《非洲古代王国》，北京大学出版社，2011年1月。

69. 王艳、崔毅编：《一本书读懂德国史》，金城出版社，2011年1月。

70. 京虎子：《美国有场内战》，湖南人民出版社，2011年1月。

71. 秋实编：《世界上下五千年》，中国画报出版社，2011年1月。

72. [日] 盐野七生：《罗马人的故事（全15册）》，计丽屏等译，中信出版社，2012年1月。

73. 朱立春：《不可不知的1500个世界历史常识》，中国华侨出版社，2011年2月。

74. 王浩：《中日关系特别史》，南方出版社，2011年2月。

75. 何畏岩：《这才是日本史》，九州出版社，2011年2月。

76. [日] 樱井清彦监修：《3天读懂世界史》，李伟译，南海出版社，2011年2月。

77. 樱雪丸：《萌日本史：横扫中国年轻一代的经典动漫日本史》，江苏文艺出版社，2011年3月。

78. 陈明远：《质疑四大文明古国》，中央编译出版社，2011年5月。

79. 思不群：《二战全史》，中国华侨出版社，2011年6月。

80. 周杰、南凡：《一本书读懂日本历史》，吉林出版集团有限责任公司，2011年6月。

81. 徐波：《废墟下的兴衰：六大世界文明的前世今生》，黄山书社，2011年6月。

82.《世界上下五千年》编委会编：《世界上下五千年（彩图版）》，吉林人民出版社，2011年6月。

83. 文若愚：《世界上下五千年大全》，中国华侨出版社，2011年7月。

84.《世界上下五千年》编委会编：《世界上下五千年》，吉林大学出版社，2011年7月。

85. 韩婷编：《世界上下五千年》，云南人民出版社，2011年8月。

86. 孙琳、不戒：《血十字》，天津人民出版社，2011年9月。

87. 郝雍：《你早该这么读日本：3000年来剥得最彻底的日本史》，湖南文艺出版社，2011年10月。

88. 姚尧：《图解美国史》，中国法制出版社，2011年10月。

89. 刘显闻：《边走边看美国历史》，光明日报出版社，2011年11月。

90. 方愈：《千年乱局：争霸东北亚1》，华夏出版社，2011年11月。

91. 矢作川：《幕府大将军》，山西人民出版社，2011年12月。

2012年

92. 付娜编：《永恒的伊甸园：巴比伦》，时代文艺出版社，2012年1月。

93. 付娜编：《盛世余晖：拜占庭》，时代文艺出版社，2012年1月。

94. 付娜编：《帝国的荣光：古罗马》，时代文艺出版社，2012年1月。

95. 付娜编：《地中海奇迹：古希腊》，时代文艺出版社，2012年1月。

96. 付娜编：《法老的国度：古埃及》，时代文艺出版社，2012

年 1 月。

97. 付娜编：《美洲大陆的奇迹：印第安》，时代文艺出版社，2012 年 1 月。

98. 一兵：《一本书读懂美国史》，武汉出版社，2012 年 1 月。

99. 曹德谦：《美国演义》，北京大学出版社，2012 年 1 月。

100. ［英］理查德·泰姆斯：《周末读完日本史》，牛永娟译，上海交通大学出版社，2014 年 2 月。

101. 岳伟、常县宾：《德国皇室：铁血王朝》，中国青年出版社，2012 年 2 月。

102. 葛新生：《俄国皇室：沙皇霸业》，中国青年出版社，2012 年 2 月。

103. 王家宝：《法国皇室：华丽高卢》，中国青年出版社，2012 年 2 月。

104. ［英］赫伯特·乔治·威尔斯：《世界简史》，余贝译，新世界出版社，2012 年 2 月。

105. 王永鸿、周成华：《西方历史千问》，三秦出版社，2012 年 3 月。

106. 秦明月：《你最应该知道的世界史》，红旗出版社，2012 年 4 月。

107. 冯玮：《日本通史》，上海社会科学院出版社，2012 年 4 月。

108. 丁建弘：《德国通史》，上海社会科学院出版社，2012 年 4 月。

109. 林太：《印度通史》，上海社会科学院出版社，2012 年 4 月。

110. 丁建弘：《普鲁士精神和文化》，上海社会科学院出版社，2012 年 4 月。

111. 朱维之：《希伯来文化》，上海社会科学院出版社，2012 年 4 月。

112. 吴一凡：《你最应该知道的欧洲史》，红旗出版社，2012 年 4 月。

113. 宋宜昌：《鹰的图腾——美国霸业的兴衰》，科学普及出版社，2012年4月。

114. 张泰亚、陈祥：《杀气腾腾美国史》，浙江人民出版社，2012年4月。

115. 萧西之水：《日本战国》，凤凰出版社，2012年5月。

116. ［美］科尔：《周末读完德国史》，欧阳林、高晓云、何康译，上海交通大学出版社，2012年5月。

117. 樱雪丸：《我们的战国》，北京联合出版公司，2012年5月。

118. 田战省等编：《世界通史经典故事（全十册）》，北方妇女儿童出版社，2012年5月。

119. ［日］大石学：《图解幕末·维新》，滕玉英译，陕西师范大学出版社，2012年5月。

120. 方俞：《千年乱局：争霸东北亚2》，华夏出版社，2012年6月。

121. 杨益、郑嘉伟：《不可不知的韩朝史》，华中科技大学出版社，2012年6月。

122. 杨红林编：《世界历史悬案》，光明日报出版社，2012年6月。

123. 李海青：《不可不知的美国史》，华中科技大学出版社，2012年7月。

124. 《这个历史挺靠谱3：袁腾飞讲世界史》，武汉出版社，2012年7月。

125. 朱建国：《世界上下五千年大全集》，中国华侨出版社，2012年7月。

126. 任德山：《图说美国史》，武汉出版社，2012年7月。

127. 文天尧：《好懂的极简百年欧洲史》，凤凰出版社，2012年8月。

128. 文天尧：《好懂的极简世界海战史》，凤凰出版社，2012年8月。

129. 张文智：《那些掩不住的门：世界丑闻史》，武汉大学出版社，2012年9月。

130. 金雁：《倒转红轮：俄国知识分子的心路历程》，北京大学出版社，2012年9月。

131. 李清如：《一口气读完欧洲史》，武汉出版社，2012年10月。

132. 李清如：《一口气读完美国史》，武汉出版社，2012年10月。

133. 波音：《透过钱眼看大国兴衰》，北京航空航天出版社，2012年10月。

134. 徐杭：《生煎日本现代史：一口吃尽55年政坛猛料》，中国财富出版社，2012年10月。

135. 段立生：《泰国通史》，上海社会科学院出版社，2014年12月。

136. 吕一民：《法国通史》，上海社会科学院出版社，2012年12月。

137. 钱乘旦、许洁明：《英国通史》，上海社会科学院出版社，2012年12月。

2013年

138. 任浩之：《每天读一点世界史》，四川文艺出版社，2013年1月。

139. 霍晨曦、柳青：《目击世界一百年》，北京联合出版公司，2013年1月。

140. 王振森、方颖艳：《印度卷：小印象，大国度》，福建教育出版社，2013年1月。

141. 吴宇虹：《泥板上不朽的苏美尔文明》，北京大学出版社，2013年1月。

142. 崔艳红：《普罗柯比的世界》，北京大学出版社，2013年1月。

143. 李永苣等：《大话世界历史丛书（全九册）》，福建教育出版社，2013年1月。

144. 韩佳媛编：《别笑，这是另一半世界史》，中国华侨出版社，2013年1月。

145. 李默城编：《世界通史（全四册）》，中国华侨出版社，2013年1月。

146. 诸葛文：《三天读懂五千年世界史》，中国法制出版社，2013年2月。

147. 张霞：《不可不知的日本史》，华中科技大学出版社，2013年2月。

148. 《世界通史系列》编委会编：《世界通史系列（全十册）》，江苏人民出版社，2013年2月。

149. 陈君慧编：《世界通史悬疑档案》，吉林出版集团有限责任公司，2013年3月。

150. 柯继铭：《图说世界历史》，吉林出版集团有限责任公司，2013年3月。

151. 江山入砚：《微历史Ⅴ冷战（1945—1990）》，天津社会科学出版社，2013年4月。

152. 赵智：《你一定爱读的简明美国史》，现代出版社，2013年4月。

153. 陈杰：《幕府时代·镰仓幕府》，陕西人民出版社，2013年4月。

154. 陈杰：《幕府时代·世町幕府》，陕西人民出版社，2013年4月。

155. 陈杰：《幕府时代·江户幕府》，陕西人民出版社，2013年4月。

156. 刘翔：《一口气读懂法国史》，民主与建设出版社，2013年4月。

157. 杨白劳：《最冷和最热的俄罗斯》，现代出版社，2013年4月。

158. 张浩、黄一飞：《一本书读懂世界史》，中国时代经济出版社出版发行处，2013年4月。

159. 李学诚主编：《读史有智慧：世界卷》，东方出版社，2013年4月。

160. 庞国雄：《你知道或不知道的法国史》，北京日报出版社，2013年5月。

161. 刘连景：《你知道或不知道的德国史》，北京日报出版社，2013年5月。

162. 贺桂金：《你知道或不知道的英国史》，北京日报出版社，2013年5月。

163. 汪华生：《你知道或不知道的美国史》，北京日报出版社，2013年5月。

164. 许蓉编：《一本书读懂世界历史大全集》，辽海出版社，2013年5月。

165. 陈志强：《拜占庭帝国通史》，上海社会科学院出版社，2013年6月。

166. 闻一：《俄罗斯通史（1917—1991）》，上海社会科学院出版社，2013年6月。

167. 樱雪丸：《日本调：一部穿越时空的日本风情史》，武汉出版社，2013年6月。

168. 张卉妍主编：《一战全史》，中国华侨出版社，2013年6月。

169. 文聘元：《我想知道的西方故事》，上海辞书出版社，2013年6月。

170. 《这个历史挺靠谱3：袁腾飞讲世界史》，湖南人民出版社，2013年7月。

171. 《战争就是这么回事儿：袁腾飞讲一战》，湖南人民出版社，2013年7月。

172. 付金柱、耿君主编：《世界上下五千年》，北京燕山出版社，2013年7月。

173. ［美］罗伊·T·马修斯等：《人文通识课Ⅰ：古典时代》，卢明华等译，世界图书出版公司，2013年8月。

174. 知行主编：《全球通史》，中国华侨出版社，2013年8月。

175. 宛华主编：《世界上下五千年》，中国华侨出版社，2013年8月。

176. 宛华编：《世界通史》，中国华侨出版社，2013年8月。

177. 蔡新苗：《世界历史百科全书》，中国华侨出版社，2013年8月。

178. 崔金生：《大国秘史：它们为什么能主宰世界？》，北方文艺出版社，2013年8月。

179. 周成编：《世界通史》，云南人民出版社，2013年8月。

180. 黄威：《第一帝国》，浙江人民出版社，2013年9月。

181. 汪华生：《你知道或不知道的俄罗斯史》，武汉出版社，2013年9月。

182. 庞国雄：《你知道或不知道的日本史》，武汉出版社，2013年9月。

183. 宛华：《世界上下五千年》，云南人民出版社，2013年10月。

184. 马伯庸、汗青：《1592—1598中日决战朝鲜》，山西人民出版社，2013年10月。

185. 桑楚主编：《世界通史》，云南人民出版社，2013年10月。

186. ［日］松浦玲：《新选组：揭秘日本武士道的核心组织》，陆铁舒译，吉林出版集团有限责任公司，2013年11月。

187. 华庆昭：《从雅尔塔到板门店》，中国社会科学出版社，2013年12月。

188. 曹德谦：《美国的108》，中央编译出版社，2013年12月。

189. 《家庭书架》编委会：《世界通史》，南海出版公司，2013年12月。

2014年

190. 尚劝余：《阿拉伯帝国》，中国国际广播出版社，2014年1月。

191. 夏遇南：《亚历山大帝国》，中国国际出版社，2014年1月。

192. 尚劝余：《莫卧儿帝国》，中国国际广播出版社，2014年1月。

193. 夏遇南：《罗马帝国》，中国国际广播出版社，2014年1月。

194. 于卫青：《波斯帝国》，中国国际广播出版社，2014年1月。

195. 刘文龙：《墨西哥通史》，上海社会科学院出版社，2014年1月。

196. 牛建军：《辉煌古希腊》，中州古籍出版社，2014年1月。

197. 牛建军：《地跨三大洲的波斯帝国》，中州古籍出版社，2014年1月。

198. 楚寒：《美国往事》，九州出版社，2014年1月。

199. ［美］马修斯等：《人文通识课II：中世纪时期》，世界图书出版公司，2014年1月。

200. 邢群麟主编：《世界历史全知道》，江苏美术出版社，2014年1月。

201. 《新家庭书架》编委会：《世界上下五千年》，北京出版社，2014年1月。

202. 唐伯明等编：《二战交通史话：史迪威公路》，人民交通出版社，2014年2月。

203. 殷涵、尹红卿、李瀚之：《世界上下五千年历史故事》，当代世界出版社，2014年2月。

204. 安宾宾编：《图解世界史》，化学工业出版社，2014年2月。

205. 马健、张兰菊编：《世界简史》，中国文史出版社，2014年2月。

206. ［美］奥利弗·斯通、彼得·库茨尼克：《躁动的帝国：不为人知的美国历史（全二册）》，潘丽君、张波、王祖宁译，重庆出版社，2014年2月。

207. 王海利：《埃及通史》，上海社会科学院出版社，2014年3月。

208. 梁悍江：《不可不知的印度史》，华中科技大学出版社，2014年3月。

209. ［美］罗伊·T. 马修斯等：《人文通识课Ⅲ：从文艺复兴到启蒙运动》，卢明华等译，世界图书出版公司，2014年3月。

210. ［美］罗伊·T. 马修斯等：《人文通识课Ⅳ：从法国大革命到全球化时代》，卢明华等译，世界图书出版公司，2014年3月。

211. 陆运高：《看版图学俄罗斯历史》，中国地图出版社，2014年4月。

212. 陆运高：《看版图学英国历史》，中国地图出版社，2014年4月。

213. ［韩］曹秉镐：《消失的帝国》，韩香玉译，团结出版社，2014年4月。

214. 郑嘉伟：《不可不知的法国史》，华中科技大学出版社，2014年5月。

215. 梁霄羽：《极简美国史》，北京日报出版社，2014年6月。

216. 诸葛文：《三天读懂五千年世界史》，中国法制出版社，2014年6月。

217. ［德］克劳斯·伯恩德尔：《图说世界》，黄洋等译，云南人民出版社，2014年7月。

218. 万邦咸宁：《最好看的日本战国史1：英雄黎明》，广东旅游出版社，2014年7月。

219. 万邦咸宁：《最好看的日本战国史2：将星纵横》，广东旅游出版社，2014年7月。

220. 罗杰：《世界历史从头读到尾》，现代出版社，2014年7月。

221. 李涵主编：《档案揭秘：历史第一现场》，北京时代华文书局，2014年7月。

222. ［日］胜部真长主编：《明治维新逸史》，张永译，吉林出版集团有限责任公司，2014年8月。

223. 张津瑞、林广：《地图上的美国史》，东方出版中心，2014年8月。

224. ［美］津恩：《我反抗：一部独特的美国史》，汪小英译，浙江人民出版社，2014年8月。

225. 诸葛文：《三天读懂世界五千年历史悬案》，中国法制出版社，2014年9月。

226. 指文烽火工作室：《战场决胜者002：欧洲佣兵战争史》，中国长安出版社，2015年9月。

227. ［美］沃尔特·麦克杜格尔：《激荡太平洋：大国四百年争霸史》，李惠珍等译，北京联合出版公司，2014年9月。

228. 《世界历史很有趣：袁腾飞讲日本史》，民主与建设出版社，2014年10月。

229. 万邦咸宁：《最好看的日本战国史3：天下棋峙》，广东旅游出版社，2014年10月。

230. 宋毅：《幕末维新1》，陕西人民出版社，2014年10月。

231. 任思源：《图说美国史》，中国华侨出版社，2014年10月。

232. ［美］彼得·豪根：《这就是世界史》，徐力恒、陶郁等译，人民邮电出版社，2014年10月。

233. 关河五十州：《战争从未如此热血：二战美日太平洋大对决》，民主与建设出版社，2014年11月。

234. 王颖、王诗瑶：《每天读一点世界战争史》，武汉出版社，2014年11月。

235. 指文烽火编委会：《战场决胜者：冷兵器时代》，中国长安出版社，2014年11月。

236. 郭方：《看得见的世界史》，北京大学出版社，2014年11月。

237. 司马东西：《为什么是日本》，河南文艺出版社，2014年12月。

238. 崔毅：《一本书读懂俄国史》，金城出版社，2014年11月。

239. 修武兴国：《第三帝国兴亡史：以爱国者之名》第1部，重庆出版社，2014年11月。

240. 张婷婷：《世界通史》，吉林出版集团有限责任公司，2014年11月。

241. 哈安全：《土耳其通史》，上海社会科学院出版社，2014年

12月。

242. 李节传：《加拿大通史》，上海社会科学院出版社，2014年12月。

243. 郭小凌等：《简明世界历史读本》，中国社会科学出版社，2014年12月。

244. 任思源：《要了解欧洲就先读欧洲史》，北京联合出版公司，2014年12月。

245. 王贵水编：《一本书读懂德国历史》，北京工业大学出版社，2014年12月。

246. 王贵水编：《一本书读懂意大利历史》，北京工业大学出版社，2014年12月。

247. 王贵水编：《一本书读懂法国历史》，北京工业大学出版社，2014年12月。

248. 王贵水编：《一本书读懂印度历史》，北京工业大学出版社，2014年12月。

2015年

249. 王贵水编：《一本书读懂欧洲历史》，北京工业大学出版社，2015年1月。

250. 王贵水编：《一本书读懂英国历史》，北京工业大学出版社，2015年1月。

251. 王贵水编：《一本书读懂俄国历史》，北京工业大学出版社，2015年1月。

252. 王贵水编：《一本书读懂美国历史》，北京工业大学出版社，2015年1月。

253. 王贵水编：《一本书读懂世界历史》，北京工业大学出版社，2015年1月。

254. 李阳：《海盗出没，请注意》，中央广播电视大学出版社，2015年1月。

255. 宋清玉：《历史是什么玩意（世界卷）》，北方妇女儿童出版社，2015 年 1 月。

256. 李永炽：《西方历史的瞬间》，上海三联书店，2015 年 1 月。

257. 文若愚：《世界历史常识全知道》，中国华侨出版社，2015 年 1 月。

258. 万邦咸宁：《最好看的日本战国史 4：六天魔王》，广东旅游出版社，2015 年 1 月。

259. ［荷兰］伊恩·布鲁玛：《零年：1945—现代世界诞生的时刻》，倪韬译，广西师范大学出版社，2015 年 1 月。

260. 《经典读库》编委会：《一本书读懂世界历史》，江苏美术出版社，2015 年 1 月。

261. 何蓉：《奥匈帝国》，中国国际广播出版社，2015 年 1 月。

262. 黄维民：《奥斯曼帝国》，中国国际广播出版社，2015 年 1 月。

263. 周长志、徐汝淙编：《图说美国历史源头》，中国青年出版社，2015 年 1 月。

264. 白建才：《俄罗斯帝国》，中国国际广播出版社，2015 年 1 月。

265. 陈振昌：《德意志帝国》，中国国际广播出版社，2015 年 1 月。

266. 李宏图、郑春生、何品：《拿破仑帝国》，中国国际广播出版社，2015 年 1 月。

267. 符文楣：《世界历史五千年》，中国书籍出版社，2015 年 3 月。

268. 顾钧：《美国第一批留学生在北京》，大象出版社，2015 年 3 月。

269. 杨白劳：《后发先至的美利坚》，现代出版社，2015 年 4 月。

270. 万邦咸宁：《最好看的日本战国史 5：太阁青云》，广东旅游出版社，2015 年 5 月。

271. 万邦咸宁：《最好看的日本战国史 6：八屿混一》，广东旅游出版社，2015 年 5 月。

272.《微经典》编委会：《世界上下五千年》，江苏美术出版社，2015年5月。

273.《微经典》编委会：《世界历史百科知识》，江苏美术出版社，2015年5月。

274. 孙晓翔：《希望与毁灭》，中国长安出版社，2015年5月。

275. 卢江林：《邮票上的第二次世界大战》，中国友谊出版公司，2015年5月。

276. 朱建国编：《世界上下五千年》，北京联合出版公司：2015年5月。

277. 赵启光：《千古足音：追寻马可波罗》，北京大学出版社，2015年6月。

278.［日］INDEX编辑部：《家徽里的日本史》，鲁雯霏译，世界图书出版公司，2015年6月。

279. 周杰：《看得见的日本史》，北京大学出版社，2015年6月。

280. 刘显闻：《边走边看法国历史》，四川人民出版社，2015年6月。

281.《世界历史很有趣：袁腾飞讲美国史》，民主与建设出版社，2015年6月。

282. 刘怡：《武神与将军：纳粹德国军人抵抗运动史话》，山西人民出版社，2015年6月。

283. 王颂：《不仅是铁血：德意志帝国统一启示录》，民主与建设出版社，2015年6月。

284.［英］艾玛·玛丽奥特：《你一定爱读的极简世界史》，李菲译，台海出版社，2015年6月。

285. 罗兰德：《纽伦堡审判》，青岛出版社，2015年7月。

286. 樱雪丸、萧西之水：《地图上的日本史》，中国地图出版社，2015年7月。

287. 赵恺：《军部当国：近代日本军国主义冒险史》，中国长安出版社，2015年7月。

288. 陈杰：《日本战国史》，陕西人民出版社，2015年7月。

289. 邢莉：《不可不知的英国史》，华中科技大学出版社，2015年7月。

290. ［美］史蒂夫·威甘德：《这就是美国史》，邵旭东译，人民邮电出版社，2015年7月。

291. 杨永年：《邮票上的第二次世界大战》，天地出版社，2015年7月。

292. 吴芳思：《马可波罗真的到过中国吗？》，江苏人民出版社，2015年8月。

293. ［美］约翰·托兰：《日本帝国衰亡史：1936—1945》，郭伟强译，中信出版社，2015年8月。

294. 宛华：《世界通史》，北京联合出版公司，2015年8月。

295. ［美］科马克·奥·勃里恩：《帝国的衰亡：十六个古代帝国的崛起、称霸和沉默》，邵志军译，现代出版社，2015年9月。

296. 杨凯：《埃及故事》，山西教育出版社，2015年9月。

297. 许婷：《美国故事》，山西教育出版社，2015年9月。

298. 聂晓阳：《法国故事》，山西教育出版社，2015年9月。

299. 聂晓阳：《俄罗斯故事》，山西教育出版社，2015年9月。

300. 李秋实：《德国故事》，山西教育出版社，2015年9月。

301. 闫晗：《英国故事》，山西教育出版社，2015年9月。

302. 韩真真：《希腊故事》，山西教育出版社，2015年9月。

303. 丁舟：《言必称希腊还是中国（全二册）》，北京日报出版社，2015年9月。

304. 韩真真：《日本故事》，山西教育出版社，2015年9月。

305. ［日］小岛毅：《东大爸爸写给我的日本史1》，王筱玲译，北京联合出版公司，2015年10月。

306. 陈杰：《战后日本：废墟中的崛起》，陕西人民出版社，2015年10月。

307. 王毅：《美国简史》，北京时代华文书局，2015年10月。

308. 宋毅：《幕末维新2》，陕西人民出版社，2015年10月。

309. ［日］伊势早苗：《武士崛起之路：镰仓幕府记》，中国长安出版社，2015年11月。

310. 姚尧：《让你爱不释手的极简美国史》，中国法制出版社，2015年11月。

311. ［英］理查德·贝尔菲尔德：《政治暗杀简史》，张永斌等译，南方出版社，2015年11月。

312. 康兴华：《一天读懂美国历史》，中共中央党校出版社，2015年11月。

2016年

313. 马世力、陈光裕编：《一本书读懂世界史》，中华书局，2016年1月。

314. 潘光：《犹太人在中国》，五洲传播出版社，2016年1月。

315. 杨白劳：《闻香法兰西》，现代出版社，2016年1月。

316. 姚尧、磨剑：《让你爱不释手的极简世界史》，中国法制出版社，2016年1月。

317. 修武兴国：《第三帝国兴亡史：以复仇者之名》第2部，重庆出版社，2016年1月。

318. 樱雪丸：《日本战国演义：武士之殇》，北京联合出版公司，2016年2月。

319. 樱雪丸：《日本战国演义：天下布武》，北京联合出版公司，2016年2月。

320. 指文烽火工作室：《战场决胜者003：线式战术时代》，吉林文史出版社，2016年2月。

321. 李大成：《静听五千年》，江西人民出版社，2016年3月。

322. ［日］小岛毅：《东大爸爸写给我的日本史2》，郭清华译，北京联合出版公司，2016年3月。

323. ［德］阿尔方斯·冯·穆默：《德国公使照片日记（1900—1902）》，程玮译，福建教育图书公司，2016年3月。

324. 白善烨：《最寒冷的冬天：一位韩国上将亲历的朝鲜战争》，重庆出版集团，2016年3月。

325. 李涵：《档案揭秘：改变世界格局的历史细节》，北京时代华文书局，2016年3月。

326. 朱东来主编：《大国崛起》，北京联合出版公司，2016年3月。

327. 欧阳莹之：《龙与鹰的帝国》，中华书局，2016年3月。

328. 段亚兵：《以色列文明密码》，深圳市海天出版社，2016年4月。

329. 刘啸虎：《天生王者亚历山大》，陕西人民出版社，2016年4月。

330. 万邦咸宁：《无冕之帝恺撒》，陕西人民出版社，2016年4月。

331. 文若愚：《图说世界文明史》，北京联合出版公司，2016年4月。

332. 沈弘：《遗失在西方的中国史》，北京时代华文书局，2016年5月。

333. 张琦：《一本书读懂世界历史和中国历史》，北京联合出版公司，2016年5月。

334. 陈超、刘衍钢：《地图上的古希腊史》，东方出版中心，2016年5月。

335. 孟钟捷、霍仁龙：《地图上的德国史》，东方出版中心，2016年5月。

336. 朱明：《地图上的法国史》，东方出版中心，2016年5月。

337. 杨恒：《图说美国印第安人历史》，光明日报出版社，2016年5月。

338. 李刚、王方：《历史是最好的教科书：中日千年五战启示录》，重庆出版社，2016年5月。

339. 樱雪丸：《中日恩怨两千年》，贵州人民出版社，2016年5月。

340. 叶小辛：《原来你是这样的欧洲史》，京华出版社，2016年6月。

341. 阴牧云：《拜占庭战争故事》，贵州教育出版社，2016年6月。

342. 杨白劳：《世界历史有一套（全6册）》，现代出版社，2016年6月。

343. 罗三洋：《罗马的黑人皇帝》，台海出版社，2016年6月。

344. 叶小辛：《原来你是这样的欧洲史》，北京联合出版公司，2016年6月。

345. ［英］杰里·布罗顿：《十二幅地图中的世界史》，林盛译，浙江人民出版社，2016年6月。

346. 赵文亮、崔美：《这才是真实的一战历史》，上海辞书出版社，2016年7月。

347. 赵文亮、崔美：《这才是真实的二战历史》，上海辞书出版社，2016年7月。

348. 赵勇田、牛旻：《最寒冷的冬天：板门店谈判纪实》，重庆出版社，2016年7月。

349. ［英］阿德里安·戈兹沃西：《恺撒：巨人的一生》，陆大鹏译，社会科学文献出版社，2016年7月。

350. 曹给非：《帝国兴衰启示录》，中国国际广播出版社，2016年7月。

351. 林纯洁：《德意志之鹰：纹章中的德国史》，浙江大学出版社，2016年7月。

352. 余世存：《一个人的世界史》，广东人民出版社，2016年7月。

353. ［英］理查德·迈尔斯：《迦太基必须毁灭》，孟驰译，社会科学文献出版社，2016年8月。

354. ［美］法夸尔：《欧洲王室另类史》，康怡译，生活·读书·新知三联书店，2016年8月。

355. 徐焰：《画说二战中的坦克战》，中国人民解放军国防大学出版社，2016年8月。

356. 高希：《在古老的土地上：一次抵达12世纪的埃及之旅》，中信出版社，2016年8月。

357. ［日］福井绅一：《重读日本战后史》，王小燕等译，生活·读书·新知三联书店，2016年8月。

358. 吴广伦：《老漫画中的世界史：六国崛起》，东方出版中心，2016年8月。

359. 张倩红、张少华：《犹太人千年史》，北京大学出版社，2016年8月。

360. 陈志强：《鹰旗飘落：拜占庭帝国的末日》，北京大学出版社，2016年8月。

361. 付成双：《动物改变世界：海狸、皮毛贸易与北美开发》，北京大学出版社，2016年8月。

362. 张炜晨：《战场决胜者：史上最不可思议的战役复盘1》，台海出版社，2016年8月。

363. 王顺军：《天朝王国：十字军全史300年》，陕西人民出版社，2016年8月。

364. 王志强：《正义审判：第二次世界大战后审判战犯纪实》，科学出版社，2016年9月。

365. 白虹：《二战全史》，中国华侨出版社，2016年9月。

366. 张卉妍：《世界经典战役》，中国华侨出版社，2016年9月。

367. 樱雪丸：《日本维新六十年》，中国友谊出版公司，2016年9月。

368. 张炜晨：《战场决胜者：史上最不可思议的战役复盘2》，台海出版社，2016年10月。

369. ［美］艾米·蔡：《大国兴亡录》，刘海青、杨礼武译，重庆出版集团，2016年10月。

370. ［英］安德鲁·玛尔：《BBC世界史》，邢科译，天津人民出版社，2016年10月。

371. 邱翔钟：《权贵英国》，上海人民出版社，2016年11月。

372. 指文烽火工作室：《战场决胜者005：线式战术时代2》，台海出版社，2016年12月。

373. 张雪、常县宾：《铁血王国普鲁士》，北京大学出版社，

2016年12月。

374. 杨益：《不可不知的非洲史》，华中科技大学出版社，2016年12月。

375. 杨益：《不可不知的美洲史》，华中科技大学出版社，2016年12月。

376. 张宏伟：《你不可不知的美国史》，中国华侨出版社，2016年12月。

377. 陈勤：《简明美国史》，云南人民出版社，2016年12月。

2017 年

378. 吴思科：《中国和埃及的故事》，五洲传播出版社，2017年1月。

379. 江乐兴：《一本让你爱不释手的日本简史》，北京工业大学出版社，2017年1月。

380. 江乐兴：《一本让你爱不释手的美国简史》，北京工业大学出版社，2017年1月。

381. 江乐兴：《让你爱不释手的英国简史》，北京工业大学出版社，2017年1月。

382. ［美］斯图亚特·戈登：《极简亚洲千年史：当世界中心在亚洲（618—1521）》，冯奕达译，湖南文艺出版社，2017年1月。

383. 王宇琨、董志道：《超图解人类简史》，现代出版社，2017年2月。

384. 宛华：《世界上下五千年》，中国华侨出版社，2017年2月。

385. 张炜晨：《战场决胜者：史上最不可思议的战役复盘3》，台海出版社，2017年3月。

386. 代路：《德川家康》，陕西人民出版社，2017年3月。

387. 樱雪丸：《高清日本战国史（全4册）》，重庆出版社，2017年3月。

388. 白虹：《图解二战全史》，中国华侨出版社，2017年3月。

389. 陈会颖：《一本书读懂美国史》，中华书局，2017年3月。

390. 杨益：《不可不知的亚洲史》，华中科技大学出版社，2017年3月。

391. 杨益：《不可不知的欧洲史》，华中科技大学出版社，2017年4月。

392. 程兆奇：《东京审判》，上海交通大学出版社，2017年4月。

393. 章东磐、晏欢、戈叔亚：《国家记忆：美国国家档案馆收藏中缅印战场印象》，山西人民出版社，2017年4月。

394. 刘芳：《美国简史》，新世界出版社，2017年4月。

395. 江乐兴：《一本让你爱不释手的俄罗斯简史》，北京工业大学出版社，2017年5月。

396. 江乐兴：《一本让你爱不释手的德国简史》，北京工业大学出版社，2017年5月。

397. 江乐兴：《一本让你爱不释手的意大利简史》，北京工业大学出版社，2017年5月。

398. 江乐兴：《一本让你爱不释手的法国简史》，北京工业大学出版社，2017年5月。

399. 江乐兴：《一本让你爱不释手的印度简史》，北京工业大学出版社，2017年5月。

400. 墨哈文：《极简美国史》，中国华侨出版社，2017年5月。

401. 指文烽火工作室：《战场决胜者004：日本战国争霸录》，吉林文史出版社，2017年6月。

402. 龙语者：《战场决胜者006：重骑兵千年战史（上）》，吉林文史出版社，2017年6月。

403. ［英］赫伯特·乔治·威尔斯：《世界之书》，赵震译，台海出版社，2017年7月。

404. 马世力等编：《用年表读通世界史》，中华书局，2017年7月。

405. ［英］德斯蒙德·苏厄德：《百年战争简史》，文俊译，四川人民出版社，2017年8月。

406. ［英］伊恩·克肖：《命运攸关的选择：1940—1941年间改

变世界的十个决策》，顾剑译，浙江人民出版社，2017年8月。

407．［英］安德里亚·巴勒姆：《拿破仑不是矮子》，吴文南译，四川文艺出版社，2017年8月。

408．赤军：《宛如梦幻：江户烟岚》，厦门大学出版社，2017年9月。

409．赤军：《宛如梦幻：战国风雨》，厦门大学出版社，2017年9月。

410．涂丰恩：《大人的日本史》，上海人民出版社，2017年9月。

411．钱满素：《绅士谋国：美国缔造者》，东方出版社，2017年11月。

412．水木森：《罗马帝国简史》，民主与建设出版社，2017年11月。

413．刘景华：《人类六千年》，中国青年出版社，2017年11月。

414．宛华：《图说世界通史》，中国华侨出版社，2017年11月。

415．任犀然：《图解美国史》，中国华侨出版社，2017年11月。

416．［美］加勒特·马丁利：《无敌舰队》，杨盛翔译，民族与建设出版社，2017年12月。

2018 年

417．杨宁一：《一本书读懂日本史》，中华书局，2018年1月。

418．徐晋书：《数字解读世界简史》，现代出版社，2018年1月。

419．毕蓝：《美国的故事（全七册）》，九州出版社，2018年1月。

420．张宏伟：《二战风云》，中国华侨出版社，2018年2月。

421．赵恺：《罗曼诺索夫王朝衰亡史》，吉林文史出版社，2018年2月。

422．肖石忠：《看得见的世界史·玛雅》，石油工业出版社，2018年3月。

423．肖石忠：《看得见的世界史·古埃及》，石油工业出版社，2018年3月。

424. 郭子林：《看得见的世界史·古罗马》，石油工业出版社，2018 年 3 月。

425. 肖石忠：《看得见的世界史·古希腊》，石油工业出版社，2018 年 3 月。

426. 肖石忠：《看得见的世界史·法国》，石油工业出版社，2018 年 3 月。

427. 上官紫微：《写给青少年的极简英国史》，华龄出版社，2018 年 3 月。

428. 梁莹：《写给青少年的极简美国史》，华龄出版社，2018 年 3 月。

429. 于瀛海：《写给青少年的极简法国史》，华龄出版社，2018 年 3 月。

430. 潘爱平：《写给青少年的极简德国史》，华龄出版社，2018 年 3 月。

431. 于瀛海：《写给青少年的极简希腊史》，华龄出版社，2018 年 3 月。

432. 文聘元：《欧洲简史》，石油工业出版社，2018 年 3 月。

433. 卫鸿宇、曹亚楠：《我们的世界历史》，北京联合出版公司，2018 年 3 月。

434. 指文烽火工作室：《战场决胜者 004：日本战国争霸录》，吉林文史出版社，2018 年 3 月。

435. 洪维扬：《一本就懂日本史》，九州出版社，2018 年 3 月。

436. ［俄］玛丽·瓦西里奇科夫：《柏林记忆》，唐嘉慧译，上海人民出版社，2018 年 4 月。

437. 马世力、陈光裕：《一本书读懂欧洲史》，中华书局，2018 年 4 月。

438. 陈磊：《半小时漫画世界史》，江苏凤凰文艺出版社，2018 年 4 月。

439. 张顺洪、郭子林、甄小东：《世界历史极简本》，中国社会科学出版社，2018 年 4 月。

440. 程晓南：《一书通识五千年世界史书》，中国法制出版社，2018年4月。

441. 郭方：《看得见的英国史》，北京大学出版社，2018年5月。

442. ［日］御厨贵、佐佐木克：《倒叙日本史1：昭和·明治》，杨珍珍译，商务印书馆，2018年5月。

443. ［日］三谷博、矶田道史：《倒叙日本史2：幕末·江户》，商务印书馆，2018年5月。

444. ［日］小和田哲男、本乡和人：《倒叙日本史3：战国·室町·镰仓》，商务印书馆，2018年5月。

445. ［日］胧谷寿、仁藤敦史：《倒叙日本史4：平安·奈良·飞鸟》，商务印书馆，2018年5月。

446. ［美］林恩·H.尼古拉斯：《劫掠欧罗巴：西方艺术珍品在二战中的命运》，刘子信译，民主与建设出版社，2018年7月。

447. 傅力：《不可不知的日本史》，华中科技大学出版社，2018年7月。

448. 杨义成：《不可不知的德国史》，华中科技大学出版社，2018年7月。

449. 尚德君：《不可不知的西班牙史》，华中科技大学出版社，2018年7月。

450. 丁牧主编：《第一次世界大战的历史》，中国商务出版社，2018年7月。

451. 丁牧主编：《第二次世界大战的历史》，中国商务出版社，2018年7月。

452. 文聘元：《看得见的世界史·欧洲简史》，石油工业出版社，2018年7月。

453. 郭方：《看得见的世界史·世界简史》，石油工业出版社，2018年7月。

学术编年

2017年中国公共史学发展编年

编纂者：杨建秋（中国人民大学历史学院2017级硕士研究生）
审订者：姜萌（中国人民大学历史学院副教授）

1月9日
"抗战记忆与口述历史工作坊"在南京大学召开。

本次工作坊由南京大学历史学院、"家·春秋"大学生口述历史影像记录计划项目组委会主办，南京口述历史协会承办。南京大学教授张宪文、张生，南京师范大学教授齐春风，侵华日军南京大屠杀遇难同胞纪念馆馆长张建军，江苏省历史学会会长周新国等专家学者参与了本次工作坊。他们通过学术讲座和实地研习，向学员们普及抗战研究的最新成果，讲授口述历史研究的理论知识，培训口述历史的实践操作，旨在让学员们深入理解口述历史这一微观史学研究方法。温州大学口述历史研究所所长杨祥银的报告《大学生口述历史实践选题分享》、南京民间抗日战争博物馆副馆长薛刚的报告《抗战口述历史的参与及实践》、南京大学历史学院院长助理武黎嵩的报告《口述历史的后期整理方法》被澎湃新闻报道。①

---

① 《如何运用口述历史记录和研究"抗战记忆"？》，https：//www.thepaper.cn/newsDetail_forward_1603728。

是月

胡郑丽在《文史杂志》第 1 期发表《"互联网+"时代下非物质文化遗产"档案式保护"之我见》。

该文分析了"互联网+"背景下非物质文化遗产"档案式保护"的新特点以及保护工作面对的新问题，并提出了应对策略。作者指出，在"互联网+"时代背景下，非物质文化遗产"档案式保护"的内涵随着时代的变化呈现出不同的特点：保护内容由显性到隐性，保护载体由物质到虚拟，保护主体由单一到多元，传播方式由"固态"到"活态"。同时，非遗"档案式保护"也出现了很多问题，包括对非遗档案保护工作不重视、缺乏资源共享意识、知识产权问题凸显等。在这种情势下，作者认为应当借助新媒体技术、利用网络开展档案管理工作、加强对档案的宣传推广工作及建立非遗专题档案数据库等进行应对。

周亚、许鑫在《图书情报工作》第 2 期发表《非物质文化遗产数字化研究述评》。

该文从基础研究、技术研究、形态研究三大方面，对近年来国内外非遗数字化研究进行综述，并讨论现有研究的重点与不足，包括以非遗数字化的技术与形态等应用研究为主，对基础理论与方法体系的研究不足；多微观具体层面的研究，少宏观全局层面的研究；研究视角单一化，系统化多视角分析不足；重数字化资源建设保存，轻数字资源的传播和共享等问题。在梳理现有研究的基础上，作者指出今后需要加强对非遗数字化基本理论与方法、综合影响的系统分析、跨专业多视角研究、共享与传播、受众群体、国内外最佳实践的案例分析等多方面的研究。

滕春娥在《档案管理》第 1 期发表《档案记忆观视角下的档案与非物质文化遗产功能互动研究》。

该文梳理了档案记忆观理论的缘起和内涵，并在此理论关照下探析了档案与非物质文化遗产的关联、档案工作在非遗保护中的社会功用、非物质文化遗产保护对档案工作的影响等问题。作者指出，档案与非物质文化遗产具有共同的文化属性、记忆属性，二者可以相互转化。档案工作在非物质文化遗产保护中起到留存记忆、科学管理等构建作用；非物质文化遗产则可以丰富档案种类、开拓档案研究新领域、加强档案界与外界联系、提升档案部门社会参与能力及认可度、通过举办展演以提高公众档案意识等。

徐凌在《天津科技》第 1 期发表《公共史学的理论与方法在科技史研究中的应用》。

作者指出，科技史与公共史学同样具有很强的应用性，而目前的科技史研究在介入广泛的应用情境时往往存在很大的局限性，这就要求科技史学者接受跨学科训练，与公共史学进行合作。公共史学以对公共领域的广泛介入、历史"书写"与解释的民主化为核心特点。科技史研究及其社会应用，尤其在口述访谈、科技传播、科技文化遗产的保护与开发等方面，应当借鉴公共史学的理论与方法。

王灿在《社会科学论坛》第 1 期发表《历史影像与当代中国社会记忆变迁——兼谈历史再现与影像史学》。

历史影像对于未曾经历过某段历史的人影响颇大，在极端强调政治的年代，历史影像作为阶级斗争的重要工具，无论是其画面、剧情或是其生产制作本身都具有极强的意识形态性和历史意味，这也导致当时社会集体记忆的泛政治化。到了多元文化相互竞争时代，历史影像的转变也在很大程度上推动了固有记忆的解体和重构。从再现历史、建构记忆的角度来看，影像史学作为一种历史研究方法乃至一种历史书写手段，其必须对历史主体和历史真实保持绝对尊重，从而达到叙述逻辑与事实逻辑的一致性。

兰东兴在《现代传播》第 1 期发表《文化遗产影像记录的伦理和方法》。

该文从伦理学角度出发，主要探讨了如何实现对文化遗产最真实的影像记录，以及怎样实现在记录与传承这些图景的同时也能够保护它们等问题。

李蓉在《中国广播电视学刊》第 1 期发表《〈南宋〉：影视史学与传播史学的融合》。

作者以浙江卫视 2015 年播出的大型人文历史纪录片《南宋》为

案例进行分析,指出"影视史学既是史学实践,同时也是与史学紧密联系着的传播实践。历史纪录片需要从影视史学与传播学双向结合的视角予以研究"。

郑岩、汪悦进著《庵上坊:口述、文字和图像》(修订版)由生活·读书·新知三联书店出版。

2月19日

"中非关系历史文献和口述史料整理与研究"开题论证会在华东师范大学举行。

"中非关系历史文献和口述史料整理与研究"是华东师范大学历史系非洲研究所所长沐涛承担的2016年度国家社科基金重大项目。该课题共设置四个子课题,分别是1500年以前中非关系史文献整理与研究、1500—1949年中非关系史文献整理与研究、1949—2000年中非关系史文献整理与研究、当代中非关系口述史料收集与研究。预计到2020年结项,最终成果为《中非关系历史文献和口述史料长编》(六卷),约200万字。[①]

2月28日

中英文化遗产高层论坛在北京大学举行。

该论坛由国家文物局支持、北京大学考古文博学院和英国文化教育协会、英国大使馆文化教育处主办,首都师范大学历史学院协办。中英双方6位代表分享了关于故宫、西南侗族村落、英国巴斯、牛津老城和长城等文化遗产保护工作的实例,其中在长城保护工作方面,中(长城)英(哈德良长城)分别分享了各自的工作和经验。[②]

是月

国家文物局发布《国家文物事业发展"十三五"规划》。

《规划》阐明了"十三五"时期文物事业的发展目标、主要任

---

① 《国家社科基金重大项目"中非关系历史文献和口述史料整理与研究"开题论证会举行》,http://news.ecnu.edu.cn/5b/52/c1833a88914/page.htm。
② 《中英文化遗产高层论坛在北京大学举行》,http://www.sach.gov.cn/art/2017/3/2/art_722_137691.html。

务、重大工程和重大举措，从总体要求、切实加大文物保护力度、全面提升博物馆发展质量、多措并举让文物活起来、加强文物科技创新、加强文物法治建设、完善规划保障措施、形成规划实施合力等八个方面进行了阐述。"十三五"时期，国家文物局将推动文物保护实现"两个转变"：由注重抢救性保护向抢救性与预防性保护并重转变，由注重文物本体保护向文物本体与周边环境、文化生态的整体保护转变，确保文物安全。配套的12个文物保护工程包括：长城保护计划，革命文物保护利用工程，"考古中国"重大研究工程，海上丝绸之路文物保护工程，西部地区石窟保护展示工程，西藏、四省藏区和新疆重点文物保护工程，古建筑和传统村落保护工程，近现代代表性建筑保护展示提升工程，水利遗产保护工程，馆藏珍贵文物保护修复工程，馆藏文物保存条件达标和标准化库房建设工程，文物平安工程。《规划》中设立了"多措并举让文物活起来"专章，强调要坚持保护为主、合用结合，坚持创造性转化和创新性发展，大力拓展文物合理适度利用的有效途径，促进文化创意产品开发，让文物活起来，讲好中国故事，提升中华文化的国际影响力。为此，《规划》配套了5个工程，包括国家记忆工程、"互联网+中华文明"三年行动计划、全国可移动文物资源共享工程、"一带一路"文化遗产长廊建设工程、中华文物走出去精品工程。①

定宜庄著"北京口述历史系列丛书"由北京出版社出版。

此次一共出版《八旗子弟的世界》《城墙之外》《府门儿·宅门儿》《城墙之外》《胡同里的姑奶奶》《生在城南》六部著作，涵盖老北京各个阶层。作者强调"北京城是不可分割的统一整体，各阶层人民共同缔造了老北京"，以具有学术规范的访谈方式，走访生活在内城的普通旗人后裔、汉人聚居地"外城"的土著、北京城郊的居住者、宗室后裔及相关人物等。作者用史学的方法来做口述，让访谈对象自己说话，讲述他们在这座城市所经历的生活、感受以及对祖先

---

① 《国家文物局解读〈国家文物事业发展"十三五"规划〉》，http：//culture.people.com.cn/n1/2017/0221/c87423-29096766.html。

的记忆,一改学术书晦涩难懂的文风,文笔轻松幽默,访谈对象生动鲜活,通过北京人自己的讲述,反映晚清以降北京人的生活变迁与历史命运。①

定宜庄在2015年还曾出版《个人叙述中的同仁堂历史》《宣武区消失之前》《找寻京郊旗人社会》《诗书继世长》《学院路上》五部著作,也属于"北京口述历史系列丛书"。

谢志成、秦垒在《北京档案》第2期发表《我国非物质文化遗产传承人口述档案建档探析》。

该文在提出非物质文化遗产传承人口述档案概念及其特点的基础上,论述了国内外实践工作的进展情况,并重点分析了当前我国非物质文化遗产传承人口述档案建档工作在组织保障、资金投入、对象选择和建档流程四个方面存在的问题,进而针对性地提出了解决措施。作者建议建立非遗口述史研究中心,多渠道筹集资金,优先对高龄、体弱传承人建档,规范传承人口述档案建档流程。

3月4日

"非物质文化遗产资源整理与研究"研讨会在上海社科国际创新基地召开。

此次研讨会由上海社科院民俗与非遗研究中心、上海社科院文学研究所联合召开。会议研讨中,与会专家学者就"非遗资源的整理与研究""非遗资料数据库建设""非遗项目与传承人采录方法"等问题展开了深入讨论。研讨会发布了《我国非物质文化遗产名录体系与资源图谱研究》,该项研究系蔡丰明研究员主持的国家社科基金重大项目成果。②

3月24日

钱茂伟在《社会科学报》第1551期发表《公众史学:从根本上解决

---

① 褚若千:《"北京口述历史系列丛书"出版》,《历史档案》2017年第4期。
② 《"非物质文化遗产资源整理与研究"研讨会召开》,http://www.sass.org.cn/Default.aspx?tabid=38&ctl=Details&mid=453&ItemID=11511&SkinSrc=[L]Skins/shkxy/shkxy2_1。

史学的应用问题》。

　　该文指出公众史学可以从根本上解决史学的应用问题。作者认为，历史学科学化使得历史学远离生活，进而使人产生无用之感，这反映出对历史学内涵与功能的想象方式出了问题。作者主张通过提倡和发展公众史学来实现史学与公众的统一，即从三个维度出发：一是书写公众历史，二是让公众参与，三是写给公众看。此外，公众史、通俗史必须进一步项目化、流程化、技术化、产品化，才能使公众史真正进入生活世界。作者进一步指出，"公众史学"是"民史"的最新形态，公众史学概念的提出，将完善传统的"国家/政府史学"，使历史学更为开放与多元，与公众的距离更为接近。只有政府政治与民间生活得到共同记录的历史，才是完整的国家"总体史"。至此，史学也就成为真正的大众之学。

3月28日

清华大学校史口述访谈工作2017年启动会议在清华校史馆召开。

3月29日

"大陈岛垦荒记忆史料影像展"开展暨捐赠仪式在台州市举行。

3月31日

"中国（福建·南平）古村落文化遗产保护高峰论坛"在福建邵武举行。

　　本次会议由中国民间文艺家协会、中国文物学会古村镇专委会、福建省文联、南平市委宣传部联合主办。来自全国乡土建筑、民俗学、历史学领域的200余位专家学者汇聚一堂，围绕古村落文化价值、区域特色以及保护发展等话题展开讨论。最后，专家们将讨论结果汇聚成论坛的纲领性文件——《南平共识》。

　　《南平共识》指出，传统村落保护应该以人为本。村落的形态是由建筑、山水等物质方面构成，但是在村落形成的历史过程中，原住民起到了重要的作用。现在的保护和发展应当接续村落的历史，在空间的规划和业态的设计上充分考虑原住民的需要。在漫长的历史过程中，传统村落不仅存在着大量空间形态的物质财富，也存在着人们认识自然和改造自然的生存智慧，这便决定了传统村落的保护与发展必须是物质和非物质相结合的。传统村落是中国传统文化的根脉所在。在保护与发展过程中，要实行文化研究先行的策略。[1]

是月

《中南民族大学学报（人文社会科学版）》第 2 期发表《中国文化遗产的英文解说：以北京故宫博物院为例》。

本文作者为 NHTV 布雷达应用科技大学 Dineke Koerts，译者为中南民族大学预科教育学院撒露莎。该文指出，通过社交媒体的传播，游客对目的地形象塑造发挥着越来越重要的作用。积极、难忘的旅游体验常常成为游客网络交谈的主要内容。尤其是遗产旅游，满足游客互动及共创体验的遗产地解说可以建立游客与遗产地之间的情感联系，提升游客体验效果。然而，目前故宫博物院中的现场标识及语音导览中的英文解说以陈述景点概况为主，很难使游客身临其境地感受历朝历代的生活场景。如今，各式移动终端技术为游客提供了更多共创及浸入式旅游体验模式，而对于故宫博物院来说，故事化、主题化、含音乐背景的可下载式电子导览即可为游客提供更加个性化、现代化的英文解说，从而为游客创造更难忘的旅游体验。

伦玉敏、董小梅在《大连民族大学学报》第 2 期发表《近 30 年中国大陆口述史学发展述评》。

该文对中国大陆近 30 年来的口述史学发展状况进行梳理。作者指出，目前关于口述史学性质的"学科/方法"之争还在持续，在具体实践中学者们多从方法角度开展研究。文学叙事型书写/叙史方式是当下大陆史学家进行口述史书写的主要方式。通过对口述史学发展局限的分析，作者认为，口述史学只有努力形成明显区别于人类学等学科的学术理论、方法体系和公认的书写范式，才有可能成为一个具有严格规范、特色鲜明的中国历史学分支学科。

车彤等在《法制与社会》第 3 期发表《口述历史研究中的法律问题刍议》。

---

[1] 汪红蕾：《守护传统村落　传承中华文脉——中国（福建·南平）古村落文化遗产保护高峰论坛综述》，《城乡建设》2017 年第 8 期。

基于对口述历史研究中相关法律条款的梳理，该文探究了口述历史研究的特点及研究中涉及的著作权问题，并指出其中的侵权问题及救济途径。

刘文菊等编《潮汕女性口述历史：潮州歌册》由暨南大学出版社出版。

4月12日

《江城非遗坊》举办首发仪式。

该栏目是大陆第一档基于非物质文化遗产口述历史的电视专题片，由武汉电视台制作播出。该节目以"非遗+档案+媒体"的崭新方式，深入挖掘非遗保护项目、非遗传承人非凡经历、传奇故事。这种对非遗项目、传承人进行口述视频建档的方式，开辟了非遗抢救性保护的新模式，一经推出，就引起了高度重视。①

4月18日

"文化遗产与可持续旅游高峰论坛"在广东中山召开。

4月22日

中国地方志指导小组办公室启动"中国名镇志文化工程·中国名镇影像志"工程。

首部中国名镇影像志将围绕昆山市周庄镇"古镇保护与旅游发展"主题，以口述历史、影像记录的形式，专访百余名见证、参与和服务周庄古镇保护与旅游发展的决策者、建设者及专家学者，把过去近四十年中沉淀的历史智慧和遗存的平面图文资料，通过数字化的影像志"立"起来、"动"起来、"响"起来，留住乡愁乡情，汇聚公共记忆。

22日，中国名镇志文化工程·中国名镇影像志启动仪式在昆山市周庄镇正式举行。中国地方志指导小组秘书长、中国地方志指导小组办公室党组书记、主任冀祥德指出，立足于数字化、互联网和多媒

---

① 《电视专题片〈江城非遗坊〉首发》，http://www.chinaarchives.cn/news/china/2017/0419/115626.shtml。

体技术及平台的传播，影像志的传播推广及阅读应用，将由此革新和开创地方志事业的新天地。①

"民间记忆、地方文献与中国史研究"学术研讨会在华东师范大学举办，同时举行民间记忆与地方文献研究中心揭牌仪式。

4月25日

"湛江老艺人口述史"在湛江正式开机启动。

李中元、刘晓丽著《口述申纪兰》由人民出版社出版。

5月5日

"抗战老兵口述史访谈活动"启动仪式在南京师范大学举行。

抗战胜利已经过去70多年，目前健在的抗日老战士大都在90岁以上，总人数仅5万人左右，抢救抗战老兵口述史资料刻不容缓、万分紧迫。本次抗战老兵口述史访谈活动是南京师范大学组织的一次校内活动，在校内招募大学生志愿者，走访江苏省内50位抗战老兵，收集抗战资料，聆听他们的故事，记录他们的档案，再现他们的峥嵘岁月。②

5月10日

"口述中国民族工作多媒体数据库"项目座谈会暨启动仪式在广西南宁举行。

5月11日

"彭州蔬菜产业发展口述史"资料征集活动正式启动。

5月27日

"口述历史的理论与实践"学术研讨会在上海召开。

此次研讨会由上海社科院历史研究所主办。来自全国的30余位口述史研究与实践专家，共同就口述史研究现状、存在的问题和未来发展方向展开讨论。如中国社会科学院近代史研究所左玉河研究员提

---

① 《中国名镇志文化工程中国名镇影像志启动仪式在昆山周庄镇举行》，http://www.ks.gov.cn/xwnr? id =237556。

② 《南师大抗战老兵口述史访谈活动启动仪式举行》，http://sun.njnu.edu.cn/news/2017 -5/152657_ 735397.html。

出，中国口述历史是在多维度推进中发展的。①

5月20日

"2017年中国非物质文化遗产保护与开发研究高端论坛"在黄山学院举办。

5月30日

包头口述历史传记中心揭牌仪式在包头日报社举行。

是月

尹培丽在《档案学研究》第5期发表《口述档案伦理问题探究》。

本文在界定口述档案伦理这一概念的基础上，对贯穿口述档案采集、整理和利用过程中的主要伦理进行考量，包括历史真实与隐私保护、可能损害与未来效益、信息失衡与人道考虑等进行了深入分析，并对口述档案伦理关涉的各个主体，即访谈者、访谈执行机构和收藏机构，他们分别所应遵从的伦理规范进行了详尽阐述，并指出伦理问题跟法律问题一样，应当引起重视，审慎预防。

朴永馨《特殊教育和我：朴永馨口述史》由北京师范大学出版社出版。

6月7日

"2017清华同衡学术周遗产专场"在北京举办。

本次研讨会以"遗产重塑生活"为主题。此活动由清华同衡遗产保护与城乡发展研究中心主办、清华同衡技术创新中心协办，除主会场外，还有一个视频会场，共数百人与会。10多位来自相关领域的专家学者围绕主题进行了精彩的跨界对话。国家文物局副局长宋新潮作了"遗产保护理念的思考"的主题报告。他扼要阐述了遗产保护的4个理念问题：为什么要保护？保护什么？谁来保护？怎样更好地保护？他指出，遗产保护是保护历史见证物和历史发展过程中的人类记忆。保护遗产是全社会共同的责任，但需要建筑师、考古学家、规

---

① 《口述史不是回忆录，互动能力对历史学家提出挑战——"口述历史的理论与实践"学术研讨会综述》，http://www.sohu.com/a/146119084_491059。

划师以及相关法律专家肩负起更多更重要的责任。其他嘉宾带来了"工业遗产让生活更多彩""论文化遗产保护利用的制度基础——以文物登录为中心""史家胡同博物馆营造过程中的多利益相关方参与实践""长城脚下古村落保护利用""VR时代的历史再现与遗产价值""景德镇产业遗产保护与城市复兴""遗产保护应与现代生活相融——以苏州古城保护实践为例""哑铃社会与乡村遗产""木工的传统与现代生活"等主题演讲，交流了保护遗产，合理利用遗产、创造新生活的体会和甘苦。[1]

6月10日

各地开展活动纪念我国首个"文化和自然遗产日"。

我国自2006年设立"文化遗产日"，为每年6月的第二个星期六。2016年9月，国务院批复住房城乡建设部，同意自2017年起，将每年6月第二个星期六的"文化遗产日"，调整为"文化和自然遗产日"。

在第一个"文化和自然遗产日"，各地举办了丰富多彩的活动，如国家文物局"文化遗产日主题活动""第六届中国成都国际非物质文化遗产节"及1700多项非遗展示活动等。[2]

山东首个公众考古基地揭牌。

山东首个公众考古基地在济南焦家遗址揭牌，今后将采取现场参观、模拟考古、设立公众论坛、推出考古科普丛书等多种形式，让公众考古基地成为集考古发掘、爱国主义教育、科学知识传播为一体的公共文化服务设施和教育基地。

6月16日

张玥在《中国文物报》发表《实验考古在公众考古中的实践》。

文章指出，实验考古学具有实验性和实践性，这在一定程度上降低了对参与者的专业知识、技术的要求，有利于进行公众考古实践。

---

[1] 《"遗产重塑生活"——2017清华同衡学术周遗产专场领风骚》，http://www.sach.gov.cn/art/2017/6/8/art_722_141566.html。

[2] 《文化和自然遗产日》，http://culture.people.com.cn/GB/22226/404702/412866/index.html。

运用实验考古方法进行公众考古教育在国内外均已有先例，它使考古学的科普和大众化由过去的"考古发出，公众接收"这种单向的传播模式转变为更为灵活的互动。作者指出，应尽可能从正面扩大其教育效果，以增进公众对考古这门学科的理解与支持。

是月

《南方文物》"公共考古"专栏开栏。

该栏目由复旦大学文物与博物馆学系教授高蒙河主持。主持人高蒙河教授专栏"开栏语"中指出，考古学界已经围绕概念、价值等方面取得了基本共识或搁置了争议，"进入到怎样做好公共考古实践、如何开展好学术研究、积极培育学科生长点的关键节点上"，"公共考古"栏目的开设颇具学术价值和意义，"将来是足以写进中国公共考古学史的"[①]。

专栏第一期刊载了王太一、高蒙河《公众考古教育实践初探》，王沛、高蒙河《考古纪录片的类别和特性》，戎静侃《考古科普著作类型研究——分类、动因与受众》、乔玉《专业平台公共考古的新思路》、万新华《青山着意化新颜——傅抱石〈茅山雄姿〉读记》。

王太一、高蒙河《公众考古教育实践初探》一文，将中国公众考古教育实践形态归纳为大学通识考古教育、社会考古讲座、考古遗址博物馆教育三类，分别加以分析，并对公众考古教育的发展历程进行了简要的回顾。

王沛、高蒙河《考古纪录片的类别和特性》一文，提出考古纪录片这一新兴纪录片种类，既是考古与传媒的有机组成部分，又可以充实完善已有纪录片结构体系。作者认为，考古纪录片是考古成果与艺术形式相结合的产物，其要素为从考古角度出发、科学性主导、纪实、非虚构叙事、兼具认知娱乐，具有纪实性、文献性、知识性、故事性。与历史纪录片相比，考古纪录片时间跨度大，主要通过考古遗迹或遗物传播考古学家对古代社会文化的发现研究认知和保护复原成

[①] 高蒙河：《创建公共考古学的新园地——〈南方文物〉"公共考古"专栏开栏语》，《南方文物》2017 年第 2 期。

果。考古纪录片是考古传媒的一种实践形态，与电视直播形成良好互补关系。目前的考古纪录片可划分为遗址类、遗物类、发现类、技术方法类、考古人物类五种。

戎静侃《考古科普著作类型研究——分类、动因与受众》一文，从"专业性—通俗性"的维度提出"研究型—知识型—文学型"的考古科普著作分类模型，并从主体角度探讨创作动机和传播目的、从客体角度探讨读者群与受众，由此整合提出考古科普著作分类、动因、受众模型，可为相关问题的辨析和理解提供一种理论路径，有助于考古科普及公众考古工作的发展与提高。

孟钟捷在《历史研究》第 3 期发表《魏玛德国"历史传记之争"及其史学启示》。

该文以 20 世纪 20 年代发生在德国的围绕历史传记的目的、写法与本质等问题，以专业历史学家与传记作家埃米尔·路德维希在公共领域展开的一场大辩论为基础展开讨论。作者指出，除却所涉及的政治立场之争外，如何将不同史著界定为"新史学"或是"历史通俗史学"的讨论，实际上关涉到辩论双方对 19 世纪以来史学功能与书写形式的不同认识，应将其视作历史主义危机的表现之一。这场争论虽然因路德维希的个人命运变化、其观点的肤浅性以及反对势力的强大与顽固而不了了之，但在德国史学范式最终告别历史主义后，它获得了被重新解读的契机，并让专业历史学家们再次思考公共历史文化机制合理化的方法及其必要性。

王存胜在《陕西广播电视大学学报》第 2 期发表《试论数字影像技术与高校历史课程教学改革》。

作者指出，数字影像技术以其在信息存储上的便捷性、丰富性和信息表达形式上的直观性、立体性等，在历史课程教学实践中形成了强大的技术优势。在高校历史课程教学实践中应大力引进现代数字影像技术，推动现代高等教育教学模式的改革和创新。但是，在具体教学实践中必须要遵循一些基本原则：（1）高校教师必须充分掌握并能熟练应用这门全新的科学技术；（2）这一新技术仅是一种辅助性的教学手段，其应用必须遵循历史学科在研究和教学中的基本原则；

（3）注重数字影像教学与传统教学手段的互补性。

尹培丽《图书馆口述资料收藏研究》由国家图书馆出版社出版。

本书是图书馆口述资料研究方面国内图书馆第一本也是较为系统的一本著作。

7月4日
江苏省政协举办口述史专题培训班。

培训班至7日结束，省、市、县（区）政协文史部门的120余名同志参加培训。省政协副主席阎立指出，文史资料是指政协委员及其所联系的各方面人士对重要历史事件和历史人物的记述，是历史当事人、见证人和知情人"亲历、亲见、亲闻"的第一手资料。文史资料相当一部分内容是口述历史[1]。

7月10日
南京博物院第四届中学生考古夏令营开营。

该夏令营是南京博物院面向全国中学生的公众考古活动。第四届夏令营分为"探索汉帝国东部的诸侯王陵""探索商周江南地区青铜文明"和"探索长江下游史前文明"三期主题活动，参加学生可根据自己兴趣选择主题。本次夏令营吸引了江苏、山东、湖南、上海、四川等地近百名热爱考古与历史的中学生参加。[2]

7月16日
首届非物质文化遗产保护理论实践国际研讨会暨暑校在呼伦贝尔学院举办。

是月

《中国科学院院刊》第7期刊发"建成遗产"专题。

本专题刊发了常青《论现代建筑学语境中的建成遗产传承方式——基于原型分析的理论与实践》，单霁翔《世界文明格局演进与

---

[1]《省政协举办口述史专题培训班》，http://www.jszx.gov.cn/ywbd/201707/t20170707_12525.html。

[2]《南京博物院第四届中学生考古夏令营顺利开营》，《东南文化》2017年第4期。

文化遗产保护战略》，郑时龄《上海的城市更新与历史建筑保护》，俞孔坚《"新上山下乡运动"与遗产村落保护及复兴——徽州西溪南村实践》，吕舟《国家历史身份的载体：中国世界遗产保护事业的发展与挑战》，郭旃《当前我国文化遗产工作中的若干问题》，李杰《历史建筑保护中的结构安全与防灾》，邵甬《法国国家建成遗产保护教育与实践体系及对我国的启迪》，戴仕炳、钟燕《历史建筑的材料病理诊断、修复与监测前沿技术》等文章。

单霁翔《世界文明格局演进与文化遗产保护战略》一文指出，人类古老文明的延绵传承和世界文化遗产的保护发展对全球文化的发展有着重要意义。然而，长期以来古国文明保护和传承面临三个方面的严峻挑战：一是军事战争带来的野蛮破坏，古国文明面临生死存亡；二是全球化浪潮导致文化冲突加剧，守护人类共同价值的道路异常艰难；三是自然灾害的不可抗力从古至今潜藏着威胁。文明古国作为世界多极化进程中的重要存在，作为推动世界发展的有生力量，再次被推向时代前沿，具有广泛的地区和全球影响。发展是文明古国共同的战略目标。因此，应该聚焦发展、分享经验、深化互利合作，努力实现和平发展、合作发展、包容发展。文明古国要做更加紧密的发展伙伴、合作伙伴、全球伙伴。充实文明古国战略协作关系内涵，建立更加紧密的全球发展伙伴关系，共同实现民族复兴。

郭旃《当前我国文化遗产工作中的若干问题》一文分析了目前我国文化遗产工作中存在的问题，并提出了相应建议。作者指出，我国文物工作在顶层指导和设计空前的大好形势与保护现状之间隔着"雾霾"。"雾霾"主要包含认识的障碍、组织架构的缺陷、专业特点的限制、机制的障碍等。为克服这些问题，作者建议要不断提升地方政府领导人的思想认识，建立综合统筹的专业咨询和评估督察机制，遵循"正确的保护理念"，辨清和坚守"真实性"理念和"最少干预"维修原则，关切文物的特别属性和客观规律，关注世界文化遗产的旗舰效应和国际公约的特性。

王巨山在《文化遗产》第 4 期发表《理解〈保护非物质文化遗产公约〉精神的五个维度》。

针对我国在非物质文化遗产保护中出现的有关非遗保护理念、保护精神和保护措施的争议，该文以《保护非物质文化遗产公约》的文本内容为切入点，指出正确理解和领会公约精神关系着保护政策的制定、保护工作的深入和理论研究的导向。作者认为，要深刻领会和理解公约精神和旨向，需要从五个维度入手："文本"是根本，"文字"是重点，"文献"是基础，"文化"是前提，同时，对社会文化思潮的了解是必要补充。

熊晓辉在《文化遗产》第 4 期发表《非物质文化遗产名录内在机制及保护实践的反思》。

该文探析了非物质文化遗产名录申报的学理背景，并针对目前非物质文化遗产名录制度理论与实践的严重脱节进行反思。其中，作者指出造成非物质文化遗产名录缺失的主要原因有：注重政治因素，忽视了传承人与其文化生态的联系；注重形式保护，忽视了民族文化精神的弘扬；注重对可视形态的非物质文化遗产的挖掘，忽视了非物质文化遗产的其他形式；注重非物质文化遗产名录次序化，忽视了文化多样性的发展。

南剑飞、赵丽丽在《中国地名》第 6 期发表《论我国地名文化遗产保护工作的意义、现状及形势》。

该文指出了我国地名文化遗产保护的重大意义，并对目前的保护工作现状及形势进行分析。作者指出，经过不懈地努力，我国地名文化遗产保护工作成效显著，但仍面临严峻形势，老地名递减加剧、更改泛滥，新地名急增却缺乏品位。基于此，在当前和今后一段时期内，加强我国地名文化建设，特别是依托地名遗产保护名录制度全面深入推进地名文化建设工作越发重要而迫切。

王记录、张嘉欣在《河南师范大学学报（哲学社会科学版）》第 4 期发表《公众史学在中国：发展路径与理论建构》。

该文指出，从学术渊源上看，中国公众史学是美国公众史学与中国本土史学大众化交融汇合的结果。20 世纪 80 年代，美国公众史学传入中国，在新世纪引起了史学界对公众史学概念、特性的讨论，并试图以此为参照建构中国公众史学学科体系。中国本土史学大众化源远流长，新中国成立后，史学大众化在时间与理论两个层面上同时起步，成为中国公众史学的本土学术资源和实践基础。作者认为，中国公众史学在发展路径上应立足本土，借鉴西方，走出一条符合中国自身社会及历史实际的公众史学发展道路。在理论体系和学科体系建构上，必须考虑中国国家与社会的特点及公众史学与专业史学的复杂关系。应当继续进行多学科对话，进行理论探讨，把理论与实践紧密结合，以丰富的实践催生原创性理论。加强公众史学各分支学科的研究和实践，利用不同的文化资源丰富中国公众史学的发展势态。

8月11日

"新形势下的文物保护社会组织创新与发展——第二届社会力量参与文物保护论坛"在上海展览中心举行。

该论坛由中国文物保护基金会、上海建为历保科技股份有限公司主办。主协办单位、国家文物局、民政部社会组织管理局、社会服务机构、民间文物保护组织、志愿者团体、企业等几十家机构的代表，博物馆、高校、科研院所的专家、学者、师生及媒体记者等100多名代表参加了本次论坛，会议旨在讨论新形势下文物保护社会组织的创新和发展问题。论坛上，中国文物保护基金会携手山西文博志愿者之家、四川省文物保护志愿者协会等社会组织成立"社会组织参与革命文物保护利用联盟"，同时面向全国推出"红色V计划"活动，征集以九大片区和长征路线革命文物为主题的微电影、微视频和微动漫，鼓励公众传播红色文化。[①]

8月21日

"第二次张学良口述历史暨冯庸教育救国思想国际学术研讨会"在辽宁沈阳召开。

8月24日

第六次"东亚文化遗产学会国际学术研讨会"在上海召开。

---

① 《第二届社会力量参与文物保护论坛综述》，http://ex.cssn.cn/kgx/kgdt/201708/t20170818_3615292_1.shtml。

本次研讨会主题为"东亚地区文化遗产保护——传统技艺与现代科技"。两天的会议中，与会专家学者围绕文化遗产的价值研究、保护与利用模式等议题展开研讨，并通过建筑、石质类等不可移动文物，陶瓷、纸张、玉器、青铜器等不同质地的可移动文物的修复保护技术案例，分享成果，交流信息，探讨保护理念和方法。[①]

是月

《史学理论与史学史学刊》设"影像史学研究""口述史学研究"栏目。

杨共乐在卷首语中写道："影像史学和口述史学是有别于常规史学的新兴史学门类，二者有着坚实的发展基础和广泛的社会需求，前景值得期待，但它们要成为史学大家庭的正式成员，必须从理论上完成自我构建。"

吴琼在《从历史影像实验到"影像史学"研究——兼论"影像史学"的学术内涵与研究路径》一文中指出，"影像史学"是高校传统历史学研究和影视传播学实践在数字技术条件下结合的产物。作为学术研究的"影像史学"包含了丰富的实践过程和历史学学术思想。"影像史学"的提出源于历史影像创作过程中对史学方法的需要，同时传统历史学的研究方法应该在历史理性的基础上实现历史学研究的语言学转换；用影像语言表达历史的实践对史学理论建设提出了新要求。

"口述天下"团队研发推出"我的口述天下"App。

据相关宣传材料介绍，这是一款让大众能够轻松达到编家谱、修家史、留影像、建祠堂、亲互动、传万世的服务平台，由西安水晶岛影视口述天下团队研发。该 App 宣称，以"口述历史"的新方式，用"音、视、图、文、谱、祠"的新方法，系统化、结构化、智能化、数字化"记录每个人的天下"。让人人都是"当代司马迁"，家家都有"万年家史馆"。彻底改变人类有史以来"记录、纪念、传播

[①] 《东亚文化遗产保护学会第六次国际学术研讨会召开》，http://www.sach.gov.cn/art/2017/8/24/art_723_143369.html。

和传承"的新方式。①

刘玉《抗战老兵口述历史》由广西师范大学出版社出版。

李中元、杨茂林主编《西沟口述史及档案资料》由人民出版社出版。

9月5日
第一届公共史学国际工作坊（中国）在中国人民大学召开。

5—7日，由中国人民大学历史学院、中国传媒大学崔永元口述历史研究中心、英国约克大学公共史学中心联合举办的第一届"公共史学国际工作坊（中国）"在人民大学召开，主题为"公共史学：过去、现在与未来"。来自美国国家博物馆、英国约克大学、西澳大利亚大学、法国里昂大学、香港中文大学、清华大学、南开大学、南京大学、华中师范大学、中国传媒大学、中国政法大学、国家博物馆、国家图书馆等四十多个机构的近百位专家学者、学生代表参加。工作坊共分四个分议题："公共史学的理论与实践""文化遗产的开发与保护""口述史学""历史知识传播与公众意识建构"。本次工作坊力求打通国内学者和国外学者、理论工作者和实践者、老师和学生之间的隔膜，为大家提供一个交流沟通的开放式平台。为加强交流互动，本次工作坊还采取了提前征集问题和网上直播的形式，取得了良好的效果。②

9月17日
"纪念甲午黄海海战爆发123周年暨中国近代海军口述历史研究中心挂牌仪式"在威海刘公岛举行。

由中国甲午战争博物馆、封面新闻、《华西都市报》共同发起成立的"中国近代海军口述历史研究中心"是全国首个由媒体和专业博物馆共建的近现代海军口述历史研究平台。该中心旨在通过寻找近现代海军后裔、实地遗址访查、甲午遗物寻访等，补充近代海军历

---

① 《我的口述天下 APP/我的万年家史馆正式上线》，http://hebei.ifeng.com/a/20170928/6036938_0.shtml。

② 《中国"第一公共史学国际工作坊"在我校举办》，http://lishixueyuan.com/index.php?m=content&c=index&a=show&catid=44&id=1481。

史，推动甲午研究的深化和海洋文化的普及。①

9月18日

"南洋口述历史论坛"在海口举办。

是月

国家图书馆中国记忆项目中心《国家级非物质文化遗产代表性传承人抢救性记录十讲》由国家图书馆出版社出版。

2016年8月29日至9月2日，文化部非物质文化遗产司在国家图书馆举办了国家级非物质文化遗产代表性传承人抢救性记录工作培训班，培训对象主要是各地非遗保护机构的一线工作者及抢救性记录的执行团队成员。为科学有效地推进抢救性记录工作，秉持"从工作实际出发，以多学科视角"的原则，培训班邀请了国家非遗保护工作专家委员会副主任委员刘魁立、中国社会科学院历史研究所研究员定宜庄等10位不同学科背景的专家学者授课。

该书收入了10位主讲人在此次培训班上的讲稿，从传承人抢救性记录工作中的学术要求、操作规程、文献收集、文稿编辑、成果整理和编目等各个方面进行了详细介绍，内容涵盖非物质文化遗产学、影像人类学、口述史学等多个学科，既有理论上的指导，又有实际的操作方法，具有较强的针对性和实用性，对非物质文化遗产影像资料采集和口述史工作都有一定的参考价值。②

翟洲燕等在《地理科学进展》第9期发表《陕西传统村落文化遗产景观基因识别》。

该文旨在从文化地理学的视角认识和保护传统村落文化遗产景观，为实现传统村落的文化复兴提供科学依据。作者认为，通过识别与提取隐藏在文化遗产景观内的文化基因，可反映出地域文化的基本特质。传统村落是最具代表性的地域文化遗产景观，整体上延续和传承了中国优秀的传统文化，并集中体现在传统村落内的文化遗产景观

---

① 《纪念甲午黄海海战爆发123周年暨中国近代海军口述历史研究中心挂牌仪式在刘公岛举行》，http://www.jiawuzhanzheng.org/news/123zhounian - koushulishiyanjiuzhongxin。

② 《〈国家级非物质文化遗产代表性传承人抢救性记录十讲〉出版》，http://www.xinhua08.com/a/20170908/1725313.shtml。

之中，对传统村落进行遗产性景观基因识别研究可揭示地域文化的人文地理性和传统村落的社会文化性。基于地域文化遗产景观基因理念，以陕西省35个代表性传统村落为例，首先从宏观和中观角度，分析了传统村落遗产性景观的文化环境特征；其次从微观视角，建立了传统村落文化遗产景观基因识别指标体系，综合运用景观基因识别与提取方法，对传统村落文化遗产景观的基因特征进行分析，识别出传统村落的地域文化特质。

王娟等在《地理科学进展》第9期发表《感知技术在文化遗产研究中的应用与展望》。

鉴于当前文化遗产研究中应用的感知技术的复杂性及多样性，本文对感知技术及其在文化遗产研究中的应用进行系统梳理。首先，对感知技术的概念进行总结，重点介绍在文化遗产研究中发挥重要作用的多源遥感平台、社交媒体、移动通讯、智能交通等多源传感器的特点，以及关键信息处理技术，包括数据发掘和知识发现、可视化技术以及虚拟现实技术；其次，梳理了感知技术在物质文化遗产、非物质文化遗产以及群体对于文化遗产的体验和评价等方面的应用进展；最后，探讨了文化遗产研究中感知技术在数据精度、多源数据融合、信息处理等方面存在的问题，指出其数据共享化、平台网络化和应用社会化的发展趋势。

杨微石等在《地理科学进展》第9期发表《基于大数据的文化遗产认知分析方法》。

该文基于大数据的认知分析方法，以北京旧城中轴文化遗产为例，利用2012年、2015年的相关微博、报刊新闻、学术文献数据，通过提取关键词，抽取词频、后验概率等特征，从群体、时间、空间等多个维度分析文化遗产的认知。该文结论可为文化遗产价值的挖掘、保护提供决策支持。

王霄冰、胡玉福在《文化遗产》第5期发表《论非物质文化遗产保护工作的规范化与标准体系的建立》。

该文指出，非物质文化遗产保护标准体系的建立是出于保护工作规范化的需求。引入标准的目的在于完善制度，协调相关部门之间的关系，平衡参与其中的各方利益，促进非遗项目的可持续发展，而非为了限制作为传承主体的地方社区与传承者个人的创新自由。该标准体系的内容应该包括非物质文化遗产保护操作标准、项目分类标准和项目标准三大部分。其建立过程，应充分体现民主协商的精神，在各级政府、学者、传承主体和其他利益方之间展开充分沟通的基础之上形成。德国哲学家哈贝马斯倡导的交往理性与商谈理论可为此提供理论指导。

黄仲山在《河南师范大学学报》第5期发表《民初北京历史文化遗产保护中的公共意识与国族话语》。

该文从民国初年北京历史文化遗产保护的实际情况出发，探究了公共意识与国族话语在促进城市文化转型中的重要作用。作者指出，民初古都北京的近代化转型，显示出北京历史遗产保护中承受了政治动荡和文化冲突的双重压力，同时也体现出近代化思想逐渐渗入城市的过程，尤其是文化公共意识的觉醒和国家、民族话语的流行，让北京历史遗产保护问题的种种争论变成文化革新和思想启蒙的契机，加快了古都文化转型的步伐。

唐蔚在《图书情报研究》第3期发表《口述历史档案价值考察》。

该文对口述历史档案价值进行界定，认为口述历史档案价值由价值主体、价值客体和价值中介三要素构成，其价值特点有三个：预设性、个体性、融合性。口述历史档案与一般档案存在共性，但在生成方式和叙事角度方面不同。作者将口述历史档案的价值体系划分为基本价值和延伸价值，其中基本价值包含记忆价值、还原价值、补充价值，延伸价值包含叙事价值、情感价值、证据价值和启示价值。结合口述历史档案的特点，分析口述历史档案存在内容的主观性、缺少法律规范及团队综合素质不高等局限，提出口述互证、加强法律保障和提高团队的综合素质等价值局限规避方法，并探索性地总结出口述历史档案价值的实现规律，即抢救律、扩充律和人本律。

钱茂伟在《浙江社会科学》第9期发表《同步推进传统浙学与当代浙学》。

作者指出，目前既要做好传统浙学研究，又要关注当代浙学研究。主要包括三大主题：一是重视大项目，推动文科项目制；二是拓宽研究选题，做好"三个面向"，即面向国际，面向国内，面向公众；三是关注当代浙江公众史记录，总结当代浙江人创业创新故事。作者尤其强调，在当代浙学研究中要重视公众史学视野，要以口述史为基本手段，从当代浙江民众历史中挖掘记忆资源，建构浙江人记忆信息库。

杨延《杨家岭下沐春风》由新华出版社出版。

侯大伟、杨枫主编《追梦人——四川科幻口述史》由四川人民出版社出版。

姚力等著《生命叙事与时代印记——新中国15位劳动模范口述》由人民出版社出版。

田刚、李素桢《铁证：日本侵华老兵口述历史证言》由中华工商联合出版社出版。

黄健《界岸人家——一个中国村庄的集体记忆》由江苏人民出版社出版。

王选主编《大贱年——1943年卫河流域战争灾难口述史》由中国文史出版社出版。

10月12日

"本土视域下的妇女口述历史学术研讨会"在北京举行。

本次研讨会由中华女子学院中国女性图书馆举办，聚焦的议题包括对妇女口述历史理论的思考、对已出版的妇女口述历史著作的评论、对边疆和少数民族地区女性口述资料的解读、对女性身份认同和生育意愿的探究，以及从信息资源开发与建设的角度探究妇女口述资料如何纳入图书馆的馆藏范围。[①]

10月17日

《口述历史》在北京电影制片厂举行开机启动仪式。

---

① 《本土视域下的妇女口述历史学术研讨会成功举办》，http://www.cwu.edu.cn/zgnzgdyxlm/zwnzgdjyzx/45332.htm。

首期项目以北京电影制片厂创立以来的辉煌历史为主线，通过对北京电影制片厂数十位电影艺术家和前辈，以访谈的形式用现代电影的技术手段记录下他们的创作经历、经典故事以及人生感悟，反映出几代北影人筚路蓝缕，在不同时代背景下，为人民创作，为时代讴歌的电影人精神，勾画出一幅描绘新中国成立以来重要电影拍摄历史的影像画卷。①

刘萍在《中国社会科学报》第 1310 期发表《中国影像史学研究任重道远》。

近年来影像史学炙手可热。纵观国内的影像史学发展状况，中国影像史学研究实际受到西方有关影像史学及图像研究理论的双重影响，目前尚处于起步阶段。作者指出，目前真正将影像资料引入历史研究的学者并不多，学术研究贫乏，影像的学术价值并没有得到真正发挥。另外，传统学科性质的缺乏以及提供信息的有限性，也都限制了影像史学的发展。总之，影像史学研究任重而道远。应规范影像史料搜集整理及出版工作，加强影像数据库建设及人才队伍建设，也应制定对影像整理研究成果的认定标准和办法，呼吁更多刊物发表影像研究的成果。

10 月 26 日

"图书馆地方文献工作学术交流研讨会暨'北京记忆'新版发布会"在首都图书馆举行。

首都图书馆"北京记忆"网站新版正式上线与读者见面，内容增设"口述历史""非遗传承"和"特色专题"等板块。

10 月 29 日

"中国非遗保护数据库、中国俗文学文献数据库及《非物质文化遗产》蓝皮书新书发布暨非遗保护研讨会"在中山大学举办。

"中国非遗保护数据库"的数据资源来自中山大学中国非物质文化遗产研究中心宋俊华教授团队收集的珍藏史料文献，包括田野调查

---

① 《中影集团〈口述历史〉在京举行开机仪式》，http://www.xinhuanet.com/ent/2017 - 10/18/c_ 1121821347. htm。

的图片、笔记与音像,传承人资料以及皮影戏相关的研究专著及论文等。①

宋俊华教授主编的《非物质文化遗产》蓝皮书指出,2016年我国非遗保护在制度建设、宣传展示和人才培养三大方面有了新的拓展,但也在多个方面还存在不足,如"宣传、展示较多,传承活动相对较少""非遗档案和数据库建设有待完善""高新技术利用较少、程度低""非遗传承人话语权有待加强""非遗保护理念有待提高""理论研究与保护实践脱节现象依然存在""非遗学科化建设仍然十分滞后"等。②

是月

《责任情怀——北京城市居住建设开发口述史》由北京出版集团公司北京出版社出版。

本书为国内首部从中国第一代城市开发者角度编纂的口述史,由首开集团与北京市地方志编纂委员会办公室共同编写。

中共青岛市崂山区委党史研究室完成《青岛市崂山区县委书记(县长)口述史资料汇编》工作。

11月2日

首届"中国土司论坛"在长江师范学院召开。

来自中国社会科学院、云南大学、云南保山市博物馆等机构的专家学者,自觉在国家治理现代化视域下思考学科理论建构与土司文化遗产保护实践等问题,围绕"学科理论与研究方法""国家治理与地方回应""土司个案""土司文化遗产保护与利用"等议题进行了深入的探讨与交流。③

---

① 《中国非遗保护数据库正式上线》,http://www.xinhuanet.com/local/2017 – 10/30/c_1121874746.htm。
② 《报告精读:非物质文化遗产蓝皮书:中国非物质文化遗产保护发展报告(2017)》,http://www.sohu.com/a/201362208_186085。
③ 《长江师范学院举办首届"中国土司论坛"》,http://tsw.yznu.cn/59/81/c2298a88449/page.htm。

11月6日

第三届"口述历史国际周"在中国传媒大学崔永元口述历史研究中心举行。

6—12日,由中国传媒大学崔永元口述历史研究中心、中国人民大学历史学院主办的第三届"口述历史国际周"在中国传媒大学举行。本次活动年度主题为"非虚构创作",包括"国际研习营""国际研讨会""非虚构海报特展""现象级记录影像放映"四大版块。分别着眼于实践经验分享、图文影像展示项目成果、中外交流带来学科碰撞。为期一周的活动,吸引了三千余人次到场、数十万人在线参与,在学术和公共传播领域均引发热烈反响。[1]

非虚构创作研习营邀请了美国哥伦比亚大学口述史中心写作教授Gerry Albarelli、纪实文学作家钱钢、中国人民大学文学院教授梁鸿、作家余戈、影视制片人张谦和编剧张冀六位非虚构创作领域资深专家,为来自高校、影视、公益、新闻等各类机构,从事科学研究、影视创作、口述历史采访等不同工作的30名营员详细讲解了非虚构创作的取材、访谈和书写等内容。"口述历史在中国"国际研讨会主题为"记忆·回响——口述历史的力量",主要探讨如何将口述历史与不同专业领域相结合;如何从口述历史的角度,记录和呈现社会各领域的发展和变迁;如何倾听不同社群的声音。

11月8日

"《传承人口述史方法论研究》成果发布暨学术研讨会"在天津举行。

本次会议主题为"多学科的口述史""理论视野下的传承人口述史""传承人口述史项目实践""传承人口述史书写"等。研讨会上发布的《传承人口述史方法论研究》是天津大学冯骥才文学艺术研究院承担的2011国家社会科学基金重大项目"中国木版年画数据库建设及口述史方法论再研究"结项成果之一,由课题总负责人冯骥才先生带领学术团队完成。该书为国内外第一部传承人口述史理论专

---

[1] 《第三届"口述历史在中国"国际研讨会开幕》,http://www.cuc.edu.cn/zcyw/9736.html。

著。在研讨会上，冯骥才先生对"传承人口述史"进行了解释。他说，与物质文化遗产不同，非物质文化遗产保存在传承人的身上和记忆中，历史上一直以口传心授的方式传承，没有文本记录。然而随着社会进入转型期，非遗变得日渐濒危，这就需要把原来传承人身上"不确定"的记忆和技艺，变为"确定"的文字，为非遗留住文化档案，而口述史是抢救和保护非遗必不可少的重要方式，因此提出了"传承人口述史"的新概念。①

11月10日

第二届抗战老兵口述历史访谈征文大赛启动。

本次大赛由南京师范大学抗日战争研究中心携手季我努学社、南京民间抗日战争博物馆共同主办，并邀请腾讯历史、凤凰历史、网易军事、中华军事、一点资讯军事历史中心等媒体单位联合主办。

11月18日

首届"中国记忆人类学"学术工作坊在复旦大学举行。

此次工作坊系由复旦人类学民族学研究所、贵州民族学与人类学高等研究院和华东师范大学民俗学研究所在复旦大学文科楼联合主办。同时也是"中国边疆民族记忆的跨学科研究""文化创伤、公共记忆与中国人的精神生活"与"城市非遗保护的伦理记忆研究"联席工作坊。会议分为四个专题，即：都市社区记忆、边疆民族公共记忆、记忆人类学的比较研究、记忆人类学的跨学科研究。②

"新时代史学的新思考——2017年中国公众史学研讨会"在宁波大学召开。

本次研讨会由宁波大学人文与传媒学院钱茂伟教授主持，来自国家图书馆、北京师范大学等近20位专家，围绕口述史学、家族史编修、影像史学三个议题进行了广泛探讨。③

---

① 《〈传承人口述史方法论研究〉发布》，http://fjcxy.tju.edu.cn/news.html。
② 《"中国记忆人类学"工作坊：我们是谁取决于我们记住了什么》，https://www.thepaper.cn/newsDetail_forward_1884644。
③ 《不断专门化的公众史学——2017年中国公众史学研讨会综述》，https://www.sohu.com/a/233039919_491059。

11月24日
"黄埔军校口述史暨口述历史成果多元化应用"学术研讨会在广州举行。

此次研讨会由广东革命历史博物馆、江苏省口述历史研究会共同主办。来自中国内地、中国香港、台湾地区的50余位专家学者参加了会议。研讨会上，来自各个领域的口述史专家做了主题发言，针对在新时期如何更好地开展口述史研究的经验和方法做了分享。此外，专家学者从口述史在新媒体时代的应用到黄埔军校、抗战老兵等口述研究，以及口述历史对博物馆工作的应用等方面充分交流经验，相互批评品鉴，对口述史的发展现状、经验成果、问题思考、努力方向等问题进行深入的讨论。①

11月28日
首届中国纺织非物质文化遗产大会在杭州千岛湖召开。

此次大会主题为"共筑纺织非遗可持续发展新生态"，由中国纺织工业联合会主办，中国纺织工业联合会非物质文化遗产办公室等承办。本次大会旨在搭建集权威性、专业性、学术性等特点于一体的纺织非遗交流和合作平台。②

是月
梁俊在《遗产与保护研究》第7期发表《非物质文化遗产流失的原因及保护策略研究》。

该文从非物质文化遗产的具体流失状况出发，结合新时期我国社会转型变化的特点，对非物质文化遗产进行了流失原因的分析和保护策略的设计。作者指出，过度的商业化开发、对非物质文化遗产的载体缺乏必要的重视，以及对非物质文化遗产保护缺乏有效的信息管理和教育宣传等是造成我国非物质文化遗产流失的主要原因。面对此，应当科学实施非物质文化遗产开发策略设计，加强对非物质文化资源

---

① 《与时俱进 交流创新——"黄埔军校口述史暨口述历史成果多元化应用"学术研讨会顺利召开》，http：//www.xwgd.gov.cn/xwgd/whzc/201711/809397ee78b64a51b0017880a45ecdce.shtml。

② 《共筑纺织非遗可持续发展新生态》，http：//www.ctei.cn/special/2017nzt/1128fy/。

硬件载体的关注，提升信息管理技术的应用水平，完善非物质文化遗产保护工作宣传教育机制。

葛帮宁《东风》由中国工人出版社出版。

该书为中国汽车人口述历史丛书之一，此前已出版《拓荒》《红旗》。

12月5日
《最后的证言：49位南京大屠杀幸存者口述历史》《被改变的人生：南京大屠杀幸存者口述生活史》对外发布。

两书由南京大屠杀纪念馆与南京大学历史学院联合主编。据南京大学口述历史协会指导教师、历史学院教师武黎嵩介绍，从2016年9月30日启动南京大屠杀幸存者口述历史项目开始，项目组共采访51位幸存者，积累了124万字的口述实录稿，最终形成了两书。[①] 这两部书与《人类记忆——南京大屠杀实证》等其他16部反映南京大屠杀的书籍先后出版，是为了纪念南京大屠杀80周年。[②]

12月6日
2017江苏艺术基金项目"中国艺术口述历史培训营"开营。

该项目旨在整合江苏省内重要口述历史资源，建立江苏省内新型口述历史人才培养资源库。

12月16日
第二届全国音乐口述史学术研讨会（高层笔谈）在北京召开。

12月23日
第七届全国大学生口述史成果交流赛决赛在中山大学举办。

本次比赛由中山大学历史系主办，以"变革年代的实录"为主题，有分别来自北京大学、南开大学等高校的13支队伍从初赛一路披荆斩棘，最终入围决赛。中国社科院近代史研究所研究员、中华口

[①] 《南大师生与南京大屠杀幸存者共话"家·国·记忆"》，http：//news. nju. edu. cn/show_ article_ 1_ 48027。

[②] 《18种反映南京大屠杀历史的图书在南京首发》，http：//js. people. com. cn/n2/2017/1206/c360300 – 30999708. html。

述历史研究会秘书长左玉河研究员等学者对参赛作品进行了点评。①

是月

朱兵在《中国人大》第 24 期发表《文化遗产保护传承的法治建设》。

该文对我国文化遗产保护的法制建设历程进行了梳理，指出目前的法制建设中仍存在内容不够健全、规定不适应需求等问题，并提出在新时代下进一步健全和完善我国文化遗产法制的相关建议：历史文化名城名镇名村保护发展涉及规划编制、传统民居修复、环境改善、产业发展等众多方面；积极推动文化遗产行政管理和监督体制改革创新；增加有针对性的制度措施，大力推进文化遗产保护；利用科技创新，全面提升文化遗产保护工作的整体科技实力。

吴琼、杨共乐在《实验室研究与探索》第 12 期发表《高校影像史学实验教学与中国历史文化传播》。

该文结合北京师范大学近年来在历史学科建设"历史影像实验室"，开设一系列历史影像实验课程的实践经验，总结了把传统以文献史料为核心的史学研究和现代数字技术相结合的高校历史学教学和研究新路径。通过总结在教学实践和研究中出现的问题和经验，初步形成了"影像史学"的历史学研究新方向。同时，历史影像实验教学中心的建设、管理、运行和主流媒体相结合，和社会需求、国家文化战略紧密结合，产生了较好的社会效益，历史学研究的应用价值得到更加充分的发挥。作者指出，尤其是在当今国家大力弘扬传统文化的背景下，高校传统史学吸收数字影像技术，把教学研究模式和国家需求结合，在实验中传播传统学术成果是传统学科研究跨学科的新路径；历史影像教学和研究由点到面服务于传播中国视听，其成果对落实国家文化战略和塑造国家文化形象有重要意义。

张一在《图书馆工作与研究》第 12 期发表《网络环境下我国图书馆口述文献资源库建设调研与分析》。

该文从资源采集模式、资源内容主题分布、资源获取方式等方面

---

① 《第七届中山大学全国大学生口述史成果交流赛决赛圆满落幕》，http://history.sysu.edu.cn/history08/24604.htm。

对当前我国图书馆口述文献资源库建设状况进行调研，指出其具有记忆建构性、资源互构性、主题地域性等特点，并根据我国图书馆口述文献资源库建设存在重视程度不够、检索功能单一、共享程度不高及著作权保护意识不强等缺点，提出我国图书馆应借鉴美国口述文献工作的经验，紧抓网络信息时代机遇，进一步推动口述文献资源库建设。

嘉兴市南湖区档案局"口述历史建档"工作正式启动。

《中国公众史学通讯》荣获浙江省19届哲学社会优秀科研成果二等奖。

"哈医大二院老前辈口述历史资料采集抢救工程"获中国研究型医院学会文化分会首届全国优秀人文案例一等奖。

郭江山在《东南传播》第12期发表《历史纪录片如何参与历史的书写——以纪录片〈台湾1945〉创作为例》。

会议综述

第一届公共史学国际工作坊综述

由中国人民大学历史学院、中国传媒大学崔永元口述历史研究中心、英国约克大学公共史学中心联合主办的中国"第一届公共史学国际工作坊"于2017年9月5—7日在中国人民大学成功举办。本次工作坊历时两天半，来自美国国家博物馆、英国约克大学、西澳大利亚大学、法国里昂大学、香港中文大学、清华大学、南开大学、南京大学、华中师范大学、中国传媒大学、中国政法大学、国家博物馆、国家图书馆等四十多个机构的近百位专家学者、学生代表参加。

在9月5日下午开幕式上，中国人民大学常务副书记张建明教授首先代表学校，对参加工作坊的学者和学生代表表示热烈欢迎。他指出，正值人民大学建校八十周年之际，历史学院联合各兄弟院校共同举办第一届公共史学工作坊，对中国公共史学的健康发展具有重要意义，也是给人民大学八十周年校庆的一份献礼。这次公共史学国际工作坊的举办，不仅是对人民大学"理论与实际相结合"的学术传统的发扬，也是对我校"立学为民、治学报国"办学宗旨的践行，更是对于人民群众历史知识之社会需求的积极响应。

中国社会科学杂志社副总编辑、《历史研究》主编李红岩研究员从公共史学与公共阐释的关系切入，阐述了公共史学发展的必要性。他认为，公共史学是通过对话和倾听，在专业史学与公众之间开辟可共享的精神场域，在此过程中，学院派史学通过公共史学的阐释，可获得社会的"合法身份"。

英国约克大学公共史学中心主任萨拉·里斯·琼斯教授简要介绍了约克大学公共史学中心的情况，并表示与人民大学历史学院合作发展公共史学的经历非常愉快，希望双方的合作可以进一步发展。

中国传媒大学学术委员会副主任丁俊杰教授指出，来自国内外的专家学者、老师同学齐聚本次工作坊，共同探讨和交流公共史学的过去、现在与未来，是一件具有开创性意义的史学事件，这将促进公共史学在中国的发展以及中国公共史学与世界的交流。

中国人民大学历史学院院长黄兴涛教授在开幕式上致辞指出，人民大学有志于推动国内公共史学发展的青年史学工作者，开创了这次与国际同道交流对的机会。接着还会创办《中国公共史学》学术集刊、发布"公共史学集刊"微信公众号，主要目的是搭建一个国际性、开放性的交流平台，促进国内学者与国外学者、理论研究者与实践呈现者、学者与学生的交流互动。

开幕式由中国人民大学历史学院党委书记刘后滨教授主持。逸夫会堂第二会议室座无虚席，除了正式参会代表，还有一些师生慕名前来旁听。

在开幕演讲环节，美国公共史学会主席、美国历史博物馆医学部部长亚历山德拉·劳德博士，以"共享的解释"概念作为出发点，探讨了公共史学实践中的复杂内涵。她指出，公共史家们需要寻找一条适合的道路，既鼓励公众的讨论和重新阐释，同时又能对历史进行深入的研究，并理解其复杂性。

萨拉·里斯·琼斯教授则分析了不同类型的公共史学，特别是英国公共史学的发展情况。她结合自己的工作实践，在现代与中世纪的对照中，阐发了自己对历史学公共价值的认识。

最后，法国里昂大学近代史教授、国际基督教历史研究委员会副会长克鲁姆纳盖尔教授，借助法国关于"民族叙事"的争论等案例，探讨了"大众对历史的需求是什么"这一公共史学的基本问题，强调更好地理解公共史学价值之前提，是公共史学需要在真正意义上遵从历史作为一门学科的基本要求。

6日上午的主题是"公共史学的理论与实践"。香港中文大学文学院院长梁元生教授,阐释了他对公共史学的三种理解:应用的历史、民间历史以及公共事务与全体利益的历史。在他看来:"这是一个共同创造历史的机会,人民通过口述等不同的记录方式把他们的声音留下来,因此,公共史学是一个'共建的活动'。通过共建公共史学,人民一起参与到这个庞大且伟大的工程中"。

随后,王记录、钱茂伟、焦润明、姜萌等专家,分别就"中国公共史学的发展历程与现状""中国公共史学的基本特征""历史学专业学生对公共史学的认知"等问题展开了精彩的演讲和深入的讨论。

在6日下午"文化遗产的保护与开发"主题中,英国约克大学公共史学中心杰夫·丘比特教授,通过探讨博物馆在传承英国军团文化的过程中扮演的角色,揭示了集体记忆与集体文化是如何发展和传承的问题。他认为,在军团记忆发展、传承的过程中,博物馆主要发挥了三个功能:保存物质文化,将个人的记忆透过组成的方式上升到集体记忆,为军团这个"社群"与当地社会提供沟通的渠道等。

随后,安德鲁·林奇、魏坚、周东华等学者,分别从"历史记忆塑造""中国文化遗产的保护""公共史学与档案"等方面,讲述了他们对于"文化遗产的保护与开发"的理解。

9月7日上午的主题为"口述史学"。温州大学口述历史研究所所长杨祥银教授重点阐发了如何从多元视角去理解和看待口述历史的问题,认为口述历史的多元性体现在内容、特征、属性、研究方法、功能等多种方面。当口述历史研究转向"人"时,人的价值就在口述史的发展过程中不断地被凸显出来。

随后,丁贤勇、李卫民、曹牧等专家,分别就"口述历史和学生培养""口述史的阐释模式""口述史在环境史研究中的应用"等问题,发表了自己的看法。

工作坊最后一个讨论主题为"历史知识传播与公众意识构建"。克鲁姆纳盖尔教授对"新教在欧洲的记忆形成和传播"问题进行了分析。他认为,历史学家的介入可以帮助人们不止看到新教徒被压迫的悲惨记忆,也能看到新教历史的其他内容,比如也有新教徒和天主教徒的和睦相处。历史学家可以通过自己的研究,塑造更好的历史记忆。这种研究能很好实现历史学的公共价值，是学院派史学与公共史学的良好结合。

随后，王涛、张鹏、张宏杰等专家学者，分别就"网络时代历史知识的生成""博物馆与历史教育""历史通俗读物写作"等问题，发表了演讲。

为了更好地促进交流沟通，本次工作坊还在形式上有所改变，演讲者有三十分钟或十五分钟时间演讲，然后有同样的时间来回答提前征集的问题，或现场听众的问题。为了满足更多人的需求，工作坊还委托"青年史学家"微信公号进行网络直播，累计有两万余人次通过直播观看了工作坊。

本次工作坊的总召集人，为中国人民大学历史学院的姜萌副教授。他在闭幕致辞中感谢中外与会学者们提供的关于公共史学的理论思考和实践经验，会上会下的各种讨论、对话和互动也非常积极有效，给主办者和参与者都留下了深刻印象。他表示，公共史学在中国一定有着美好的发展前途，并将很快迎来一个更加自觉的快速发展时期！

"公共阐释与公共史学的理论与实践"讨论会综述

"公共阐释"与"公共史学"是2017年中国学术界的热点议题。公共阐释与公共史学到底是什么关系？公共阐释论是否可以成为公共史学的学科基础理论？公共史学是否可以为公共阐释论提供实践性的史学样本？是否可以成为检视公共阐释论有效性的史学工具？这些问题都是当今史学理论应当讨论的重要问题。为此，中国人民大学历史学院邀请公共阐释论的提出者张江教授与国内部分青年史学工作者，在2017年12月30日举行专题讨论会，就上述相关议题，进行对话与讨论。讨论会共有来自中国社会科学杂志社、清华大学、北京师范大学、中山大学、首都师范大学、北京联合大学、河北师范大学、杭州师范大学、温州大学、中国人民大学等机构的二十余位学者参加。

中国人民大学历史学院院长黄兴涛教授首先代表学院致开场辞，欢迎各位专家学者在元旦假期来到人民大学，围绕"公共阐释与公共史学的理论与实践"这一主题进行专题讨论。黄老师指出，历史是对过去的认识，依赖于史料的记载，这就必然有限；历史学要有全局性的视野，只有把握了全局才能解释部分；在史学研究中，要加强公共性和理论性，将叙事能力与哲学思考相结合；来自不同领域的学者围绕"公共阐释论"进行主题讨论，非常有意义。

"公共阐释论"的创立者张江教授随后进行了主题演讲，向与会者阐发了他提出"公共阐释论"的缘由、"公共阐释论"的基本内涵。张江教授指出，"阐释就是为争取承认而进行的斗争"，不被别人承认，阐释就没有意义；"公共阐释是历史研究的基础理论"；阐释是一种主观选择，但是阐释者不能进行强制阐释。在演讲中，张江教授提出许多值得深思的问题，如"就阐释而言，历史到底是什么？就历史而言，阐释到底是什么"？"历史阐释的标准何在"？"历史真实是事实真实？还是一种文本真实"？"个体性阐释能否/如何变成公共阐释"？这些问题引起与会学者的热烈讨论，也值得中国史学界关注探讨。

主题演讲由中国人民大学历史学院党委书记刘后滨教授主持。刘后滨教授与张江教授就"史"与"诗"的关系及如何阐释问题，进行了讨论。刘老师认为，通过对"唐史"与"唐诗"关系的细微研究，可以为"诗与史"关系的澄明性阐释提供很大启发。

在随后的论文发布部分，陈晓华教授从文献学的角度探讨了中国文献学研究中的阐释问题。陈胜前教授通过对中国考古学范式的反思，对"考古阐释"的三个层次进行了分析，认为高层次的考古阐释是处于科学与人文之间的公共阐释。侯深副教授以"公共史学与象征符号的隐匿故事"为题发言，认为人们对环境符号有一种既定的理解，历史学家有义务打破这种既定的理解，去呈现背后的原因及其复杂性。费晟副教授指出，"作为一种专门史的环境史，主要的目标是研究历史上与人类活动相关的景观变化、环境思想、环境整治或治理；作为一种历史阐释方式的环境史，主要的目标是从人与环境的关系的阐述世界历史进程"。

高波老师分析了中国史学阐释模式的古今变迁，认为每一种文体背后，都会有自己的一套阐释策略，当代史学需要进一步探讨阐释与叙述的关系。顾晓伟老师对西方实证主义史学理论的三次浪潮进行了梳理，认为"历史学本质上是一种公众性的学科，要对社会发挥自己的影响，不能仅仅关注史实而脱离致用性"。黄振萍副教授通过对明清以来关于朱元璋美丑两种画像解读的文本进行对比分析，认为史学研究"既要探寻本质真实，也要探索现象真实"；"在阐释历史时注入了生命和意识，过去与现在的对话才得以实现，形成了丰富的历史阐释"；但是阐释如何避免"以古度今"或"以今度古"，也是一个不小的难题。姜萌副教授通过梳理百余年来中国史学界对"史学与人民的关系"问题的探讨，认为"史学工作者通过公共阐释让人民大众接收历史知识，历史知识在人民大众的理解中转变为公共意识，并进而产生公共理性认知。这是史学建立与人民大众关系的必然之路"。王文婧老师结合16世纪中期法国纯洁派通过阐释重塑自身历史并形成了严重历史后果的案例，指出有些非常有影响的阐释不一定是真理，但仍对人的行为产生了显著的指导作用。

王坚副教授通过对清代学术史中有关"中州夏峰北学"的书写问题，检讨了此前清代学术史阐述取向中存在的问题，提出从中可以看到，原本具有公共性的学术思想流派，其公共性会在片面化的学术史书写中被遮蔽掉，通过梳理，可以还原其公共性。杨祥银教授提出，阐释学对口述历史的最大影响就是带来了叙事转向，公共阐释论可以作为口述历史的理论基础之一，因为理解和阐释的主体是人，口述历史不仅仅是要保存史料，更重要的目的是促进交流主体间的共享理解。张雨副教授结合中国古代史中的"封建"问题，对"阐释中国史的旧话语和新可能"进行了讨论。周东华教授借助"卢比孔河"案例，分析了"史料、阐释与公共记忆再造"的问题。周老师认为，过去史学家根据史料构建和阐释的历史，似乎理所当然地成为公众理解和认知这段历史的公共记忆，实际上史学家基于史料及阐释而形成的公共记忆，是建立在有选择的真实基础之上的；公共史学意味着可以为公众所接受，也允许公众不接受，是多元的。

会议最后阶段，中国社会科学杂志社副总编李红岩研究员和孙辉编审分别对讨论会进行了总结。孙辉指出，此次会议围绕公共阐释这一主题，各位年轻的优秀学者进行了精彩发言，丰富了公共阐释理论。在现代史学研究中，历史不是一门静止的学问，只要不能穷尽历史认知，任何历史事实都面对着细节的颠覆性和挑战性，随之而来的是解释的丰富性和意义的多样性，历史相对主义正是从此切入，寻找其所谓"合理性"。如何克服历史相对主义？公共阐释论无疑可以作为一种有力的解剖工具，因而具有重大意义。

李红岩研究员首先代表中国社会科学杂志社感谢本次主办活动的

主办方和各位到场的学者。他认为，从历史学的不同领域对"公共阐释与公共史学的理论与实践"进行多方位阐述，是构建当代中国马克思主义历史阐释学的重要工作。在中国特色社会主义进入新时代的大背景下，要建设面向 21 世纪的中国马克思主义，就史学界来说，急需建构当代中国的马克思主义历史阐释学。由中国学者提出的"公共阐释论"，为我们建构当代中国的马克思主义历史阐释学提供了优质的学理基础和思想平台，为不同领域的史学研究提供了应用、讨论、发展的广阔空间。在唯物史观指导下，汲取古今中外丰富的阐释学资源，守正开新，在继承性中呈现时代性，在时代性中呈现创新性，以公共阐释论为学科基础理据，以构建当代中国马克思主义历史阐释学为目标，中国的史学理论研究必将在新时代走向辉煌。公共阐释论具有宽广的涵盖性与包容性，因此学者们借助"公共阐释论"这个"抓手"，既可以为新时代中国马克思主义史学的繁荣做出更多贡献，也可以实现与本学科专业的结合，促进专业领域的发展。

讨论会气氛热烈融洽，参会学者围绕公共阐释的意涵、边界、公共阐释与历史阐释的关系、公共史学是否可以实现公共阐释、公共与公众等相关问题进行了认真讨论，圆满达到了预期效果。据悉，2018年，相关研究机构将围绕"历史阐释学"开展更加深入的系列性研讨。

编 后 记

比预期晚了差不多五个月之后，集刊创刊号的稿子终于初步修改完毕，可以正式进入出版环节了。在讲究"ABC"刊物的今天，要新办一份可能永远也进不了"ABC"目录的刊物，困难可想而知。幸运的是，在海内外师长朋友的支持帮助下，虽然比预期晚了些，但《公共史学集刊》还是成功面世了！此时此刻，如果不首先致以感谢的话，实在是不能最大限度地表达心中的真实感想。

首先要诚挚感谢杜宣莹、王文婧、张宏杰、伍婷婷等同事朋友，如果没有诸位的慨然相助，我在公共史学领域的设想，包括创办工作坊、集刊等，就完全不敢付诸行动。其次要诚挚感谢学院党政联席会和学术委员会的诸位老师，特别是黄兴涛院长和刘后滨书记，如果没有他们不懈的热情鼓励和切实推动，如果没有学院在经费等方面的资助支持，工作坊、集刊等就完全不能顺利进行。再次要诚挚感谢莎拉·里斯·琼斯（Sarah Rees Jones）、亚历山德拉·M. 劳德（Alexandra M. Lord）、伊夫·克鲁姆纳盖尔（Yves Krumenacker）、杰夫·丘比特（Geoffrey Cubitt）、安德鲁·林奇（Andrew Lynch）等国外学者和梁元生、李伯重、蒋竹山、周东华、杨祥银、林卉、张鹏等国内学者，如果没有他们的肯定支持，工作坊、集刊等将不能实现预期目标。最后要感谢"中国公共史学发展现状调查团队"（徐雷鹏、何仁亿、楼文婷、汤佳丽、孔荦）和第一届公共史学国际工作坊的会务团队（李时雨、温灏雷、易晋民、周桂梅、何俞晴、梁曦文、邓啸林），这些青年学生不仅帮我在发展公共史学事务时做了很多工作，在刊物编辑中也贡献了很多，如徐雷鹏同学紧急增补了《中国当代历史通俗读物书目汇编（2005—2018）》，温灏雷同学帮我处理了很多翻译问题。杨念群老师不仅将公共史学列为中国人民大学史学理论研究所今后的发展方向之一，还为集刊组织了阵容强大的"学术委员会"，令我倍受鼓舞！还要特别感谢蒋竹山老师，他在百忙之中为本刊写的稿子，由于更符合"影像史学"主题，蒋老师非常豪爽地答应了将其调整到第二集的请求。一同调整到第二集的还有刘亚楠和楼文婷同学的稿子，在此一并感谢她们的支持和理解！

集刊的创办，源于笔者几年前的一个观察。经过十余年的发展，中国公共史学正在进入一个前所未有的发展局面——理论和实践都有了质的变化，但是要继续发展还存在不少困难，其中一个就是非常缺少交流沟通的平台。我把这个想法和杜宣莹、王文婧等朋友说了之后，她们也觉得有道理。经过筹备谋划，我们决定将公共史学国际工作坊和专业学术集刊结合起来，力争为中国公共史学开创一个能够促进研究者和实践者交流沟通的平台。工作坊可以提供一个面对面的短期平台，集刊则提供一个穿越时空的长期平台，两者可以有机结合，互相联动。这一想法得到了师长、朋友们的认可，得到了党政联席会和学术委员会在经费等方面的大力支持，最终在一年多的时间内，从想法到一一实践，初步达到了预期目标。

决定办这个刊物时，我的脑海里就浮现出《禹贡》与《食货》的影子。这两个刊物，是标准的"同人刊物"，志同道合的朋友师生在一起，努力在一个主题上开拓累积。虽然她们不像《史语所集刊》《燕京学报》《清华学报》那样显赫，但最终也成为学术史上的佳话。今天的学术情势已经不同往日，但是"同人刊物"的完全消失，不能不说是学术界的一大遗憾。同人集刊有一个正规学术期刊没有的优点，就是可以刊发一些看上去不那么像论文但又很有价值的文章。所以，我想把这个刊物办成当代中国的一个"同人刊物"。当然，今天的学术生态已经与民国时期有着巨大的差异，技术进步让交流沟通变得容易很多，因此，所谓"同人"，已经可以只保留学术思想观念的维系，而在空间上尽可能延展。笔者以为，凡是有志于发展中国公共史学的学者、实践者，以及在学的学生，皆是这个集刊的"同人"。

我们热烈欢迎朋友们关注、支持这个刊物！更欢迎理论思考者、实践者、青年学生等惠赐大作，助力中国公共史学的快速发展。

集刊第一集设计了几个栏目，各自承担着不同的功能。"工作坊传真"主要是刊布公共史学工作坊（目前已经举办的是大型国际工作坊，今后可能会组织小型工作坊）的重要稿件，这些文章往往是名家之作，会给中国公共史学提供更高远的思考。"专题研究"主要是刊布理论性文章，希望能在公共史学的理论性思考方面有一定的推动作用。"实践者说"主要是面向公共史学实践者的一个栏目，以交流实践的经验心得为主。"评论者说"则主要考虑到中国公共史学发展过程中，高水平的评论、评价性文章比较少，希望能对此有所推动。"名家访谈"栏目是希望能对推动中国公共史学发展的名家进行访谈，传播理念，交流思想。"调查分析"栏目主要刊登与公共史学有关的调查分析稿件，希望通过刊布高水平的调查报告，给公共史学发展提供一些有根据的数据和认识。"资料整理"则希望对中国公共史学的发展做一些基础性整理工作，便于今后的理论思考和实践创作。"学术编年"是希望通过对上一年度中国公共史学的发展进行整理、分析，提供一个整体性的认识。"会议综述"主要刊布我们主办的有关公共史学的学术活动。在今后的刊物中，这些栏目可能会根据稿子情况进行增减，但将努力保持基本稳定。

第一集共刊载了16篇文章。亚历山德拉·M. 劳德、伊夫·克鲁姆纳盖尔、莎拉·里斯·琼斯、梁元生四位著名学者的文章不仅分别介绍了美国、法国、英国和香港的公共史学发展情况，还针对史学发展的一些重要理论问题进行了思考。如劳德博士指出的"如何让历史运转起来"的问题。再如克鲁姆纳盖尔教授对"大众对历史的需求是什么"的反思。作者虽然都提出了自己的看法，但是这些问题，仍然需要我们不断思考探索。笔者和赵天鹭的两篇文章是专题研究。拙文动笔于两三年前，拖拉延宕一段时间才成文，其间写作的动机与目标已经发生了改变，当前学术界关于概念的讨论已经趋于平缓，文章的主旨也不在于重新提出争议，继续辩论，而是借鉴美国的经验，就中国公共史学发展的"概念"问题，提出一个折中的方案。赵文提出的

"游戏史学"概念或许会引起人们的争议,但是至少展现了一个非常值得重视的现象,也从另一方面印证了本刊开篇提出的观点——"历史就在每个人的生活中"。历史学为人民大众提供公共文化产品的形式,可以说是多种多样的,"游戏"也是一个决不能忽视的形态。除此之外,本集还邀请了周东华、张宏杰、张鹏在公共史学实践方面取得优异成绩的三位朋友,结合各自的实践情况谈了自己的心得体会,以进一步推动理论与实践的结合。他们在各自的领域都取得了优异的成绩,向我们介绍的经验方法,具有很高的借鉴意义。滕乐博士对《万历十五年》的研究是一篇具有评论色彩的文章,从心理学、传播学角度讨论了此书为何能数十年畅销不衰。李伯重老师的访谈是在春节期间进行的,彼时李老师正在云南探访故友,行旅匆忙间还拨冗接受了我们的采访,着实让人感动。李老师这篇访谈虽然不长,但是价值不言而喻。就我的感受而言,仅仅"为大众写作,也可以做成第一流的学问"这一论断,既体现了李老师高远的学术认知水平,也是当今中国史学界学术观念正在发生根本性变化的一个体现,是具有学术史意义的。《中国学生对公共史学的认知——基于调研数据的分析》是我在 2015 年开始指导徐雷鹏等五位同学进行国家级大学生创新项目时的成果之一。毫无疑问,这个调查分析不是很完美,但是也不能否认,这一调查分析可能是中国第一个相对规范和有相对规模的关于"公共史学"的调查,其中一些有关青年学生对历史学的看法,值得中国史学界的从业者认真思考。"资料整理"刊布的是徐雷鹏同学编纂的《中国当代历史通俗读物书目汇编(2005—2018)》。这个汇编虽然不能说是非常全面,但是基本上向我们展示了十几年来面向大众的历史公共文化产品的一些特点。十几年来,面向大众的历史文化类读物,虽有一些学者的认真之作,但是满眼的"一口气读完××史""一本书读懂××史""××简史""××极简史"等等,甚至于有一些人在学术界名不见经传,能够一人写出古今中外一大套历史类读物。这些现象既反映了时代的精神特征,也反映了学院派史学与人民大众的距离。令人遗憾的是,数千种此类作品中,竟然基本看不到历史学界的"纠谬"或评价等。这真的是值得认真反省的一件事情。由于一些客观因素，本篇目只划分了中国史和世界史，未能按照时代等信息划分得更细。我们今后将继续完善这个篇目，并寻求对相关类型著作展开专业评价，也希望有志于此的专业人士，尤其是有相关背景的历史学硕博士生能参与进来。对公共史学的发生发展历程进行基本的梳理，是我认为发展公共史学的一个非常必要的基础性工作，所以决定编纂《2017年中国公共史学发展编年》。今后不仅会对每一年的公共史学发展进行梳理，还打算抽出精力，对此前几十年的公共史学发展情况开展编年式梳理工作。需要特别强调的是，《中国学生对公共史学的认知——基于调研数据的分析》《中国当代历史通俗读物书目汇编（2005—2018）》《2017年中国公共史学发展编年》三文都是我指导的本科生或硕士生完成的。如果有成绩，成绩都属于这些同学，如果有问题，责任则由我担负。和这些聪明又勤奋的同学在一起，我充分地感受到了什么是"教学相长"。

本刊创刊之时，就希望每一期都是专题性的，而且每一集的主编都由在某个专题上卓有成绩的学者担任。不过由于种种原因，第一集未能完全如愿，希望今后能越来越向当初的设想靠拢。第一集中，虽然"历史通俗读物"方面的内容比较多，但还算不上是"专题"，明年第二集希冀能将主题凝聚于"影像史学"。目前第二集已有十万余字的稿件，我们将热烈欢迎各界朋友继续在稿件上给予支持！

有朋友问我，这刊物能办几期？不会"三期没"吧？其实我现在感觉，能把明年第二集顺利办完，就已经心满意足了。一直办下去，并且越办越好，是我的理想。但是路途中将会遇到很多困难，也是意料中事。路在前方，能走多远，我自己也不清楚。唯有秉持"尽吾力而不至，可以无悔矣"的态度，努力向前，能走多远走多远。

姜萌

2018年8月10日